Linz

Traun

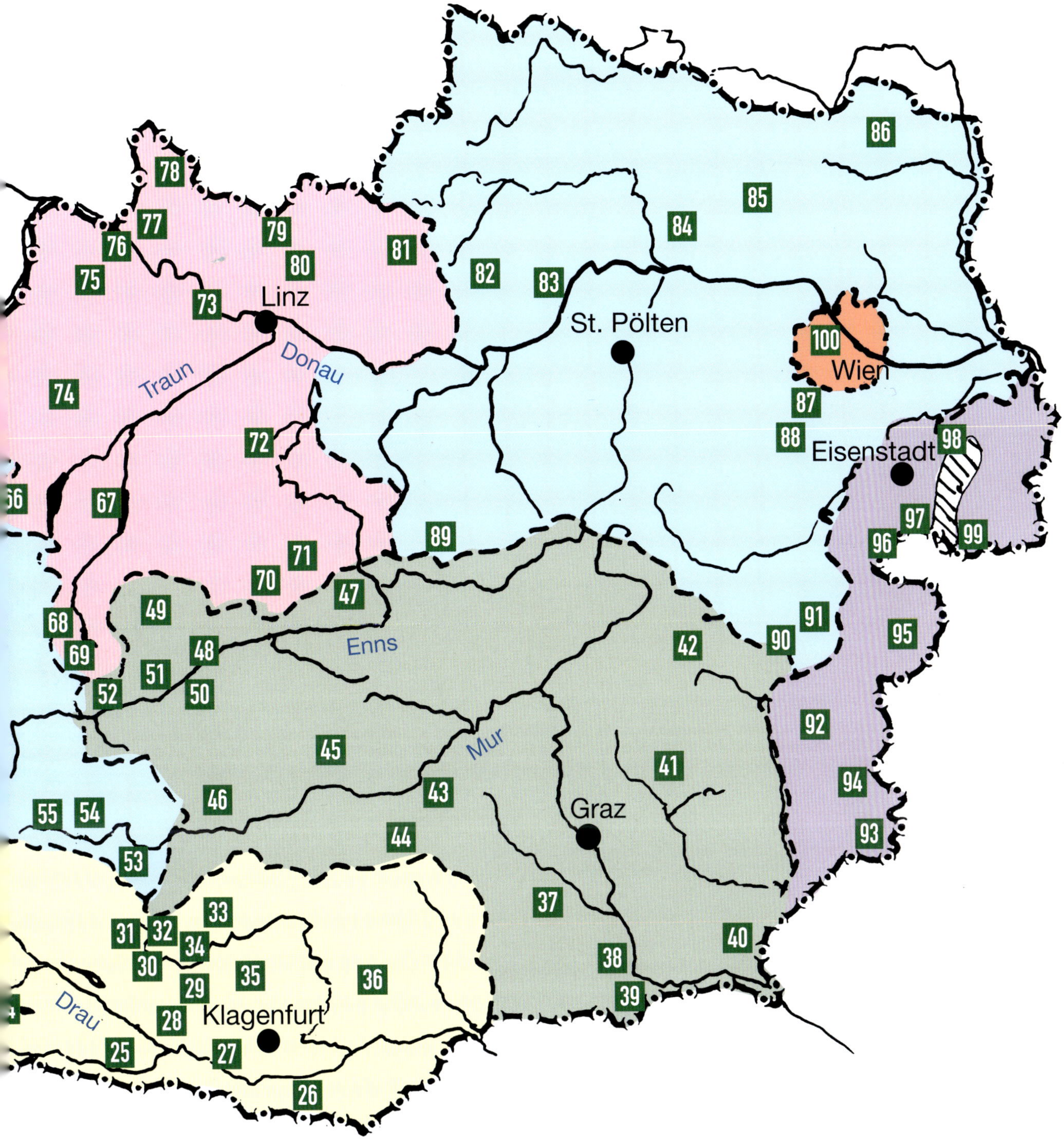

Donau

St. Pölten

Wien

Eisenstadt

Enns

Mur

Graz

Klagenfurt

Drau

25 26 27 28 29 30 31 32 33 34 35 36 37 38 39 40 41 42 43 44 45 46 47 48 49 50 51 52 53 54 55

66 67 68 69 70 71 72 73 74 75 76 77 78 79 80 81

82 83 84 85 86 87 88 89

90 91 92 93 94 95 96 97 98 99 100

Wolfgang Milan

DIE SCHÖNSTEN DÖRFER ÖSTERREICHS

Leopold Stocker Verlag

Graz – Stuttgart

Abbildungsnachweis:

Vorderseite Schutzumschlag: Obermauern im Virgental, Wallfahrtskirche „Unserer lieben Frau Maria Schnee": Bildarchiv Huber, D-82467 Garmisch-Partenkirchen; S. 15: Schoppernau Tourismus; S. 26: AlpenScene Montafon; S. 42: Günther Schickhofer; S. 49 unten, S. 51, S. 52 unten, S. 53: Heinz Walch; S. 56/57: Tourismusverband – Congress Centrum Alpbach; S. 59, S. 60 oben, S. 61 rechts unten: Tourismusverband Wildschönau; S. 79 oben: Dorfurlaub-Information Irschen; S. 81, S. 84: Ferienregion Heiligenblut-Großglockner; S. 100: Norbert Ullreich; S. 114: Günther Schickhofer; S. 119: Fremdenverkehrsverband Diex; S. 131 oben: Marktgemeinde Ehrenhausen; S. 133: Informationsbüro Straden; S. 137: Tourismusverband St. Jakob im Walde; S. 156 unten, S. 157 unten: Günther Kressmann; S. 159: Tourismusverband Ausseerland; S. 168 unten: Tourismusverband Ramsau; S. 175: Infostelle Mauterndorf; S. 178: Gäste- und Nationalpark-Informationsstelle Muhr; S. 203: Fremdenverkehrsverband Lamprechtshausen-Arnsdorf; S. 204 links: Fremdenverkehrsverband Oberndorf; S. 205: Tourismusverband Schleedorf; S. 210 rechts oben: Tourismusverband Franking; S. 214, S. 215 oben: Ferienregion Traunsee; S. 221: Wolfgang Danninger; S. 224 rechts oben: Tourismusverband Vorderstoder; S. 225: Pyhrn-Priel Information Windischgarstner Tal; S. 237, S. 238 links: Gemeindeamt Putzleinsdorf; S. 240 oben: OÖ Landesregierung, Foto Aigner (Freigabe BMLV Zl. 13083/174, 1. 6. 87); S. 240 unten: Günther Schickhofer; S. 241: OÖ Landesregierung, Foto Aigner (Freigabe BMLV Zl. 13083/174, 1. 6. 87); S. 266: Verkehrsverein Göstlinger Alpen; S. 289 oben: Tourismusverband Mörbisch am See. – Alle übrigen Fotos und Grafiken wurden dem Verlag vom Autor freundlicherweise zur Verfügung gestellt.

Bibliografische Information Der Deutschen Bibliothek

Die Deutsche Bibliothek verzeichnet diese Publikation in der Deutschen Nationalbibliografie; detaillierte bibliografische Daten sind im Internet über http://dnb.ddb.de abrufbar.

Hinweis:

Dieses Buch wurde auf chlorfrei gebleichtem Papier gedruckt.

Die zum Schutz vor Verschmutzung verwendete Einschweißfolie ist aus Polyethylen chlorfrei und schwefelfrei hergestellt. Diese umweltfreundliche Folie verhält sich grundwasserneutral, ist voll recyclingfähig und verbrennt in Müllverbrennungsanlagen völlig ungiftig.

ISBN 3-7020-0983-3

Grafik & Layout: Print & Medien-Service, A-8071 Dörfla bei Graz, Hauptstraße 27

Lithos: Reproteam, Graz; Druck und Bindung: Gorenjski tisk, Kranj – Slowenien

Inhalt

STEIERMARK

SALZBURG

OBERÖSTERREICH

NIEDERÖSTERREICH

BURGENLAND

WIEN

Vorwort

Dörfer sind die Markenzeichen für die vielgestaltige und kleingliedrig bebaute Landschaft. Das Wohlbefinden der Menschen hängt heute in hohem Ausmaß von der sozialen, kulturellen und bebauten Umwelt ab — sowohl für die Dorfbewohner als auch für den Gast von auswärts.

Geprägt wurde diese Umwelt im ländlichen Raum vornehmlich durch bäuerliche Arbeit. Hier drängt sich zwingendermaßen die Frage auf: Was ist ein Dorf?

Von den vielen Definitionen erscheint die nachstehende als markanteste und treffendste:

„Das Dorf versteht sich als Synonym für eine ländlich geprägte Siedlung samt allen dazu gehörenden, mitunter auch abseits liegenden Einzelgehöften, Weilern und Kulturdenkmälern."

Auch Dörfer, die später zu einem Markt, zu einer Marktgemeinde oder gar Stadt erhoben wurden und noch immer ländliches Erscheinungsbild und Charakter aufweisen, sind in diesem Buch berücksichtigt.

Das alte Dorf, das reine Bauerndorf mit seinen primären Merkmalen, Land-, Vieh- und Forstwirtschaft sowie, seltener, Fischerei und Jagd, findet sich kaum mehr. Diese Merkmale haben sich im Lauf der Zeit durch Hinzutreten des Handwerks, des Handels und der Dienstleistungen, hier besonders des Fremdenverkehrs mit seinen Beherbungsbauten, stark verändert. Dazu kamen der agrarische Strukturwandel durch die Mechanisierung der Landwirtschaft, die Vergrößerung der Bauten und, damit Hand in Hand, die Wünsche der Bauern nach höherem Wohnkomfort. — Veränderungen muß es geben, aber sie sollten nicht auf Kosten des unverwechselbaren Charakters der alten Baukultur eines Dorfes und dessen Erscheinungsbild gehen.

Die schönsten Dörfer in unserem Land ausfindig zu machen und in diesem Band zu präsentieren, stellte für den Autor eine faszinierende Aufgabe und Herausforderung dar. Allerdings band ihn die Auswahl an ganz bestimmte Kriterien, Motive in den Dörfern und um diese herum zu finden, die in ihrer Art ebenfalls als besonders schön im Sinn des Buchtitels entsprachen: Im inneren Dorf, dem Kern, die gut erhaltene, bäuerlich oder bürgerlich geprägte Bausubstanz der regional sehr vielseitigen unterschiedlichen Formensprache und sicher nicht, wie leider schon sehr häufig festzustellen, hineingepferchte Neubauten inmitten einer wohlgeformen Giebelreihe. Wünschenswert ist auch eine Fassadengestaltung mit gefühlvoller Farbgebung, mit schön umrahmten Fenstern, formschön einladenden Türen und Toren sowie in Regionen, wo Balkone üblich, saisongemäßem Blumenschmuck.

Der Dorfplatz sollte im Zuge von Dorferneuerungsvorhaben nicht total verpflastert sein und womöglich ein vermindertes Parkplatzangebot aufweisen, dafür viel Baumbestand und grüne Wegabgrenzungen. Liebevolle Pflege des Dorfbrunnens, der Denkmäler und Marterln ist ebenfalls wünschenswert. Auch Rastplätze sollten vorgesehen sein, damit der Gesamteindruck des Dorfes so richtig genossen werden kann. Ganz wichtig ist eine zentrale Informationstafel, die den Besucher auf die wesentlichen sehenswerten Bauten, Kulturdenkmäler, Museen, Erbhöfe und Ausflugsziele hinweist. Als besonders nützlich haben sich an einigen Häusern Informationstafeln über deren Geschichte erwiesen.

Viel zu wenig Aufmerksamkeit zollt man in einigen Orten dem Brauchtum der Dorfbewohner. Zeitangaben für derartige Veranstaltungen im Jahreslauf sind wertvoll, nicht aber für kitschige „Lederhosenabende" und ähnliche „Events" während der Feriensaison.

Der Ab-Hof-Verkauf und „Urlaub am Bauernhof" sind wertvolle Bindeglieder im Gespräch zwischen Bauern und Gast, die das Verständnis für die örtliche Wirtschaft fördern.

Der Autor war bemüht, bei den Dorfbeschreibungen viele dieser Kleinigkeiten einzubringen – unterstützt durch ausgesuchte Bildmotive und Zeichnungen. Wie heißt es doch: „Ein Bild sagt mehr als tausend Worte!"

Möge Ihnen die Volksarchitektur im dörflichen Bereich mit dem treffenden Satz von Albin Egger-Lienz: „Die Fähigkeit der Wahrnehmung ist der schöpferischen Kraft gleichzusetzen" zum Nachdenken Anlaß geben und Sie durch dieses Buch begleiten!

Wien, im Frühjahr 2003   Wolfgang Milan

Hausformen in Vorarlberg

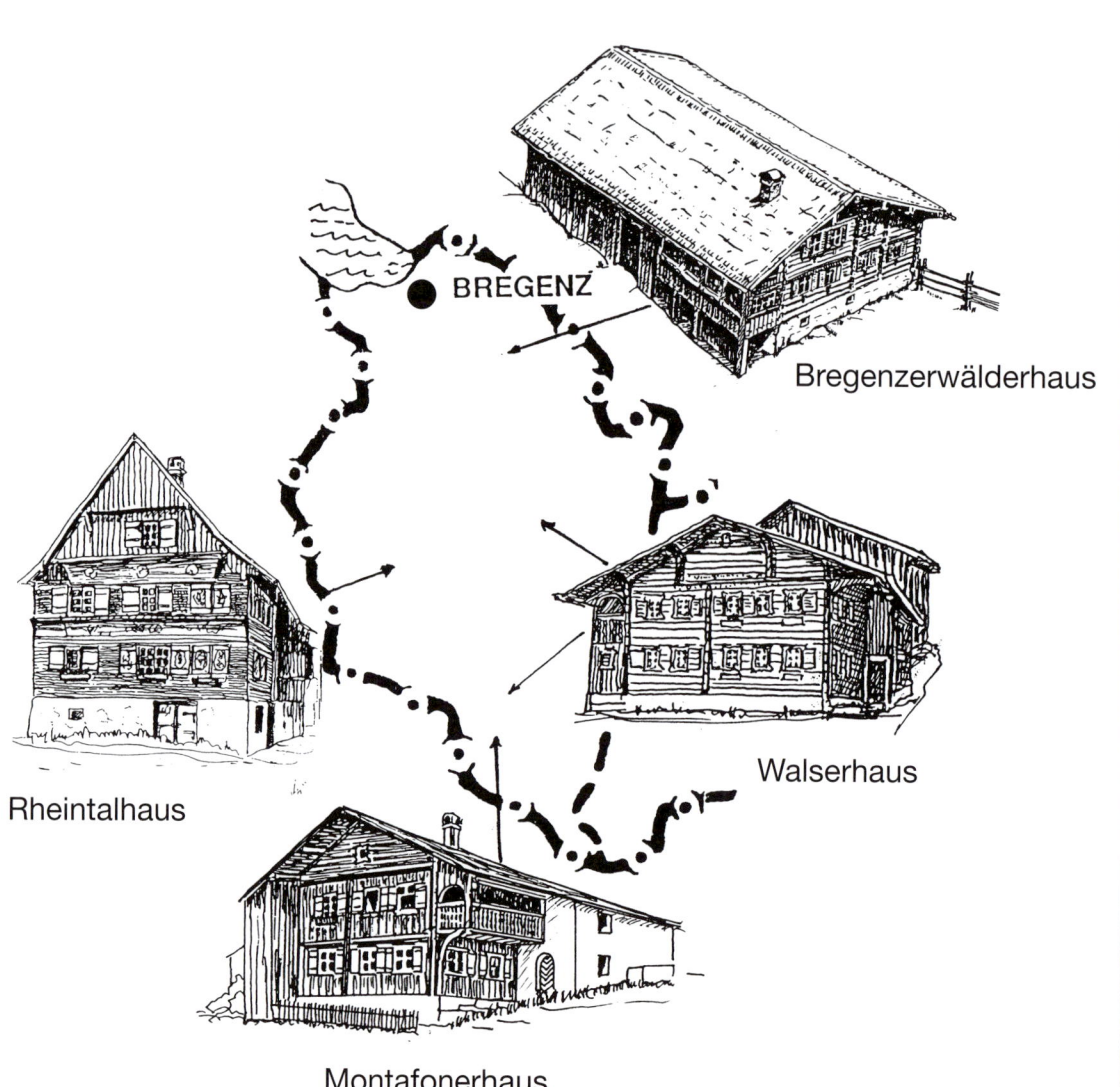

Bregenzerwälderhaus

Rheintalhaus

Walserhaus

Montafonerhaus

Vorarlberg

Das kleinste Bundesland Österreichs, das „Ländle", zeigt in seinen alemannisch, schweizerisch und rätoromanisch geprägten Dorflandschaften ein anderes Bild als die Dörfer vor dem Arlberg. Die tiefe Verbundenheit mit der Tradition und der angeborene Sinn für das Schöne spiegeln sich in den prächtigen Bauernhausformen und den darin lebenden Menschen.

Bregenzerwald

Schwarzenberg im Hinteren Bregenzerwald

1 Schwarzenberg

Sucht man nach dem noch unzerstörten Gesamteindruck eines Dorfes, so ist Schwarzenberg im Hinteren Bregenzerwald wohl ein Geheimtip. Der sehr gepflegte Ort mit Haufendorfcharakter liegt in ca. 700 m Seehöhe am Osthang des Hochälpelekopfs mit vielen dazu gehörenden Weilern und Einzelhöfen im Gemeindegebiet. Das „Markenzeichen" dieser Dorflandschaft ist die Holzarchitektur der Bauernhäuser in Holzblockbauweise, meist

Detail der Dorfstraße

Schuppenschindeln

zweigeschoßige alpine Einhöfe mit breit ausladender Giebelfront, vielen Fenstern und Klapp-Holzläden. Mitunter sind einzelne Häuser noch mit Schindeln gedeckt, und die Giebelfront ist unverschindelt mit Schnitzwerk und Inschriften versehen.

Die neu errichteten Häuser im Umfeld des Dorfes halten sich an die Bautradition, werden jedoch mittels eines Schindelpanzers, den sog. Schuppenschindeln, vor Wetterunbill mehr geschützt. Nicht umsonst war einmal das Bregenzerwaldhaus als Motiv auf der Hundert-Schilling-Note abgebildet. Im Dorf selbst befindet sich eine Reihe stattlicher, ebenfalls im Wälderstil erbauter Gasthöfe. Mit der Kirche und einem schönen Brunnen im Zentrum ergibt sich ein einmaliges Ensemble.

Man erkennt an der Gastronomie und den Ferienwohnungen, daß Schwarzenberg sommers wie winters als Urlaubsort sehr beliebt ist. In der Barockkirche zur hl. Dreifaltigkeit ist das Altarbild von Angelika Kaufmann, die aus Schwarzenberg stammte, besonders erwähnenswert. Die Bevölkerung hält viel auf Tradition, und am Sonntag tragen die Frauen die Wäldertracht.

Dorfbrunnen und Bregenzerwälderhaus

Im Hinblick auf die Agrarstruktur ist der Alpkäse aus Schwarzenberg weit über die Grenzen Vorarlbergs hinaus bekannt und geschätzt, liegt der Ort doch unterhalb einer Reihe von Maiensässen (Almen, die nur im Sommer befahren werden) und am Beginn der Käsestraße, die sich durch den gesamten Bregenzerwald zieht und an der in Bauernläden einheimischer Käse verkauft wird.

Die umliegende Kulturlandschaft läßt keinen Wunsch offen. Ein herrlicher Fernblick bietet sich bis zur Kanisfluh, in die Hochtäler des Waldes und zu den Lechtaler Alpen ebenso wie zum Allgäu und dem Vorderwald. Ein kleines Museum in einem Alpenwälderhaus zeugt von der Heimarbeit und dem Stil der Wälderstuben. Hauptwandergebiet für den sanften Tourismus sind die Almen des Bödeles, im Winter ein gut erschlossenes Gelände zum Schifahren.

Dorflandschaft im Bregenzerwald mit Maiensässen

Wandern, Radfahren, Bergtouren, Langlauf, Schlittenfahrten, Schi alpin in der Umgebung.

Info: Tourismusbüro Schwarzenberg, A-6867 Schwarzenberg, Hof 454, Tel.: 0043/(0)55123570, Fax: 0043/(0)5512294814, E-Mail: info@schwarzenberg.at, Internet: www.schwarzenberg.at

Bregenzerwald

Blick auf Schoppernau

2 Au · Schoppernau

Im Verlauf der Fahrt entlang der Bregenzer Ache talaufwärts dringt man in eine der schönsten Dorflandschaften des Hinteren Bregenzerwaldes vor. Von einer kleinen Paßstraße zwischen Bizau und Schnepfau eröffnet sich von deren Scheitel ein großartiger Blick auf die Dörferkette von Bizau bis Bezau. Wie Perlen an einer Kette reihen sich an der Straße von Dorf zu Dorf die schönen, breit gelagerten Bregenzerwälderhäuser mit ihren Kirchen im Dorf-

kern. Bis weit hinauf an den Hängen liegen die Maiensässen, zu denen die Bauern im Frühsommer mit ihrem Vieh hinaufziehen, um erst im Spätsommer die Hochalmen zu befahren. So ist die Grünlandwirtschaft sorgfältig aufgeteilt und immer genügend Grünfutter für das Vieh vorhanden.

In Au selbst ist das Tal sehr eng; es wird beherrscht von den steil aufragenden Wänden der Kanisfluh.

Au ist ein besonders schönes Reihendorf, in dem sich reizvolle Bregenzerwälderhöfe, einer nach dem anderen, südwärts in den Argenzipfel hinein erstrecken. Zugleich ist Au ein wichtiger Knotenpunkt für die Straße hinauf nach Damüls und hinüber zum Großwalsertal und ins Laternsertal sowie ostwärts über Schoppernau zum Hochtannbergsattel ins Tiroler Lechtal und über Warth nach Lech am Arlberg.

Verschindelung an einem Bregenzerwälderhaus

Hinter der Talenge von Au breitet sich die Talebene von Schoppernau, einer reihendorfähnlichen Siedlung am rechten Ufer der Bregenzer Ache, aus. Eingestreut einige wunderschöne Weiler und Einzelhöfe an süd- bis südwestlich gerichteten Hängen. Das Ortszentrum breitet sich um die etwas erhöht liegende Pfarrkirche und hat haufendorfartigen Charakter.

Schoppernau ist heute ein geschätztes ÖKO-Dorf – ein umfassender Begriff für kooperative und umweltbewußte Aktivitäten von Landwirtschaft, Gastronomie, Tourismus, Handel und Handwerk. Auffällig oft begegnet man an der „Bregenzerwälder Käsestraße", die auch durch Au und Schoppernau führt, Sennereien, in denen man erfährt, wie Käse hergestellt wird. Besonders bekannt und beliebt ist im ganzen Bregenzerwald der Vorarlberger Bergkäse, ein Markenartikel erster Klasse.

Die bäuerliche Bevölkerung pflegt auch das traditionelle Handwerk ihrer Vorfahren, z.B. Holzschnitzereien und Schindelherstellung, sowie das Errichten der schönen Holzblockbauten.

Von den 10% der bäuerlichen Bevölkerung sind 33% Nebenerwerbsbauern, die von Grünlandwirtschaft und Viehzucht leben. Die Bauern und Bäuerinnen im Hinteren Bregenzerwald führen auch gerne durch ihre Stallungen und verraten so manche Besonderheit, sie laden manchmal auch zum Mithelfen ein, z.B. bei der Heuernte. Dafür wurde sogar eine eigene Heuhelferbörse für Feriengäste eingerichtet, dies ganz im im Sinne des ÖKO-Dorfes.

Käsestraße, Ab-Hof-Verkauf

Zur Hauslandschaft sei besonders vermerkt: Fast alle Häuser sind zweigeschoßig und mit den typischen Schuppenschindeln versehen. An den Giebelfronten blicken einem oft bis zu sechs Fenster in einer Reihe mit bunt bemalten Klappläden und reichlich Blumenschmuck vor den Fenstern entgegen – welch ein Eindruck bei zweigeschoßigen Häusern!

Au mit Kanisfluh

Bei einigen älteren Bauten können an den Blockhauswänden noch Würfelfriese, ornamentales Schnitzwerk und geschweifte Pfettenunterzüge sowie Schwalbenschwanz-Eckverzinkungen entdeckt werden. In Rehmen, einem Ortsteil von Schoppernau, auf Nr. 40 östlich der Kirche, steht ein besonders schönes Haus, das die Kreativität und das Geschick der seinerzeitigen Zimmererleute zeigt. Für die Herstellung der Eckverzinkungen waren eigene Werkzeuge nötig.

Die Talschaft weist drei Kirchen auf: die gotische Pfarrkirche zum hl. Leonhard in der Au, die Kuratienkirche mit achteckigem Glockenturm und Zwiebelhaube in Rehmen sowie, in Schoppernau, die Pfarrkirche zum hl. Philippus und Jakobus auf einem Hügel inmitten des Dorfes.

An Aufstiegshilfen ist die Gondelbahn auf den Diedamskopf zu erwähnen, von dem sich aus 2.090 m Höhe eine prächtige Aussicht auf den Bregenzerwald, die Schweizer Berge und das Allgäu bietet.

Au und Schoppernau haben sowohl Sommer- als auch Wintersaison. Besonders im Winter lädt die breite Talebene bis Au zum Langlauf ein, im Sommer zum Radfahren.

200 km bestens markierte Wanderwege, Kräuterwanderungen, Wildbeobachtungen, Ponyreiten, Bauerntheater, Lifte, Schipisten, Langlaufloipen, Naturrodelbahnen, Pferdeschlittenfahrten, Eisstockschießen, Schikindergarten.

Info: Au Tourismus, A-6883 Schoppernau, Tel.: 0043/(0)55152288, Fax: 0043/(0)55152955, E-Mail: au@tourismus.vol.at, Internet: www.tiscover.com/au

Schoppernau Tourismus, A-6886 Schoppernau, Tel.: 0043/(0)55152495, Fax: 0043/(0)5515249519, E-Mail: info@schoppernau.at, Internet: www.schoppernau.at

Revitalisiertes Bregenzerwälderhaus in Schoppernau

Arlberg

Fluß und Ort Lech

3 Lech · Zug

Man sollte es eigentlich nicht glauben, daß der weit über die Grenzen Österreichs hinaus bekannte Fremdenverkehrsort Lech doch einen gewissen schönen Schidorfcharakter aufweist. Die Besitzer der vornehmlich parallel zum Lechfluß gelegenen Hotels haben es, im Einvernehmen mit den zuständigen Baubehörden und dem Bürgermeister, verstanden, trotz Um- oder Ausbauten keine Stilbrüche durch moderne „Bettenburgen" zuzulassen, denn der Wintersportgast erwartet sich in einem der „ersten" Schidörfer Österreichs eine gewisse Atmosphäre. Der Straßendorfcharakter ist durch das Zugewandtsein aller Giebelfronten zum Lech fast lückenlos gewährt. Und man ist angenehm überrascht, daß im Streusiedlungsbereich außerhalb des Ortskerns einschließlich Oberlech und Stubenbach die Beherbergungsbetriebe immer Elemente der Walserhäuser integriert und die alten, noch vorhandenen Walserhäuser kaum Änderungen in ihrem Aussehen erfahren haben, obwohl sie vielfach der Fremdenbeherbergung dienen. – Die Walserhäuser sind nach den seinerzeit zugewanderten Walsern aus dem Schweizer Wallis benannt.

Es gibt noch eine ganze Reihe dieser Hausform – Paarhöfe mit bis zu zwei Geschoßen, im Blockholzbau gezimmert und mit Schuppenschindeln verkleidet, die noch aus dem 17., vor allem aber aus dem 18. und 19. Jhdt. stammen. Der Küchenbereich ist bei den meisten gemauert. Besonders beachtenswert sind die kleinen Details: die weiß gestrichenen Fensterstöcke und -rahmen, mit Konsolen, Friesen und Zahnschnitten sowie darüberliegenden Klebdächern, mit Schuppenschindeln versehen. Interessant sind auch kleine Fenster innerhalb des großen zum Lüften, so daß nicht der ganze Flügel geöffnet werden muß.

Die Schönheit eines Dorfes liegt oft im Detail. Die relativ niederen getäfelten Stuben der Walserhäuser sind sehr gemütlich und als Ferienwohnungen besonders begehrt. Auch wenn die Besitzer der alten Bauernhäuser kaum mehr Landwirtschaft betreiben, waren deren Ureltern und Eltern doch noch Bauern. Im Zentrum von Lech führt eine alte überdeckte Brücke nach Zug, wo die Bauern mit Rössern ihren Standplatz für

Altes Haustor

Schlittenfahrten haben – eine lang währende Winterbeschäftigung, im Sommer auch mit Roß und Kutsche.

Neben der Brücke steht ebenfalls ein uraltes Walserhaus mit einer wunderschönen alten Holztüre. Die alte Kirche mit dem großen Turm auf einer Anhöhe über Lech ist nach wie vor ein Wahrzeichen des Ortes. Gleich nebenan wurde ein gelungener Neubau mit einem hellen großen Innenraum errichtet, der, wie die neuerbaute Schule, ein Beweis dafür ist, daß sich auch moderne Architektur in ein heiles Umfeld integrieren läßt.

Zug

Wer im Hochwinter den 4 km entfernten kleinen Kirchweiler Zug sucht, sieht höchstens den Zwiebelturm der Kirche aus dem Schnee ragen. Alle Häuser sind unter einer dicken Schneedecke versteckt – ein zauberhafter Anblick!

Altes Walserhaus in Zug

Daß die Berglandschaft durch Aufstiegshilfen kaum gestört wird, ist ein weiteres Plus für das Umfeld von Zug. Es kann im Hinblick auf die Pflege des Erscheinungsbildes als eine gewaltige Leistung der einheimischen, traditionsverbundenen Bevölkerung bezeichnet werden, den dörflichen Charakter von Lech und Zug trotz „Jet-set" bewahrt zu haben.

Fenster mit Zahnschnittfries und kleinem Lüftungsfenster

Blick auf Lech mit Omeshorn

Wandern, Bergsteigen, Reiten, internationales Wintersportzentrum mit allen einschlägigen Möglichkeiten, Walsermuseum Lech-Tannberg.

Info: Tourismusverband Lech – Zürs GmbH, A-6764 Lech am Arlberg, Tel.: 0043/(0)558321610, Fax: 0043/(0)55833155, E-Mail: info@lech-zürs.at, Internet: www.lech.at

Arlberg

Das Dorf wird vom Fremdenverkehr geprägt

4 Stuben am Arlberg

An der alten Paßstraße über den Arlberg in 1.407 m Seehöhe liegt das kleine Haufendorf Stuben im Klostertal mit engst aneinandergebauten Häusern, geschützt durch umfassende Lawinenverbauungen.

Auf einem Hügel östlich des Dorfzentrums steht das markante, 1507 geweihte Kirchlein mit dem ummauerten Friedhof. Altgotische Spitzbögen und ein prunkvolles Chorgestühl kennzeichnen das Innere des Gotteshauses.

Kreuzzaun an der Auffahrt zum Arlberg

Seinerzeit lebte Stuben hauptsächlich von Frächtern, die Frachtgut mittels Pferdegespanne über die 1785 eröffnete Arlbergstraße brachten. Große Firmen im heutigen Vorarlberg bedienten sich dieses Handelswegs zu den jenseits des Arlbergs befindlichen Absatzmärkten. Damit erlebte das kleine Dorf einen Aufschwung durch Handwerker aller Art, Schmiede für Hufbeschlag, Sattler für Pferdehalfter etc., alles im Zusammenhang mit den Fuhrwerkern und Postwagen, denn Stuben war auch k.k. Poststation.

Heute ist Stuben ein Fremdenverkehrsort mit Bauten, die im Einklang mit dem Stil des Montafoner und Walserhauses stehen; es gibt hier keine übertriebenen Hotelburgen. Wenn im Winter meterhoch der Schnee auf den Dächern liegt, fühlt man sich, besonders bei abendlicher Beleuchtung, fast wie in einem Märchen. Dann zählt Stuben gewiß zu den romantischesten und schönsten Dörfern Österreichs.

Schließlich sei auch auf ein Kulturdenkmal verwiesen, das im Sommer die Landschaft bereichert und selten noch zu sehen ist: ein hölzerner Kreuzzaun Vorarlberger Bauart, der das Almvieh vor dem Verkehr auf der Arlbergstraße schützt und nur im Sommer aufgestellt wird. Im Sommer sind die Almen bis hinauf zum Arlberg befahren, das heißt, daß man meist Jungvieh bis zum Almabtrieb auf den weitläufigen saftigen Wiesen beläßt. Auf diesen gibt es dann vom Dezember bis zum April die herrlichsten Schiabfahrten bis nach Stuben.

Wandern, Bergsteigen, Paragleiten, Angeln, Mountainbiking, Schiparadies, Langlaufen, Touren-Eldorado, Frühlingsschilauf, Pferdeschlittenfahrten.

Info: Tourismusbüro, A-6762 Stuben am Arlberg, Tel.: 0043/(0)55823990, Fax: 0043(0)55823994, E-Mail: info@stuben.at, Internet: www.stuben.com

Winter in Stuben

Gortipohl

5 Gaschurn, Gortipohl

Von Schruns, dem Hauptort des Montafons ausgehend, erstreckt sich eine wunderschöne Dorflandschaft die Ill aufwärts bis nach Partenen. Von dort führt die Silvretta-Hochalpenstraße über das Zeinisjoch ins Tiroler Paznauntal, die Wasserscheide zwischen Nordsee und dem Schwarzen Meer.

Trotz der mächtigen Bergketten des Rätikons, des Verwalls und der Gletscher der Silvretta, die das Tal umgeben,

Kapelle Maria Schnee

genießt das Montafon in den Alpen eine Sonderstellung in Hinsicht auf das Klima mit im Sommer besonders milden Temperaturen.

Die drei Orte St. Gallenkirch, Gortipohl und Gaschurn werden durch den Fremdenverkehr im Erscheinungsbild sehr geprägt; ein Dorf geht in das andere über, ohne daß man markante traditionelle Dorfkerne wahrnehmen könnte. Das heißt aber nicht, daß eine häßliche Zersiedlungstendenz festzustellen ist, vielmehr hält man sich bei Neubauten doch an bestimmte Merkmale der alten Montafoner Baukultur. Sehr wohl gibt es noch viele alte schöne Montafoner Gehöfte, nur liegen sie eben nicht konzentriert in einem herkömmlichen Haufendorf.

Im Montafon ist der Paarhof vorherrschend, wobei die Mischbauweise, Stein und Holz, charakteristisch ist. Vorhaus und Küche sind wegen der Feuergefahr gemauert, der übrige Teil des Wohnhauses ist in Holzblockbauweise gezimmert.

Das gemauerte Vorhaus im Montafon wird als Steingaden bezeichnet. Es bestehen grundsätzlich zwei Bauweisen. Bei einer befindet sich der Steingaden an der Giebelseite, oft mit einer kleinen Treppe zu einem Rundbogentor, darüber nicht selten ornamentaler Fresko- und Sgraffitischmuck, z.B. Muttergottesdarstellungen. Bei der zweiten Bauweise ist der Steingaden auf der Traufseite unter einem herabgezogenen Dach gelegen, unter dem auch ein kleiner Balkon üblich ist. Allgemein fallen die Häuser durch den Kontrast des dunkelbraunen Gebälks und der

weißgekalkten Mauerteile besonders auf. Geschnitzte Fensterumrahmungen und farbig verzierte Klappladen unterstützen den nachhaltigen Eindruck des „Montafoner Hauses". Neben diesen typischen Hausformen sind auch vollgemauerte Bauten vertreten. Die Montafoner gehören auf jeden Fall zu den schönsten Bauernhausformen im Alpenbereich und prägen, wenn auch nur mehr beschränkt, das Dorfbild.

Besonders hervorzuheben ist die Kapelle von Maria Schnee auf

Alm unter den Drei Türmen im Rätikon

Gaschurn, Montafoner Häuser

einem Hügel nächst Gaschurn, neben vielen anderen Kapellen und Bildstöcken im Tal. Bemerkenswert ist auf dem Kirchplatz von Gaschurn eine Tanzlaube aus dem 19. Jhdt., die als Versammlungsort, zur Bekanntgabe von Gemeindeneuigkeiten, „Tanzveranstaltungen", aber fallweise seinerzeit auch als Unterstand von pferdebespannten Fuhrwerken vor Gasthöfen diente; früher war sie auch Treffpunkt der Dorfjugend.

Mit dem Bau der Montafoner Bahn bis Schruns (1905) wurde nicht nur der Fremdenverkehr belebt, auch die Bauern, die bis dahin in einem ziemlich abgeschlossenen Bereich lebten, erhielten für ihre Produkte bessere Absatzmöglichkeiten.

Der Bau der Illkraftwerke und der Silvretta-Hochalpenstraße brachten nach dem Zweiten Weltkrieg wirtschaftlichen Aufschwung. Besonders die Bergbahnen im Bereich Gaschurn, wie „Silvretta Nova", erschließen Wandergebiete für den sanften Tourismus sowie erstklassige Wintersportmöglichkeiten.

150 km Wanderwege, geführte Alpinwanderungen, Kinderwanderungen auf Schmugglerpfaden, Heilkräuterwanderungen, grenzüberschreitende Mountainbike-Safaris, Radwandern, Reiten, Alpinschule mit Klettergarten, Kneippanlage, Fischen, Canyoning, Golf, Paragleiten, zweitgrößte Biersammlung der Welt (St. Gallenkirch), Tourismusmuseum (Gaschurn), 14 Bergbahnen, „Schi total" in Silvretta Nova.

Info: Gaschurn-Partenen Tourismus, A-6793 Gaschurn, Kirchdorf 2, Tel.: 0043/(0)555882010, Fax: 0043/(0)55588138, E-Mail: gaschurn@hochmontafon.vol.at, Internet: www. tiscover.com/gaschurn

Eine wahre Augenweide…

Montafon

Bartholomäberg, im Hintergrund der Rätikon

6 Bartholomäberg

Eines der schönstgelegenen Dörfer im Montafon ist Bartholomäberg mit dem Ortsteil Innerberg. Die Aussicht vom „Sonnenbalkon" des Montafons auf die Berge des Rätikons und bis in das Silvrettamassiv im Süden ist überwältigend. Die Gemeinde Bartholomäberg ist ein Streusiedlungsgebiet; es erstreckt sich von der Talsohle des Illflusses von Gantschier in 600 m Höhe bis nach Innerberg (1.140 m). Relativ kleine Ortszentren sind rund um die Pfarrkirche zum hl. Bartholomä und bei der Kuratienkirche in Innerberg zu finden, ansonsten liegen die gepflegten Montafoner Häuser weit verstreut auf den Hangterrassen oberhalb von Schruns, der größten Marktgemeinde des Illtales.

Die Pfarrkirche Bartholomäberg wurde 1732 auf den Ruinen einer gotischen Kirche erbaut, die Kirche in Innerberg ist ein barocker Bau. Beide Kirchen sind von Friedhöfen mit schönen schmiedeeisernen Kreuzen umgeben. Die Häuser, meist Paarhöfe mit alten Wohnteilen aus dem 17. und 18. Jhdt., sind Blockbauten in gemischter Bauweise; einerseits mit einem giebelseitigen, gemauerten Teil, dem Steingaden (Eingang und Küche), andererseits vollkommen im Blockholzbau mit seitlichem Eingang, dies vor allem im Ortsteil Innerberg. Stall, Scheune und Tenne unter einem Dach sind nur Holzbauten und stehen getrennt von den Wohnhäusern. Die Giebelfront der Wohnhäuser ist immer talwärts gerich-

Blick ins Silbertal

tet; sie besticht in der Regel durch weiß gestrichene Fenster mit Zierschnittumrahmungen und einteiligen Klappläden. Der Steingaden ist oft mit Freskomalerei und Sgraffitoquaderung geschmückt. Unter dem meist noch mit Schindeln gedeckten Pfettendach findet man im Giebeldreieck weiß aufgemalte Spruchbänder, die sich vom sonnengebräunten Holz besonders gut abheben. Reichlicher Blumenschmuck im Sommer in Kistchen unter den Fenstern verstärkt den Eindruck der liebevollen Pflege durch die sehr auf Tourismus eingestellten Vermieter.

Die Siedlung Bartholomäberg ist die älteste im Montafon. Die Bezeichnung Montafon, wie die gesamte Talschaft heute genannt wird, wird von „Montafune = Grubenberg" abgeleitet. Schon im Mittelalter bis zum 18. Jhdt. war Bartholomäberg einschließlich der Nachbargemeinde Silbertal Bergbaugebiet. Man schürfte nach silber-, kupfer- und eisenhaltigen Mineralien. Im historischen Bergwerk St. Annastollen kann man mehr über das Bergbaugebiet erfahren. Auch der Name des längsten, von Schruns ausgehenden Seitentales des Montafons, „Silbertal", weist auf den Bergbau hin.

Walserhaus in Bartholomäberg

Da sowohl Bartholomäberg und Innerberg wie auch die Nachbargemeinde Silbertal abseits der Touristenzentren liegen, ist man der traditionellen Baukultur treu geblieben. Viele kleine Kulturdenkmäler, wie Kapellen, Bildstöcke und Wegkreuze, sowie die Kirchen von Bartholomäberg, Innerberg und Silberberg legen Zeugnis von der Religiosität der Montafoner ab und prägen unverwechselbar die alpine Vorarlberger Landschaft.

Typische Fensterumrahmungen im Montafon

Kuratienkirche in Innerberg

Wandern, Mountainbiking, Paragleiten, Fischen, Schipisten, Langlaufloipen.

Info: Bartholomäberg Tourismus, A-6780 Bartholomäberg, Dorf 16, Tel.: 0043/(0)555673101, Fax: 0043/(0)555674969, E-Mail: sonnenbalkon@vol.at, Internet: www.tiscover.com/bartholomaeberg

Rheintal

Blick auf Röthis

7 Röthis

Man würde es im Rheintal zwischen Rankweil und Götzis nicht erwarten – aber in den Gemeinden Röthis und Klaus sind an den sonnseitigen, zur Rheinebene abfallenden Hängen noch Weinriede zu entdecken! Wie man hört, sollen die Kulturen sogar ausgeweitet werden. Urkundlich wird der Weinbau bereits im Jahr 842 erwähnt.

Im schönen Dorf Röthis, um den Torggelweg – „Torggel" wird in Vorarlberg ein Haus mit einer Weinpresse darin bezeichnet –, befinden sich hinter den Häusern noch einige Riede. Eine große alte Weinpresse steht am Eingang zum Torggelweg.

An einigen Häusern erkennt man schon am Stil die Nähe des im Allgäu und in der Ostschweiz beheimateten Fachwerkbaus. Besonders schön renoviert ist das Fachwerk am Pfarrhaus und am alten, sehr bekannten Restaurant „Torggel" (ehemals ein Torggel) mit schöner Preßstube und alter Presse.

Der Ort Röthis ist äußerst locker verbaut; zwischen bürgerlichen Bauten verstecken sich noch schöne alte Bauernhäuser des Rheintaltyps. Diese Rheintalhäuser in den Sammelsiedlungen des Rheintales wie auch in den Streusiedlungen an den Osthängen fallen durch ihre übersteilen Dächer mit Dachknick, den Klebdächern über den Fenstern und der Verschalung mit Schuppenschindeln auf. Wohnhaus und Wirtschaftsteil befinden sich unter einem First. Leider wurde durch die Verschindelung, jetzt auch „Verlattung", so manche schöne Eckverbindung in Schwalbenschwanzverzinkung oder Kopfschrot (Kopfstrick – Vorarlberg) der voll gezimmer-

Schlößle

Am Torggelweg

ten Häuser verdeckt. – Am anschließenden Wirtschaftsteil des Einhofes kragt das Dach etwas weiter vor; ein trockener Platz für landwirtschaftliche Fahrzeuge und zum Aufhängen der früher vielgebrauchten Heinzen (Heutrocknungsvorrichtungen).

Ein besonders bemerkenswerter Bau ist das sogenannte Schlößle, heute Gemeindeamt – einst ein alter Patrizier-, später bäuerlicher Ansitz mit einem dreigeschoßigen Anbau mit Fachwerk im obersten Geschoß. Der steile Weingarten hinter dem Schlößle ist besonders reizvoll. Dieses Schlößle ist auch Grund dafür, daß gerade Röthis unter den vielen schönen Dorflandschaften des Rheintales für dieses Buch ausgewählt wurde.

Von Grünlandwirtschaft im Umkreis von Röthis ist nur mehr sehr wenig zu bemerken. Gewerbebetriebe und Industrie drängen in die Dörfer, und infolge der dichten Besiedlung geht heute fast immer schon ein Dorf in das andere über. Nur weiter oben, in den Orten Fraxern oder Viktorsberg, um nur zwei Orte beispielhaft zu nennen, wo der Zersiedlung nicht soviel Raum geboten wird, ist die Umwelt vor allem im Hinblick auf die Forstwirtschaft noch in Ordnung. Ferner ist gerade das Frödischtal in Richtung zum Hohen Freschen (2.084 m) ein wunderschönes Wandergebiet.

Pfarrhaus mit Fachwerk

Muster eines Fachwerks

Wandern, geführte Weinwanderungen, Bergtouren, Radfahren, Mountainbiking, Waldlehrpfad, Schmiedemuseum Röthis, Langlaufen, Schibus in die umliegenden hochalpinen Schigebiete.

Info: Verkehrsverein Sulz – Röthis, A-6832 Sulz-Röthis, Montfortstr. 9, Tel.: 0043/(0)552242121, Fax: 0043/(0)55224212133, E-Mail: roethis@vlbg.at

Hausformen in Tirol

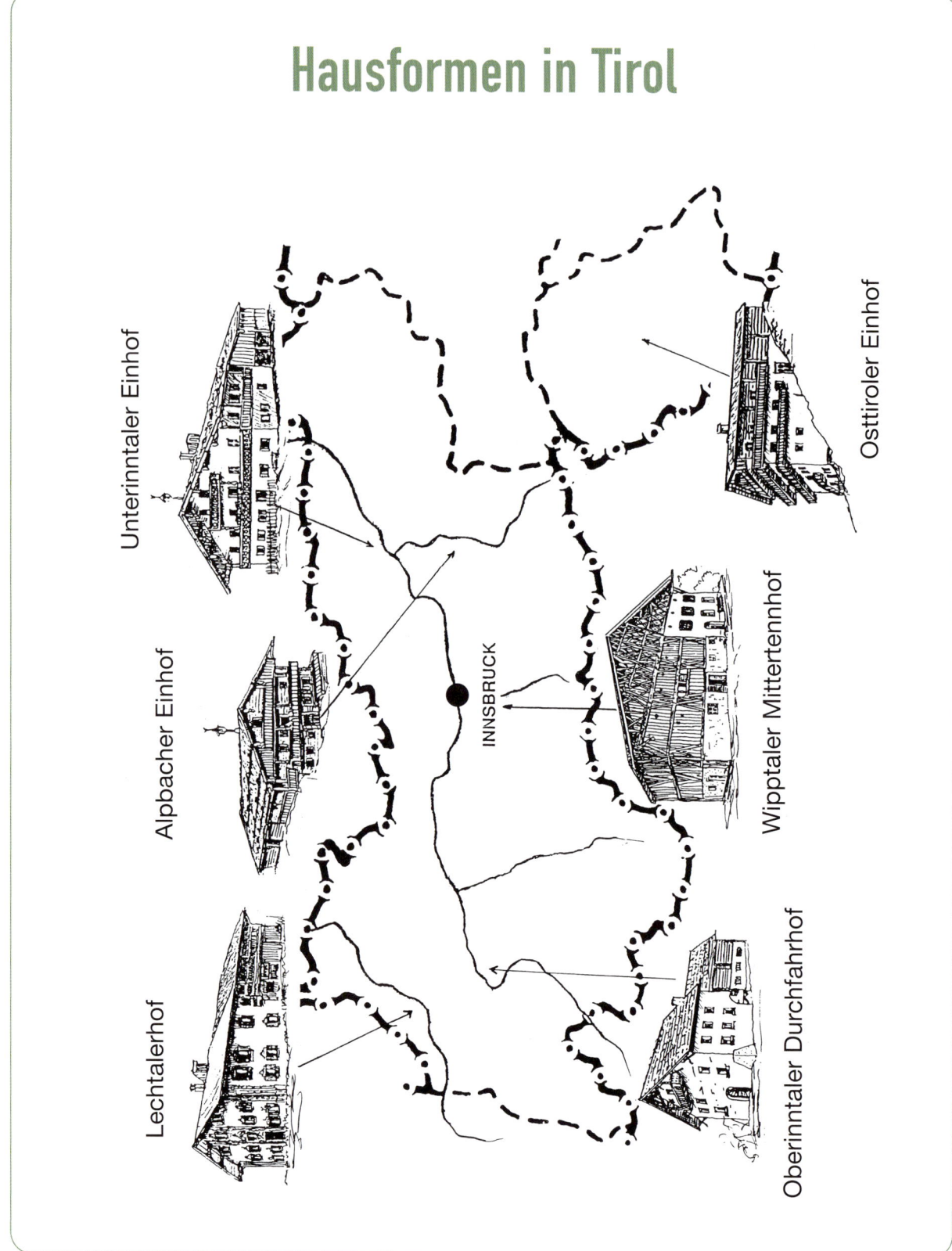

Unterinntaler Einhof

Osttiroler Einhof

Alpbacher Einhof

Wipptaler Mittertennhof

INNSBRUCK

Lechtalerhof

Oberinntaler Durchfahrhof

Tirol

Wohl eines der beliebtesten und von Touristen bevorzugten und schönsten Gebirgsländer in Österreich ist Tirol. Vor allem in den Seitentälern des Inn und in den Hochtälern Osttirols liegen noch idyllische Bergbauerndörfer, aber der Massentourismus bedroht so manche einstmals schöne Dorflandschaft, die meist durch bäuerliche Anwesen geprägt wird.

Lechtal

Gemeindeamt

8 Holzgau

Das Lechtal wurde im 13. Jhdt. von Schwaben aus besiedelt. An der Form der Bauernhäuser im Oberen Lechtal läßt sich u.a. der Einfluß der alemannischen Schwaben gut erkennen. Es herrschen zweistöckige Einhöfe mit Wohnhaus und Stall unter einem First vor, wobei der Großteil dieser Höfe in Holzblockbau ausgeführt wurde. Kommt man heute nach Holzgau, scheinen die Höfe fast alle gemauert. Innerhalb eines relativ kurzen Zeitraums hat sich hier in ihrem äußeren Erscheinungsbild ein Wandel ergeben. Hierzu eine kleine Erklärung:

Hl. Georg in „Lüftl"-Malerei

Das Obere Lechtal an sich ist eine eher karge Gegend, um die 1.000 m Seehöhe, und der Lech hat durch sein sehr breites Schotterbett manch fruchtbaren Boden vereinnahmt. Daher waren die Lechtaler seit Jahrhunderten gezwungen, ihr Brot nicht nur durch die Landwirtschaft, sondern auch als Saisonarbeiter im benachbarten Oberbayern zu verdienen, vornehmlich in der Gegend von Oberammergau als Maurer und Stukkateure. Hier kamen sie auch mit der Technik der Bemalung von Häusern in Berührung.

Nach ihrer Rückkehr ins Lechtal begannen auch sie im späten 18. Jhdt., ihre Häuser zu bemalen. Sie verputzten die Holzblockwände und malten auf den noch nassen Kalkverputz (al fresco), wodurch die Farben mit dem Verputz eine dauerhafte Verbindung eingingen und daher verbleibende Leuchtkraft erhielten. Dazu kam natürlich noch der Wunsch des jeweiligen Bauern, sein Haus besonders repräsentativ zu gestalten.

Musterbeispiele dieser farbenprächtigen Tiroler Häuser finden sich nun, besonders konzentriert, in Holzgau (1.103 m) im Oberen Lechtal, einem der schönsten Dörfer des Außerfern.

Sowohl Bürger- wie auch Bauernhäuser, vor allem im Umkreis des Marktplatzes, sind mit kunstvollen Malereien in Al-fresco-Technik (auch „Lüftl"-Malerei genannt) geschmückt. Ein gewisser Zwink aus dem Oberammergau, im Volksmund „Lüftl" genannt, war der prominenteste Kenner dieser Maltechnik, die sich auf das Lechtal konzentriert ausbreitete, aber auch in Nordtirol an vielen Orten zu sehen ist. Die Stilelemente spannen sich von der Renaissance über das Barock bis zum Empire; sie waren vorerst nur auf biblische Inhalte beschränkt, wurden aber auch, wie die Praxis zeigt, auf profane Bauten, Bürger- und Bauernhäuser übertragen. Die Motive der Malereien sind nicht nur religiöse, sondern u.a. auch Helden-, Volkssagen und der Mythologie entnommen. Vielfach sind auch Fenster und Hauseingänge kunstvoll umrahmt, an den Eckkanten der Häuser befinden sich farbige „Säulen", als wären sie aus Marmor. Auch einfacher Stuck um Fenster und Türen sowie Medaillons schmücken die Giebelfronten und lassen Madonnen und Heilige herabgrüßen, etwa die Schutzheiligen des jeweiligen Hauses.

Selbstverständlich ist auch die Innengestaltung der Kirchen und Kapellen besonders ausgeprägt. Das örtliche Heimatmuseum befindet sich in einem der schönsten „al fresco" bemalten Häuser.

Bürgerhaus

Lechtaler Höhenweg, Simms-Wasserfall im Höhenbachtal, Radwanderweg Lechtal (54 km), Kneippanlage, Reiten, Paragleiten, Tiefschneeabfahrten, Firngleiten, Snowraften, Eisstockschießen, Pferdeschlittenfahrten, Iglu-Bauen, Langlaufloipen, Kräuterdampfbad.

Info: Ober Lechtal Tourismus, A-6654 Holzgau, Tel.: 0043/(0)56335356, Fax: 0043/(0)56335726, E-Mail: oberlechtal@tirol.com, Internet: www.oberlechtal.com

Lechtal

Elbigenalp im Oberen Lechtal

9 Elbigenalp

Elbigenalp auf 1.040 m, der Hauptort des Lechtales, nur 8 km talauswärts von Holzgau, ist neben Holzgau die zweite Gemeinde, in der an den Häusern Fassadenmalereien und Stuckarbeiten anzutreffen sind. Sowohl im Ortskern als auch in dem zu Elbigenalp gehörenden Ortsteil Untergiblen beeinflußt diese Kunst stark das Ortsbild.

Von besonderer Bedeutung ist die mit umfangreichen Fresken versehene und in ihrem Kern gotische Pfarrkir-

Fassadenmalerei in Untergiblen

che zum hl. Nikolaus am von einer Mauer umgebenen Friedhof – in ihr befindet sich auch ein weiteres beachtenswertes Kulturdenkmal, die zweigeschoßige Martinskapelle. Im Erdgeschoß ist das Beinhaus, und im Obergeschoß sind neben vier gotischen Fresken ein außergewöhnlich schaurig-schöner Totentanzzyklus auf 20 Holztafeln zu sehen, die Anton Falger (1830) geschaffen hat.

Anton Falger (1791–1876), geboren in Elbigenalp, Lithograph, Graveur und Maler, ist ein eigenes Museum gewidmet. Er gründete eine Mal- und Zeichenschule, die später in eine Schnitzschule umgewandelt wurde und heute Fachschulcharakter hat. Die Schnitzarbeiten sind weit über Tirol hinaus bekannt, und man spricht von Elbigenalp als dem „Gröden des Lechtales". Alljährlich finden für Feriengäste Hobbykurse in Schnitzkunst statt.

Im Ortsteil Untergiblen befindet sich das Geburtshaus (Nr. 4) der Malerin Anna Stainer Knittel (1841–1915), besser bekannt unter dem Namen „Geierwally". Ihr Leben wurde nicht nur in einem Roman beschrieben, sondern auch mehrmals verfilmt; sogar ein Musical ist ihr gewidmet. Seit 1993 gibt es „Geierwally-Freilichtspiele", die sich größter Beliebtheit erfreuen.

Einer der wenigen unverputzt gebliebenen Lechtaler Blockhausbauten in Elbigenalp Nr. 2 gibt einen unverfälschten Eindruck vom seinerzeitigen Aussehen des Bauernhauses dieser Region, daneben befindet sich eine leider verfallene Mühle. Bezüglich der Agrarstruktur stehen vornehmlich Grünland-Almwirtschaft und Viehzucht im Vordergrund, auch der Fremdenverkehr sowie „Urlaub am Bauernhof".

Empfehlenswert sind Ausflüge nach Reutte, Warth am Arlberg, zum Körbersee und in die Seitentäler des Lechtales nach Kaisers, Gramais und Bschlabs, alles uralte Bergdörfer und Ausgangspunkt zu Bergtouren in die Lechtaler Alpen. Man erspart sich von diesen Dörfern den langen Anstieg vom Lechtal selbst.

Wandern, Radfahren, Paragleiten, Mountainbiking, Kneippbecken, Beach-Volleyball, Schilifte, Langlauf, Eisstockschießen, Rodelbahn, Pferdeschlitten.

**Info: Tourismusverband,
A-6652 Elbigenalp, Dorf 55 b,
Tel.: 0043 / (0)56345315,
Fax: 0043 / (0)56345316,
E-Mail: info@lechtal.at,
Internet: www.lechtal.at**

„Naturbelassener" Lechtaler Einhof

Lechtal

Häusergruppe in Bschlabs

10 Bschlabs · Boden · Pfafflar

Von Elmen im Lechtal führt eine Straße über das 1.903 m hohe Hahntennjoch nach Imst ins Inntal. An dieser sehr kurvenreichen Gebirgsstraße liegen mitten in den sonnseitigen Bergwiesen des Bschlabser Tales die drei kleinen Dörfer Bschlabs, Boden und Pfafflar. Sie zählen zu den ältesten Bergbauernsiedlungen Nordtirols.

Bschlabs, etwa 6 km vom Lechtal entfernt, wird bereits 1248 als „Bislaves" in einer Chronik erwähnt. Es gilt als die älteste Siedlung mit Haufendorfcharakter und besteht aus mehreren senkrecht zur Talachse stehenden zweistöckigen, aus Rundholz gezimmerten Eckflurhäusern mit traufseitigen Eingängen. Der gesamte Ort macht einen außerordentlich gefälligen Eindruck, da bei allen Häusern die mit Mörtel abgedichteten weißen Fugen zwischen den dunklen Balken durch den Kontrast sehr dekorativ wirken. Im Sommer verschönern die trotz der Höhenlage mit reichem Blumenschmuck verzierten Fenster das

Typische Balkenverfugung

Gesamtbild. Es lohnt sich, einen Abstecher in das Dorf zu unternehmen und besonders die Elemente des bäuerlichen Holzbaues näher zu betrachten, so etwa Türriegel, Türen, Fenster und die Eckverbindungen an den Kanten der Holzblockhäuser.

Einen ähnlichen Eindruck vermittelt Boden, das mit seiner kleinen Kaplaneikirche und dem Gemeindehaus einige Kilometer oberhalb von Bschlabs auf 1.556 m liegt.

Einige Kilometer weiter, kurz vor der Paßhöhe, erblickt man die aus 14 Blockhausbauten bestehende Sommersiedlung Pfafflar, die älteste und weitestgehend im Urzustand erhaltene Höhensiedlung im Lechtal. Heubringung, Viehzucht sowie Direktverkauf von

Blick auf Boden mit Lechtaler Alpen

Einzelhaus oberhalb von Boden

Almprodukten auf den nächst-liegenden Almen sind prak-tisch die einzigen Einnahme-quellen der extrem gelegenen Bergbauern.

Pfafflar selbst ist auch ein gerne gewählter Ausgangs-punkt für den Alpintourismus in die Lechtaler Alpen.

Motiv aus der Höhensiedlung

Wandern, Radfahren.

Info: Gemeindeamt, A-6644 Pfafflar,
Tel.: 0043/(0)5635524, Fax: 0043/(0)5635571,
E-Mail: gemeinde@pfafflar.tirol.gv.at

Oberes Inntal

Fiss, Gesamtansicht

11 Fiss · Ladis

Fiss liegt in 1.436 m Seehöhe auf einer breiten Hochterrasse über dem Inntal. Im Kern hat das Dorf trotz einer rasanten Siedlungserweiterung, bedingt durch den Sommer- und Wintertourismus und einen verheerenden Brand im Jahre 1972, doch den Charakter eines rätoromanischen Dorfes behalten können. Die Höfe stammen meist aus dem 16. und 17. Jhdt.; sie sind zum Großteil denkmalgeschützt.

Ladis, Hof mit herausgebautem Backofen und Burg im Hintergrund

Zur Geschichte: Um 1500 v. Chr. waren die Illyrer erste Siedler, doch blieben nur wenige Spuren ihrer Anwesenheit bis heute erhalten. Im 1. und 2. Jhdt. n. Chr. kamen die Römer in die Alpen und nannten das Land Rätien. Durch Vermischung der Einwanderer mit den Ureinwohnern entwickelte sich das Volk der Rätoromanen, dessen Einfluß sich noch heute in der Architektur spiegelt, der rätoromanischen Bauweise, wie auch im angrenzenden Schweizer Engadin. Auch im nächstgelegenen Dorf, im Kern von Ladis, ist sie zum Teil erkennbar.

Mächtiges Bruchsteinmauerwerk bis unter den Bundwerkgiebel verrät die rätoromanische Baukultur, wobei die Höfe im engen Dorfverband besonders auffallen. Durch die schräg nach innen verlaufenden Fensterleibungen läßt sich erst ermessen, welche Mächtigkeit die Mauern aufweisen. Die Giebelfront ist in der Regel zur Straße gerichtet, die Innengestaltung uneinheitlich, was von außen durch die unregelmäßig verteilten Fenster, Nischen und oft zwei Tore sichtbar ist. Dennoch sind diese alten Höfe mit schönen abgefaßten Hausstein-Rundbogentoren, darüber mit z.T. poligonalen Erkern, mit zarten Sgraffiti und Malereien sowie reichem Bundwerkgiebel unter dem weit vorkragenden Dach besonders bemerkenswert. Im dichtverbauten Dorfverband von Fiss herrscht großer Platzmangel; hier wird der Hof zum Durchfahrtshof. Vereinzelt kann man an den Rückseiten der Häuser herausgebaute Backöfen finden; meist waren Raummangel oder auch Feuersgefahr der Grund für ihre äußere Anbringung. Architektonisch besonders wertvoll in ihrer Bausubstanz sind die Häuser Nr. 3, 27-29, 33, 36, 37, 40, 44, 49, das Wirtshaus „Weißes Lamm" und die ehemalige Schmiede.

Ein weiteres „Markenzeichen" des Ortes sind die geschaffelten Brunnen (von „Holzschaff" abgeleitet) aus den Faßbinderwerkstätten, mit hölzernen Brunnensäulen, gedrechselten Aufsätzen, mit Figuren von Johannes dem Täufer und dem hl. Johannes Nepomuk. Vor den Brunnen stehen Holztröge für die Viehtränke. All diese Details machen den reizvollen Kern des Dorfes aus.

Die spätgotische Pfarrkirche in der Dorfmitte mit nördlich liegendem Turm, südseitig vom Friedhof umgeben, wurde nach mehrmaligem Umbau

Geschaffelter Brunnen

Hoanzenständer

im frühen 18. Jhdt. barockisiert. Bemerkenswert sind noch die Totenkapelle sowie der Kalvarienberg mit einer volkstümlichen Schnitzgruppe.

Von der Agrarstruktur her weist das Umfeld von Fiss eine intensiv genutzte Grünlandwirtschaft auf. Etliche schindelgedeckte „Hoanzenständer", ein volkskundliches „Charakteristikum", beleben die Wiesen, sie dienen zum Aufhängen der Hoanzen, die zur Zeit der Heuernte zum Aufhäufeln und Trocknen des Heus aufgestellt werden. – Alle vier Jahre findet das „Blochziehen" statt, ein uralter Fasnachtsbrauch, der die Dämonen des Winters vertreiben und Fruchtbarkeit garantieren soll.

Bis 1928 war Fiss nur mit Ochsengespannen vom Tal her über einen Karrenweg erreichbar. Heute hat sich das gesamte Plateau zu einem bedeutenden Sommer- und Wintertouristikgebiet entwickelt, und es ist zu hoffen, daß dies dem traditionellen Erscheinungsbild der Kulturlandschaft – durch allzustarke Siedlungserweiterung, insbesonders zu großer Hotelbauten – nicht schadet.

Wandern, Bergsteigen, 160 km Schiabfahrten, 53 Bergbahnen und Lifte.

Info: Tourismusverband Fiss, A-6533 Fiss, Tel.: 0043/(0)54766441, Fax: 0043/(0)54766824, E-Mail: info@fiss.at, Internet: www.fiss.at

Rätoromanischer Hof in Ladis

Ötztal

Gasthof „Stern"

12 Oetz

Mit einer Länge von 65 km ist das Ötztal das längste Seitental des Inns. Gleich im unteren Talabschnitt liegt Oetz, eines der schönsten Dörfer Nordtirols, auf 820 m Seehöhe – mit einem richtigen Dorfkern, wie man ihn sich nur wünschen kann, der – als tragenden Elementen der Baukultur – von mächtigen zwei- bis dreigeschoßigen gemauerten Mittelflurhäusern mit Satteldächern, die Giebelfronten mit gemalten Fensterumrahmungen, umgeben wird.

Der Gasthof „Stern", das Stecherhaus, das Kulturhaus (1605) mit offenem Bundwerkgiebel (1618) sowie das Haus Tschol neben dem Dorfbrunnen bilden ein einmaliges Ensemble. Dazu kommt noch der „Turm" (1378 erstmals erwähnt), ein viergeschoßiges Bauwerk ähnlich einem Kubus mit einem Schopfwalmdach, das am Weg vom Gasthof „Stern" hinauf zur Kirche liegt – einstmals Verwaltungssitz und Sammelstelle für den Zehent, der an die Grundherrschaft St. Petersberg und das Kloster Frauenchiemsee abgeliefert werden mußte.

Der spätgotische, aus dem Jahre 1573 stammende Gasthof „Stern" ist mit seiner Bemalung ein ganz außerordentliches und besonders erwähnenswertes Bauwerk. Es wurde 1615 umgebaut, vergrößert und überreich mit Fresken versehen – Darstellungen wie allgemein üblich, u.a. biblische Szenen, aber auch von Handwerk, Handel und Verkehr. Das Haus war ehemals Gerichtssitz der Kämmerer von Frauenchiemsee. – Ganz besonders zu beachten sind bei den Bauten im Ortszentrum die Spitzbogenportale, Erkervorbauten, Fassadenmalereien, Eckquaderungen und schön geschnitzten Holztore.

Die Pfarrkirche zu den Heiligen Georg und Nikolaus wurde auf einem Felsen über dem Dorf errichtet. Ursprünglich stand an dieser Stelle eine schon 1303 urkundlich erwähnte Kapelle, die um ca. 1500 mit einer gotischen Kirche – das Langhaus über der Urkirche, der heutigen Michaelskapelle – überbaut wurde. Von den alten Erbhöfen, die 250 Jahre im Besitz einer Bauernfamilie sein müssen, gibt es noch vier; sie befinden sich in den Ortsteilen Habichen, Oetzerau und in Oetz selbst.

Im Habichen sollte das Stammhaus der Glockengießerfamilie Graßmayer besucht werden, das mit beschnitzten Bundwerkgiebeln und reichen, zum Teil grotesken Malereien (1633) versehen ist.

Typisches Haus mit achtseitigem Eckerker

Eine kaum übersehbare Anzahl schön geschmückter Kapellen, Kleinkirchen, Marterln und Bildstöcke belebt die umliegende Kulturlandschaft. Sehenswert sind ferner die Brunnen und eine überdeckte alte Holzbrücke über die Oetz.

Im Weiler Piburg, etwa eine halbe Gehstunde von Oetz entfernt, liegen der 1929 zum Naturdenkmal erhobene Piburgersee und das alte Pfaundlerhaus mit sehenswertem

Altes Haus mit Spitzbogenportal

Polygonalerker, Giebelbundwerk und Fassadenmalerei.

Zur nächsten Umgebung sei gesagt, daß hoch über Oetz, auf 1.482 m, noch Bauernhöfe inmitten extrem steiler Wiesen „kleben". Es gäbe noch viele Kulturdenkmäler in diesem Tal zu erwähnen, wie den überaus schönen und unverfälschten Ortskern von Umhausen und die höchsten, ständig bewohnten Höfe der Ostalpen im Dorf Vent – die „Rofenhöfe" auf 2.014 m Seehöhe. Dazwischen liegt das Schigebiet von Sölden-Hochsölden, das wegen seiner modernen Verbauung kaum mehr bäuerliches Flair ausstrahlt.

Die Bauern beschäftigen sich vornehmlich mit Grünlandwirtschaft, Viehzucht – mit viel Vieh auf den sommerlichen Almmatten – und selbstverständlich mit der Fremdenbeherbergung. Wegen der klimatisch günstigen Lage im unteren Teil des Tales, nächst dem Inntal, gedeiht Obst sehr gut; sogar die Edelkastanien reifen aus.

Das Pfaundlerhaus in Piburg

Wanderungen, hochalpine Touren, Beach-Volleyball, Bergbahnen, Bootsverleih, Canyoning, Drachenfliegen, Angeln, Kajak- und Kanufahrten, Klettergarten, Mountainbiking, Paragleiten, Rafting, Zimmergewehrschießen, schneesicheres Schigebiet bis 2.200 m, Eldorado für Schi- und Snowboardfahrer, Langläufer, Rodler, Schneeschuhwanderer, Motto: „Winterzauber über Pistenpower".

Info: Tourismusverband Oetz,
A-6433 Oetz, Hauptstr. 66,
Tel.: 0043 / (0)52526669,
Fax: 0043 / (0)5252666975,
E-Mail:
info@oetz.com, Internet: www.oetz.com

Ötz, Blick zur Kirche

Oberes Inntal

Natters mit der Nordkette

13 Axams · Birgitz · Götzens · Mutters · Natters

Die westlich des Wipptales liegenden Mittelgebirgsdörfer auf den Terrassen oberhalb von Innsbruck gehören zu den schönsten Dorflandschaften Tirols. Die Ortsbilder dieser Gemeinden sind, im gesamten gesehen, noch reich an alter bäuerlicher Bausubstanz. Vor allem den traditionellen Elementen der Holzbaukunst, wenn man allein den Giebelbereich, das prachtvolle Bundwerk der Mittertenneinhöfe herausgreift, ist besondere Beachtung zu schenken.

Wie schon die Bezeichnung Mitter-tenneinhof besagt, stehen der Wohnteil und der Wirtschaftsteil in einer Giebelfront unter einem flachen Satteldach, wobei charakteristisch ist, daß man das Haus von der Straßenseite her entweder durch ein kleines Gehtürl oder ein großes Einfahrtstor betreten bzw. befahren kann. Von der Tenne, die durch das gesamte Haus führt, betritt man den Wohnteil mit Stube, Küche und Speisekammer auf der einen Seite, auf der anderen befindet sich der Stall.

Mittertenneinhof mit Bundwerk und Balkon

Das Heu wird vom Wagen in die Heulage gehoben, wobei der gesamte Dachraum in der ganzen Hausbreite auch über dem Wohnteil genutzt wird. Letzterer ist vielfach gemauert, während der Wirtschaftsteil in Ständerbohlenbauweise verbrettert ist. Das Giebeldreieck, wie schon erwähnt, zieren sehr dekorativ gestaltete Fachwerkgerüste mit Streben und Kopfbändern, die zur Abstützung des weit vorkragenden Daches dienen.

Manche der geschnitzten Streben haben keine statische Funktion, sondern dienen nur als Zierde, so z.B. geschnitzte Schlangenköpfe, Drachenköpfe oder der Teil eines herausstehenden Armes – sie sind Schutzzeichen mit abwehrsymbolischem Charakter. Die Streben des Bundwerkes liegen sichtbar vor der Bretterverschalung des Heulagers oder Bergeraumes. Große Mittertenneinhöfe weisen oft ein offenes Bundwerk auf, damit die Luft zum Trocknen der Feldfrüchte und des Heues durchziehen kann.

Mittertenneinhof mit Bundwerkkonstruktion in Götzens

Brunnenstock mit Skulptur in Axams

Erker mit Klappläden in Mutters

Manchmal sind an der Front des Wirtschaftsteiles noch zusätzlich leiterartige Holzgerüste angebracht, die beispielsweise zum Trocknen der aufgehängten Maiskolben dienen. Kerbschnitzinschriften am Firstbalken deuten oft auf das Baujahr der Höfe hin. Auch Balkonbrüstungen mit reichverzierten Zierschnittbrettern und schönem Blumenschmuck beleben die Giebelfronten der Höfe.

Der Grund, weshalb gerade hier so im Detail auf das Giebelbundwerk eingegangen wird, liegt in dessen starker Konzentration in diesen Dörfern, welche innerhalb der österreichischen Dorflandschaften einmalig ist. Nicht unbeachtet sollten auch die Erker an den Giebelfronten mit Klappläden bleiben, die verzierten Haustüren mit Sonnensymbolen oder Andreaskreuz sowie die Bemalung der Fensterumrahmungen, ferner die Medaillons über den Toren.

Weiters fallen in den Dörfern die Laufbrunnen mit gedrechselten Brunnensäulen und ab und zu auch noch mit hölzernen Brunnentrögen auf. Oft wird am Abend das Vieh von der Weide durch das Dorf zum Brunnen – zur Tränke – getrieben und dann erst in den Stall, was für die Mittelgebirgsdörfer äüßerst typisch ist. Ferner prägen im Dorf selbst, aber auch auf den Fluren Kapellen, Marterln, Bildstöcke und Wegkreuze die religiöse Kultur der „Dörfer über der Stadt". Diese Elemente der bäuerlichen Kultur, die nur durch das Traditionsbewußtsein und die Frömmigkeit der Bewohner erhalten bleiben, erfreuen sich großer Beliebtheit bei den Gästen, die diese Dörfer als Ferienziel sowohl im Sommer als auch im Winter wählen. Auch die Nähe der Kulturschätze Innsbrucks und der weiteren Umgebung ist für die Besucher von großer Anziehungskraft. Letzten Endes ist vor allem das Umfeld des Mittelgebirges mit dem Blick auf Innsbruck, die Nordkette, die Stubaitaler Berge und in die Axamer Lizum der

Kein Bauernhof ohne Blumenschmuck

Grund, diese Dörferkette als eine der schönsten in Österreich zu präsentieren. Nicht umsonst wirbt die Fremdenverkehrswerbung mit dem Slogan „Innsbruck und seine Feriendörfer".

Trotz der seinerzeitigen Winterolympiaden sind auf der Terrasse kaum Beherbungsburgen entstanden, und auch die Bevölkerung baut im Einklang mit der Tradition, obwohl an den Dorfrändern leider umstrittene Bauweisen von Einzelgebäuden und ganzen Siedlungen festzustellen sind, die nicht unbedingt zum Image der Kulturlandschaft passen.

Hof in Mutters

Wander- und Radwege, Freizeitzentrum, Mountainbiking, Schipisten, Langlaufloipen, Standseilbahnen, Lifte, Eisstockschießen, Mondscheinrodeln.

Info: Tourismusbüro Axams – Axamer Lizum, A-6094 Axams, Tel.: 0043/(0)523468178, Fax: 0043/(0)5234681787, E-Mail: axams@netway.at, Internet: www.axams.at

Tourismusbüro Birgitz, A-6091 Birgitz, Tel.: 0043/(0)523432384, Fax: 0043/(0)5234323847, E-Mail: birgitz@innsbruck.tvb.co.at, Internet: www.tiscover.com/birgitz

Tourismusbüro Götzens, A-6091 Götzens, Tel.: 0043/(0)523432236, Fax: 0043/(0)5234322367, E-Mail: goetzens@netway.at, Internet: tiscover.com/goetzens

Tourismusbüro Mutters, A-6162 Mutters, Tel.: 0043/(0)512548410, Fax: 0043/(0)5125484107

Tourismusbüro Natters, A-6161 Natters, Tel.: 0043/(0)512546715, Fax: 0043/(0)5125467157, E-Mail: natters@innsbruck.tvb.co.at, Internet: www.tiscover.com/natters

Hauptstraße in Matrei

14 Matrei am Brenner · Schmirn · Obernberg

Wer von Innsbruck über das Wipptal dem Brenner zustrebt, hat es manchmal eilig, nach Südtirol zu kommen – dabei versäumt er aber gewiß drei der schönsten Orte und Täler mit einer einmaligen, vom Massentourismus unberührten Kulturlandschaft.

Matrei ist ein uralter Handelsplatz und Marktort im mittleren Wipptal mit einer der wohl schönsten Ortsdurchfahrten von ganz Nordtirol. Diesen Ort sollte man nicht auf der Autobahn umfahren. – Das Schmirntal liegt etwa 10 km talaufwärts; man zweigt in St. Jodok nach Osten ab. Noch ein Stück weiter auf der Brennerstraße zweigt dann bei Gries am Brenner in Richtung Südwesten die Straße nach Obernberg ab.

Schmirn

Matrei am Brenner (993 m)

Matrei ist in seiner Einheitlichkeit der gepflegten Hausfronten, geprägt von mittelalterlichen zwei- bis dreigeschoßigen Bürger- und Bauernhäusern, alle einheitlich Front an Front überdacht mit weit vorkragenden Satteldächern, gewiß der schönste Straßenort in Nordtirol. Besonders beachtenswert sind die Giebelfronten, die alle zur Straße zeigen, mit reichem Freskenschmuck, gemalten Medaillons und Dekorationsmalereien. Fast jedes Haus ziert ein herausgebauter Erker, welcher manchmal über zwei Stockwerke reicht; die Fenster sind von Fresken umrahmt. Berühmtheit haben auch die verschiedenen historischen Wirtshausschilder erlangt.

Durch schöne, in Marmor gefaßte Rundbogentore kann man mitunter auch die Innenhöfe betreten und die Elemente der alten Tiroler Baukultur bewundern.

Leider wurde Matrei wegen seiner sehr eng aneinandergebauten Häuser seinerzeit sehr oft von Bränden heimgesucht. Nach äußerst sorgfältiger Renovierung gelang es jedoch wieder, heute den Eindruck eines Ortes aus dem 15. Jhdt. zu vermitteln. Kleinstdenkmäler, wie zwei holzgeschnitzte Brunnenfiguren, ergänzen das reiche Erscheinungsbild.

Schmirn (1.422 m)

Von St. Jodok im Wipptal geht es steil aufwärts zum kleinen Kirchort Schmirn mit Gemeindeamt, einigen Bauernhäusern, einer Bank und Geschäften sowie der Kirche St. Josef. Hier beginnt eine ganz prächtige Tallandschaft oder, besser gesagt, ein Talboden. Die schattenseitigen Hänge sind dicht mit Fichten bewaldet; auf den sonnseitigen Hängen und im Talboden befinden sich die schön gepflegten Höfe. In Toldern und weiter

Freskomalerei in Matrei

bis Innerschmirn werden – neben Viehwirtschaft – auch noch Kartoffeln, Gerste und Weizen in einer Höhe von 1.499 m angebaut. Obwohl über 80 % der Bauern einem Nebenerwerb nachgehen, werden die Wiesen bis hoch hinauf zur Heugewinnung gemäht, und die Stadel und Heuhütten sind voll in Funktion. Auch ist bei fast jedem Hof ein Speicher anzutreffen. Diese Wirtschaftsgebäude tragen zum Erscheinungsbild der einmaligen Dorflandschaft maßgeblich bei. Viele der Häuser weisen Ziergiebelbundwerk und Freskomalereien um die Fenster auf. Einer der ältesten Höfe – angeblich aus dem 13. Jhdt. – ist insofern bemerkenswert, als an der Außenwand ein Bienenstand angebaut ist und strohgeflochtene Bienenkörbe an der Wand hängen. Überdies hat dieser Einhof ein gemauertes Erdgeschoß, das Obergeschoß ist aus handgeklobenem Blockholz aufgebaut, das Dach mit Schindeln gedeckt und mit Steinen beschwert.

Am Ende des Tales liegen in 1.625 m Höhe noch die Weiler Kasern, Madern und Obern; dort sind noch Flechtzäune zu sehen, die es, abgesehen von hier, nur mehr in Südtirol gibt.

Als Belohnung dafür, daß man sich so weit in das Tal vorgewagt hat, kann man am Talschluß einen Blick auf die Gletscher der Gefrorenen Wandspitze (3.288 m) und den Olperer (3.478 m) werfen.

Altes Hauszeichen in Matrei

Obernberg am Brenner

In der Ortsmitte von Gries am Brenner zweigt nach Südwesten die Straße in das Obernbergtal ab. Es ist, wie im Schmirntal, ein Streusiedlungsgebiet mit der gleichen Hauslandschaft in einer Seehöhe von 1.400 m. Der berühmte Typograph Johann Jakob Stafler pries das Obernbergtal als ein Kleinod Tirols, „wo die Landschaft einen wahrhaft poetischen Charakter annimmt". Alle Höfe sind wie auf einer Perlenkette entlang der ins Talende führenden Straße aufgefädelt.

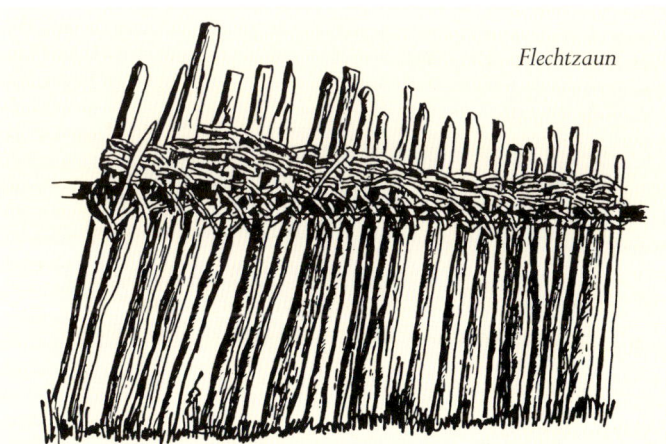

Flechtzaun

Ein landschaftlicher Höhepunkt ist die auf einem Moränenhügel stehende Pfarrkirche zum hl. Nikolaus, umgeben von lichten Lärchenbeständen, dahinter als Kulisse der mächtige Gebirgsstock des Obernberger Tribulaun (2.780 m), zu dessen Füßen sich als Talabschluß der Obernberger See mit den Hütten der Ober- und Unterrainsalm befinden. Besonders interessant ist für Geologen, daß im Obernbergertal Kalkgebirge und Urgestein aufeinander treffen und die Mischzonen sehr mineralienreich sind, daher war das Tal einstmals das älteste Bergbaugebiet Tirols, schon in vorrömischer Zeit. Heute sieht man nur mehr die Reste der Halden an den nordwestlichen Hängen des Talschlusses.

Ältester Bauernhof in Toldern, Schmirntal

Kirche in Obernberg

Das Wipptal

Es ist sicher nicht allgemein bekannt, daß das Wipptal die Nord- und Südabdachung der Alpen von Nordtirol nach Südtirol durchzieht – eine historisch gewachsene Einheit, die sich vom Matreiwald über den Brennerpaß bis hinunter zur Südtiroler Klause erstreckt. Der Name leitet sich von der lateinischen Bezeichnung „Vallis Vipitena" ab, später „Wipsetwald" (mitten im Wald), im Jahre 1200 „Wiptal".

Bergwandern, Mountainbiking, Schiwandern, Pferdeschlittenfahren, beleuchtete Naturrodelbahn, Langlaufloipen, Gratis-Schibus zu den Schizentren des Wipp- und Stubaitals.

Info: Tourismusverband Wipptal, A-6143 Matrei am Brenner, Tel.: 0043/(0)52736278, Fax: 0043/(0)52737126, E-Mail: info.matrei@wippregio.at, Internet: www.wippregio.at

Unteres Inntal

Ortsansicht von Alpbach

15 Alpbach

Nur 8 km von Brixlegg im Unterinntal entfernt, liegt „Österreichs schönstes Dorf": Alpbach.

Es ist eine Kulturlandschaft von besonderer Prägung, wie sich das alte Haufendorf am Abhang des Gratlspitzs auf den Hängen bis hinauf nach Inneralpbach darstellt.

Der Name Alpbach, erstmals 1150 erwähnt, wurde dem Ort von Bajuwaren, die vor und nach der Jahrtausendwende das Hochtal besiedelten, gegeben. Erst 1926 wurde eine richtige Fahrstraße vom Talboden nach Alpbach fertiggestellt, dies erklärt auch, daß das Alpbachtal wegen der langen Abgeschiedenheit von äußeren Einflüssen ein Zentrum des bäuerlich unveränderten Tiroler Holzblockbaues bildet.

Seit dem Jahre 1945 ist Alpbach Tagungsort des „Europäischen Forum Alpbach" und Treffpunkt führender Persönlichkeiten aus Wirtschaft, Wissenschaft, Kunst und Kultur. Dies führte im Laufe der Jahre dazu, daß dem Erscheinungsbild des Ortes ein besonderes Augenmerk geschenkt wurde und Alpbach sich zu einem Musterdorf entwickelte. Schon 1953 beschloß der Gemeinderat die örtliche Bauordnung und verlangte bei Neubauten die Anpassung an den althergebrachten Stil. Das Resultat läßt sich sehen!

Bergbauernhof

Einem Fernsehwettbewerb des ORF zufolge wurde Alpbach aufgrund seines Holzbaustils und Blumenschmucks 1983 zum „schönsten Dorf Österreichs" gewählt. Im Ort befinden sich in dichter Verbauung die schönen Holzblockbauten und auch die alten berühmten Gasthöfe Bögler, Jakober (16. Jhdt.) sowie das Hotel Post. Sie wurden von den seinerzeitigen Gewerken, den Grubenbesitzern des Silber- und Kupferbergbaues am Gratlspitz, errichtet. Schon um 1500 schürften ca. 1.000 Bergknappen nach den begehrten Erzen.

Inmitten des Dorfes steht die Pfarrkirche zum hl. Oswald, 1720 im Barockstil verändert, von einem vorbildlich gepflegten Friedhof mit kunstvoll geschmiedeten Grabkreuzen umgeben. Der gotische Kirchturm stammt aus dem Jahre 1420.

Die prächtigen Holzblockbauten älteren und neueren Datums prägen das gesamte Ortsbild und auch die Randsiedlungen, die sich die Hänge des Gratlspitzs hinauf erstrecken. Wegen der langen Abgeschlossenheit des Alpbachtales haben sich auch die Hausformen in ihren architektonischen Merkmalen kaum verändert. Der Alpbacher Einhof an sich ist einer der schönsten voll gezimmerten Blockbauten Tirols, besticht vor allem durch eine reizvolle Giebelfront, meist zweigeschoßig und mit einem Gangl unter dem Giebel. Das Wohnhaus weist pro Geschoß einen rundumlaufenden Balkon auf, der mit geschnitzten oder gedrechselten Balkonstützen versehen ist. Die Balkonbrüstungen waren einstmals nur verbrettert, heute sind auch aufwendige Pilaster zu sehen. Freilich trägt vor allem auch der Blumenschmuck im Sommer zum attraktiven Erscheinungsbild wesentlich bei. Nicht zu vergessen sind das Dach mit dem Zwölferglöckerl und dem oft sehr schön verzierten Dachsaum sowie bemalte Pfetten.

Bei den ganz alten Höfen erkennt man auch die Zimmereinteilung durch den Figurenschrot, eine Höchstleistung der kreativen Zimmererleute. Die-

Congress Centrum

se Tiroler Häuser wurden auch mehrfach wegen ihres Aussehens preisgekrönt.

Im Umfeld von Inneralpbach befinden sich viele kleine Höfe, ebenso gepflegt wie die ganze Talschaft abwärts, sowie auch viele stilgerechte Neubauten und Beherbergungsbetriebe. Im August 1999 wurde das neue „Congress Centrum Alpbach" eröffnet. Mit einer genialen naturnahen Architektur setzt das Kongreßdorf damit einen besonderen Akzent für den Eintritt ins dritte Jahrtausend.

Der Tourismus ist heute tragendes Element für die Einkünfte der heimischen Bevölkerung geworden, aber es gibt noch 105 bewirtschaftete Bauernhöfe,

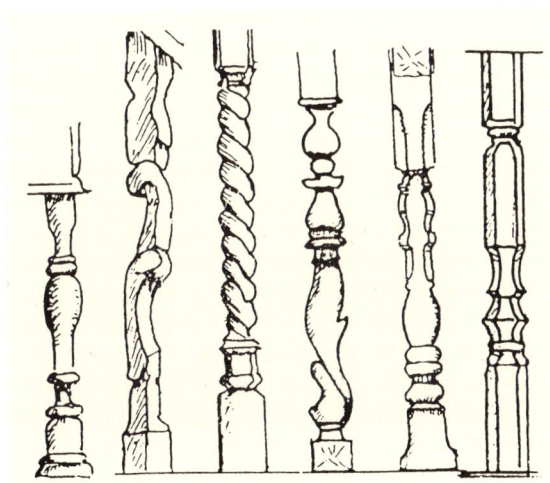

Gedrechselte Balkonstützen

Blick von Inneralpbach talauswärts

Alpbacher Einhof

erstaunlicherweise etwa gleich viel wie vor 100 Jahren, etliche davon sind mehr als 200 Jahre alte Erbhöfe. Ein besonders schöner Hof in Inneralpbach wurde zu einem Bergbauernmuseum umgewidmet. Die Besitzer bewohnen das Obergeschoß, bewirtschaften den Hof und sind gerne bereit, durch die altbelassenen Räumlichkeiten zu führen.

Mit Grünland- und Forstwirtschaft sichern die Bauern den Fortbestand der bäuerlichen Kulturlandschaft. In Alpbach sind durch zahlreiche Aufstiegshilfen und Langlaufloipen ein Winter- wie auch Sommertourismus gegeben. Der Kongreßbetrieb bringt zusätzlich viele Besucher in die Berggemeinde.

An Ausflugszielen sind u.a. besonders die wunderschöne Altstadt von Rattenberg/Inn und das große Freilichtmuseum „Tiroler Bauernhöfe" in Kramsach sehr zu empfehlen.

Zwölferglöckerl und Pfettenbrettchen

90 km Wanderwege, Paragleiten, Drachenfliegen, Reiten, Alpinschule, Klettergarten, Radwandern, Mountainbiking, Kinderprogramme, alpiner Schilauf, Langlaufloipen, Rodeln.

Info: Congress Centrum Alpbach, A-6236 Alpbach, Postfach 31, Tel.: 0043/(0)53366000, Fax: 0043/(0)5336600200, E-Mail: info@alpbach.at, Internet: www.alpbach.at, www.congressalpbach.com

Unteres Inntal

Oberau

16 Wildschönau

Verborgen und dennoch nicht abseits liegt das reizvolle Hochtal „Wildschönau". Ein besserer Name ist für diese zwischen den Kitzbühler und den Zillertaler Alpen gelegene Großgemeinde kaum denkbar.

Die Wildschönau setzt sich aus vier sehr, sehr schönen Dörfern zusammen, die sich bei einer Seehöhe von 828 bis 1.150 m, fern vom Durchzugsverkehr, einer besonders hochwertigen Umweltqualität und heilsamen alpinen

Thierbach

Umwelt erfreuen. Sie sind von Wald und Wiesen, weiter oben von Almmatten umgeben, wie auch von sanften Kuppen und abweisenden Bergen, die bis 2.500 m hoch aufragen. Die Wildschönau ist Bauernland, Land freundlicher Gastwirte und auch Land für „Urlaub am Bauernhof". Das 24 km lange Tal verfügt auch über gepflegte, sehr romantische Wanderwege, ist allerdings umweltbedingt nicht total erschlossen.

Die vier Kirchdörfer sind Niederau, Oberau, Auffach und Thierbach. Jedes Dorf hat seinen eigenen Charakter – Haufendörfer im lockeren Verband, wobei Niederau das Tor zur Wildschönau bildet. Man erreicht es auf zwei Straßen, die einander im Zentrum des Dorfes treffen. Die eine kommt in sanftem Anstieg von Hopfgarten im Brixental ,vorbei an prächtigen Almmatten; die andere, steilere und sehr wildromantische Auffahrt erfolgt von Wörgl, nicht weiter als etwa 10 km von der Autobahn entfernt. Über Oberau und den Weiler Mühltal führt die Straße weiter nach Auffach, in den hintersten Winkel der Wildschönau. Bei Mühltal zweigt man auf einer Nebenstraße nach Thierbach ab, dem wohl reizvollsten Dorf im Tal.

Je tiefer man in das Tal westlich der Wildschönauer Ache vordringt, desto urtümlicher wird der Dorfcharakter, und die alten Bauernhöfe dominieren das Erscheinungsbild. Die lange Abgeschiedenheit des Tales von der Außenwelt, nur mühsam, wie bei Alpbach, zugänglich, hat viel dazu beigetragen, daß vor allem die Bauernhäuser ihr Aussehen bewahrt haben. Über 200 Höfe, sehr alte Holzblockbauten, werden heute noch bewirtschaftet. Von diesen sind noch 19 sogenannte Erbhöfe, die sich schon mehr als 200 Jahre im Besitz einer Familie befinden – in der Regel prächtige Einhöfe mit flachen, breit ausladenden Satteldächern; Wohnhaus und Wirtschaftsteil, Scheune und Stall liegen unter einem durchgehenden First. Die Giebelspitze des Daches trägt oft ein Holzkreuz im Sägeholzschnitt, und der Saum des Daches ist mit Zierleisten verschiedenster Ausformung versehen. Bei den meisten Häusern befinden sich am vorderen Dachfirst ein „Zwölfer-" oder „Brot-

Gehtürl

Fenster mit Rokoko-Umrahmung in Oberau

zeittürmchen" (Glockentürmchen), dessen Glockengeläute seinerzeit die „Leut" vom Feld herbeirief. Etliche Häuser sind zweigeschoßig, mit schönen Eckverzinkungen und fallweise noch mit bemalten Pfetten versehen. Der Eingang im Erdgeschoß ist meist an der Giebelfront; man kann direkt von der Wiese her das Haus betreten. Hier, unter dem Schutz des vorkragenden Balkons des Obergeschoßes, ist ein trockener Platz mit einer Balkonbrüstung versehen; an der Hauswand sind ein kleines klappbares Tischchen und Sitzbretter oder auch eine lange Bank angebracht. Der Eingang ins Haus ist im Sommer nur mit einem Gehtürl ausgestattet, das Licht und Luft ins Haus läßt und das Federvieh fernhält. – „Die Kinder im Haus, die Hendln außer Haus!" Gerade diese ebenerdigen Balkone sind in der Wildschönau besonders gemütlich und werden viel benützt. Die Balkone im Obergeschoß laufen um das Haus herum und werden von gedrechselten Stützen getragen.

Die wohl schönsten stilechten alten Gehöfte sind hauptsächlich in Auffach und Thierbach anzutreffen. Leider werden im unteren Talabschnitt, in Niederau und Oberau, immer mehr Privathäuser errichtet, so daß eine allmähliche Verhüttelung bzw. das Entstehen von „Hoteldörfern" zu befürchten sind.

An markantesten Bauten sind – abgesehen von den in jedem Dorf befindlichen Kirchen und Kapellen – die schöne Barockkirche auf der Sonnseite des Tales in Oberau sowie die Friedhofskapelle aus dem 17. Jhdt. mit achteckiger Kuppel zu erwähnen.

Ausflugsziele sind das Bergbauernmuseum „Z' Bach" und ein Holzmuseum.

Blick auf Niederau

Hof in Auffach

Viele Marterln, Wegkreuze und Kapellen weisen auf die sehr gläubige, traditionsverbundene bäuerliche Bevölkerung hin.

Die Agrarstruktur wird vornehmlich von Grünlandwirtschaft, Viehzucht, Alm- und Forstwirtschaft sowie vom Fremdenverkehr bestimmt. Überdies bestehen Arbeitsgemeinschaften, die den Verkauf von bäuerlichen Produkten ab Hof und auf Bauernmärkten in den Dörfern regeln. Infolge der Höhenlage der Dörfer bis 1.100 m schließen die Almen praktisch an die Talwiesen an und bieten ein gut ausgebautes Wanderwegenetz für jung und alt, z.B. zur Breitegg- und Schönangeralm.

Für Kinder gibt es in den „Urlaubsbauernhöfen" jede Menge an Spielmöglichkeiten.

Da die Wildschönau im Winter wie im Sommer zum Urlaub einlädt, stehen genügend sehr gut ausgebaute Aufstiegshilfen zur Verfügung.

Wandern, Bergsteigen, Radfahren, Mountainbiking, Reiten, Angeln, Schaubergwerk, Paragleiten, 50 km Winterwanderwege, 30 km Langlaufloipen, 42 km Schipisten, Rodeln, Pferdeschlittenfahrten, Nachtpisten, Eisstockschießen.

Info: Tourismusverband Wildschönau, A-6311 Wildschönau, Oberau 337, Tel.: 0043/(0)53398255, Fax: 0043/(0)53392433, E-Mail: info@wildschoenau.tirol.at, Internet: www.wildschoenau.com

Osttirol

Gesamtansicht von St.Veit

17 St. Veit in Defereggen · Obermauern

Vom Iseltal ausgehend, erstreckt sich in westlicher Richtung das 40 km lange Defereggental, im allgemeinen Sprachgebrauch auch „das Defereggen" genannt.

Von den drei Gemeinden im Tal – Hopfgarten, St. Jakob und St. Veit – sei hier nur die letztere herausgegriffen, eine Bergbauerngemeinde mit einer Reihe von größeren Weilern (Fraktionen). Der Ort selbst – „Sonnenbalkon

Blick talauswärts

Osttirols" – liegt auf einer aus dem sonnseitigen Hang hervorragenden Kuppe, hoch über der im Tal verlaufenden Straße. St. Veit wird daher vom Lärm des Durchzugsverkehrs talaufwärts über St. Jakob und den Stallersattel nach Südtirol verschont; es ist das höchstgelegene Erholungsdorf Österreichs in 1.500 m Seehöhe.

Sowohl bis hinauf zur Felsregion der Lasörlinggruppe als auch am Talboden liegen die Einzelhöfe und Weiler dieser alpinen Streusiedlung.

Das Tal wurde zum Teil von Kelten und Slawen, später, im 9. und 10. Jhdt., von den Bajuwaren besiedelt. 1684/85 führten Protestantenverfolgungen besonders in St. Veit dazu, daß 800 Bewohner nach Schwaben auswanderten.

Der schmale, spitze Kirchturm des Dorfes ist schon von weitem zu sehen; rund um die Kirche mit dem Pfarrhaus schmiegen sich in platzsparender Hangbauweise die Einzel- und Paarhöfe mit der Giebelseite nach Süden zum Tal gekehrt und bilden so den Dorfkern. Bei den Wohnhäusern fallen besonders ihr würfelförmiger Baukörper und das aus Bruchsteinmauerwerk gefertigte Erdgeschoß auf. Die weiteren Stockwerke sind aus Kantholz mit besonders schönen Eckverbindungen; sie stellen den Defregger Zimmererleuten ein gutes Zeugnis aus. Besonders attraktiv sind im Sommer die überreich mit Blumen geschmückten Balkone in ihrem Kontrast zu den dunkeln Blockholzwänden und den weiß gestrichenen Fensterstöcken und -leisten. Die dahinter oder daneben liegenden Wirtschaftsgebäude – Stadl, Stall und Scheune – sind ebenfalls würfelförmig; an den Außenwänden fallen leiterartige Gerüste auf, die zum Trocknen der Feldfrüchte dienen. Selbstverständlich sind auf den steilen Wiesenhängen auch die typischen Feldharpfen und Heuhütten, wie überall im Defereggental, zu finden – Kennzeichen dieser einzigartigen Kulturlandschaft. In der Ebene haben sie fast ausgedient, dort wird das Heu oft schon maschinell zu Ballen gepreßt.

Fast jeder kleine Weiler rund um St. Veit hat seine eigene Hauskapelle, seine Marterln und Wegkreuze; Holzzäune hingegen vermißt man oder sind nur mehr in Fragmenten vorhanden.

Die Kirche mit ihrem spitzen Turm ist ein Wahrzeichen des Defereggen; sie weist ein barockes Langhaus mit schönem polygonem Chor auf, darunter liegt die besonders sehenswerte Gruftkapelle aus dem 14. Jhdt.

Auffahrt nach St. Veit

Altes Wegkreuz im Defereggen

Es dürfte bekannt sein, daß die Defereggger durch erschöpfte Bergwerke, Glaubenskriege und die Gegenreformation gezwungen waren, sich als Wanderhändler ihr Geld zu verdienen. Sie hausierten mit Schleifsteinen, Hüten und Decken. Die Schnitzkunst, herrliches Getäfel in den Bauernstuben, bemalte Truhen und Kästen zeugen von geschickten Handwerkern im gesamten Tal. An historischen Kulturdenkmälern und Ausflugszielen sind noch heute in Betrieb stehende Wassermühlen zu sehen, ebenso Reste des seinerzeitigen Kupferbergbaues, wie Knappenhäuser, Aufbereitungsanlagen und Stollen.

Im Hinblick auf das Erscheinungsbild der Weiler und Einzelhöfe im Bereich von St. Veit ist besonders hervorzuheben, daß sich die nichtbäuerlichen Bauten, wie Fremdenpensionen etc., am traditionellen Baustil orientieren. Die Bewohner im gesamten Tal leben, im Einklang mit der Natur, von Grünland- und Viehwirtschaft sowie vom Fremdenverkehr; die Bauern besonders von den Einkünften aus „Urlaub am Bauernhof" und Bauernmärkten.

Obermauern im Virgental

Virgen im Virgental, einem nördlich gelegenen Paralleltal zum Defereggental, ist eine weitgestreute Gemeinde auf den sonnseitigen Hängen oberhalb des Talgrundes. Besondere Bedeutung hat Virgen wegen seines überraschend gut erhaltenen Dorfcharakters mit Ein- und Paarhöfen in schönem altartigem Blockbau, meist auf Bruchsteinsockeln oder bis zum ersten Stock gemauert. Die ortsüblichen Pfettendächer der meisten Bauernhäuser sind noch mit Schindeln gedeckt.

Etwas westwärts von Virgen, in erhöhter Lage, steht in Obermauern eine der bedeutendsten spätgotischen Wallfahrtskirchen Tirols zu „Unserer lieben Frau Maria Schnee" (siehe Schutzumschlag). Besonders die Fresken in auffallend frischen Farben an den Außenseiten der Kirche beeindrucken.

Vom Bach aus genießt man wohl einen der schönsten Blicke ins Virgental: im Vordergrund die alten Häuser mit der prächtigen Kirche, dahinter die Wände der Vorberge des Großvenedigers im Nationalpark Hohe Tauern.

70 km markierte Wanderwege, Almwanderungen, Bergtouren, Radfahren, Mountainbiking, Fischen, Rafting, Langlaufloipen, Schi alpin, Rodeln, Pferdeschlittenfahrten.

Info: Gemeindeamt, A-9962 St. Veit in Defereggen, Gsaritzen 28, Tel.: 0043/(0)4879312, Fax: 0043/(0)48793128, E-Mail: gemeinde-st.veit@on.at

Osttirol

„Bäuerliche Hochhäuser" im Winkltal

18 Innervillgraten

Bei der alten historischen Brücke über den Villgratnerbach in Panzendorf an der Drau zweigt die Straße in Richtung Norden nach Innervillgraten ab. Nach etwa 10 km erreicht man die Kirch- und Streusiedlung, ein Zentrum des Tourismus.

Das Dorf selbst und die weitverstreuten Einzelhöfe und Weiler im Talboden wie auch auf den steilsten sonnseitigen Hängen prägen eine noch unzerstörte bäuerliche Kulturlandschaft. Nicht umsonst spricht man bei Innervillgraten vom schönsten Dorf Osttirols.

Zu diesem Ruf tragen vor allem die mächtigen Einhöfe bei. Das Wohnhaus und der Wirtschaftsteil befinden sich unter einem First, meist noch mit schindelbedecktem Dach versehen. Diese Bauernhäuser sind fast durchwegs aus naturbelassenem Holz in Blockbau errichtet; auch bei Neubauten hält man sich streng an die traditionelle Baukultur. Besonders die auf den steilen Hängen erbauten Höfe sind förmlich „bäuerliche Hochhäuser", deren Giebelfront bis zu vier Stock-

Einhof in Innervillgraten

werke aufweisen kann, wohingegen man in die Tenne vom Hang her über eine Tennbrücke in den zweiten oder dritten Stock einfährt. Um dem Haus im steilen Gelände ordentlich Halt zu bieten, wird die Basis in Bruchsteinmauerwerk ausgeführt.

Alte Brücke über den Villgratnerbach in Panzendorf

Ein besonderer Reiz – und das ist ein Markenzeichen für das gesamte Villgratental – sind die zwei- bis dreifach übereinander umlaufenden, im Sommer reichlich mit Blumen geschmückten Söller (Balkone). Nicht umsonst werden diese Bergbauernhäuser im Rahmen von „Urlaub am Bauernhof" sehr gerne besucht.

Die neuerdings stark zunehmende Bedeutung der Schafzucht im Villgratnertal führt zur erfolgreichen Vermarktung aller einschlägigen Produkte, wie Lammfleisch, Schafkäse, Wolle, nicht nur für Bekleidung, sondern auch als Dämmstoff, der gewerblich benötigt wird. Die kooperative Zusammenarbeit der Schafbauern sowie der Tourismus sind heute die einzige Basis für den Verbleib der Bauern auf ihren Höfen; sie dienen somit auch dem Erhalt der Kulturlandschaft im weiteren Umfeld.

Die verhältnismäßig große neoromanische Kirche von Innervillgraten mit ihrem älteren Turm ist von einem mit einer Mauer versehenen Friedhof umgeben; mit dem Pfarrhof, ferner einem mächtigen gemauerten dreistöckigen Einkehrgasthof und nächst liegenden alten Bauernhöfen bildet das Ensemble den schönen Dorfkern. Ein kleines Museum im „Zacheler Stadl" zeigt bäuerliche Gerätschaften.

In der Umgebung sind sehenswert: die Wallfahrtskirche Maria Schnee in Kalkstein (1.640 m), etliche Kapellen, Marterln,

Holzzäune und Hilgen zur Heutrocknung. Auch eine Bauernsäge – ein alter „Venezianer Gatter" – ist noch in Betrieb. Auf den etwas höher gelegenen Almen gibt es regelrechte Almhüttendörfer, die im Sommer z.T. an Selbstversorger vermietet werden. Das Almhüttendorf „Oberstaller Alm" steht unter Denkmalschutz; es verfügt über 19 vermietbare Hütten. Das gesamte Villgratental bietet eine Vielzahl an Berg- und Wandermöglichkeiten, besonders in die Deferegger Alpen.

Almhüttendorf „Oberstaller Alm"

Hofdetail

Heuernte bei Innervillgraten

Ausgezeichnetes Wegenetz von leichten bis anspruchsvollen Wanderungen (Tiroler Jubiläumswege), Venezianersägewerk „Wegelate Säge", alte Mühlen, grenzüberschreitende geführte Bergwanderungen, Vermietung von Almhütten, Almfeste, Mountainbiking, Schitouren-Eldorado, Langlaufloipen, beleuchtete Naturrodelbahn, Pferdeschlittenfahrten.

Info: Tourismusverband Innervillgraten, A-9932 Innervillgraten, Tel.: 0043/(0) 48435194, Fax: 0043/(0)484320061, E-Mail: tvb.innervillgraten@utanet.at, Internet: www.tiscover.com/innervillgraten

Osttirol

Obertilliach mit seiner einheitlichen Dachlandschaft

19 Obertilliach

Selten weist ein Dorf in Österreich einen so geschlossenen Charakter auf wie Obertilliach. Das Bergdorf (1.450 m) liegt auf einem ausgedehnten Schwemmkegel an den Südwesthängen der Lienzer Dolomiten mit herrlichem Blick nach Süden auf die Karnischen Alpen. Wegen seines hervorragenden Erhaltungszustandes und der einmaligen Hauslandschaft wurde der Kern des Dorfes 1975 unter Denkmalschutz gestellt. Man spricht auch aufgrund der engen Verbauung vom „hölzernen Massendorf". Seinen Kern bilden die in Holzblockbau errichteten bäuerlichen Wohn- und Wirtschaftsgebäude; zum Teil Einhöfe, aber überwiegend Paarhöfe, die eng aneinander liegen und dazwischen sogenannte „Traufgäßchen" bilden. Das Erdgeschoß der Wohnhäuser ist fast überall gemauert, der Oberstock in Kantholzblock-

Stadel prägen die „Tilliacher Wiesen"

bau gezimmert und mit Balkonen umgeben; die Wirtschaftsgebäude sind fast durchwegs mit Rundhölzern aufgebaut und an den Giebelfronten mit Trockengerüsten versehen. Auch doppelstöckige Massivbauten-Kornkästen sind, im Ort verteilt, anzutreffen. Ganz einmalig ist die einheitliche Form aller Pfettendächer, wobei man auf die Farbe des Deckmaterials besondere Rücksicht genommen hat. Früher waren alle Dächer mit Schindeln gedeckt, bei Neueindeckungen wurde dies ebenfalls berücksichtigt.

Am südlichen Ortsrand sind alle Giebelfronten zur Sonnseite nach Süden gerichtet; man wird heute wohl kaum österreichweit einen vergleichsweise prächtigen Dorfeindruck finden, besonders wenn alle Balkone mit Blumen geschmückt sind und das gelbgrüne Heu, auf den Gerüsten zum Trocknen ausgebreitet, nachtrocknet und dahinter das Dunkelbraun des Holzes durchleuchtet.

Am östlichen Rand des Dorfes steht auf einer dominanten Höhe die relativ große Hallenkirche St.Urban, eine ehemalige Wallfahrtskirche, rundum liegt ein eingefriedeter Friedhof mit schönen alten Schmiedeeisenkreuzen.

Neben ihm sollte der Weiler-Kornkasten nicht übersehen werden – ein vollgemauerter zweigeschoßiger Speicherbau, in dem sich heute das Dorfmuseum befindet und bäuerliche Arbeitsgeräte gezeigt werden.

Sehr wesentlich zum Erscheinungsbild des gesamten Umfeldes von Ober- bis Untertilliach tragen die „Tilliacher Wiesen" mit vielen versprengten Heuhütten und Heuharpfen (Kösn) bei. Leider haben viele Bauern diese Harpfen abgetragen, um mit

Unversehrte Häuserfront

So schön können alte Bauernhäuser sein!

den Mähmaschinen besser arbeiten zu können – verständlich, aber das bei einem unter Denkmalschutz stehenden Dorfkern! Man fragt sich, wo angesichts so kulturlandschaftsprägender Elemente hier der Schutz von Flurdenkmälern bleibt…

Blickt man von Untertilliach in Richtung Westen hinauf nach Obertilliach, so bietet sich wohl eines der reizvollsten Motive im Tiroler Gailtal: die gotische Filialkirche und eine kleinere Kapelle auf Hügeln inmitten der Tilliacher Wiesen. Nur die Kösn fehlen, sie sind abgeräumt!

Filialkirche und Kapelle
auf den „Tilliacher Wiesen"

Markierte Wanderwege, Bergwanderungen, Fischen, Paragleiten, Mountainbiking, Alm- und Mühlenfeste, Pferdekutschenfahrten, Schigebiet „Golzentipp", 16 km Schipisten, Schilanglauf (Grenzlandloipe), Naturrodelbahn, Pferdeschlittenfahrten, Winterwanderwege, Laternenwanderungen.

Info: Tourismusverband Obertilliach – Untertilliach, A-9942 Obertilliach, Dorf 4, Tel.: 0043/(0)48475255, Fax: 0043/(0)4847525511, E-Mail: obertilliach@netway.at, Internet: tiscover.at/untertilliach

Hausformen in Kärnten

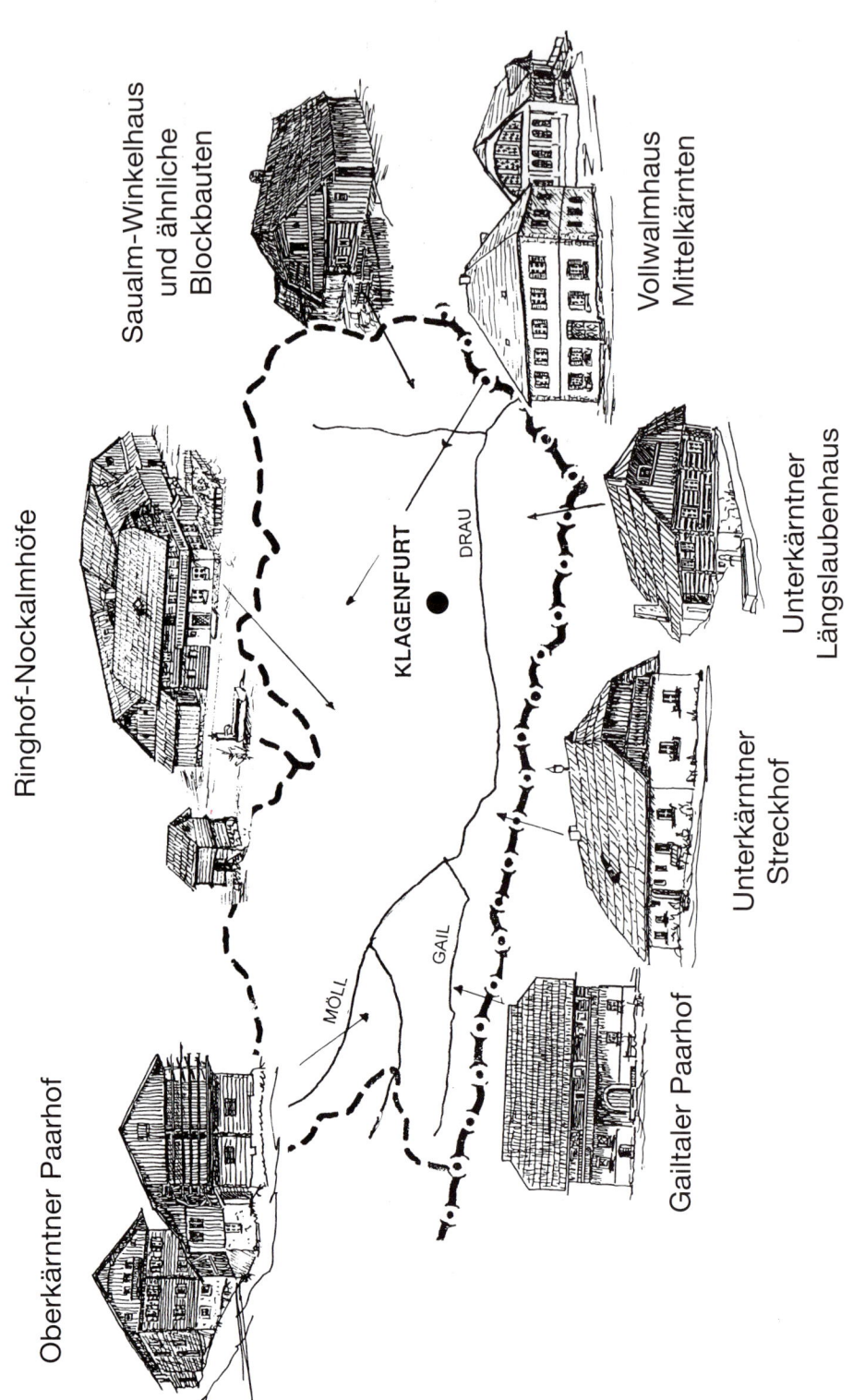

Saualm-Winkelhaus und ähnliche Blockbauten

Vollwalmhaus Mittelkärnten

Unterkärntner Längslaubenhaus

Ringhof-Nockalmhöfe

Unterkärntner Streckhof

Gailtaler Paarhof

Oberkärntner Paarhof

KLAGENFURT

DRAU

MÖLL

GAIL

Kärnten

Kärnten, als seenreiches und sonniges Bundesland südlich des Alpenhauptkammes gelegen, ist ein besonders geschätztes Ferienziel; beliebt aber auch durch seine vielfältige, abwechslungsreiche Kulturlandschaft, die von den idyllischen, gut erhaltenen Dörfern im Oberen Lesachtal über die unberührten Dorflandschaften des Oberen Mölltales und die mit sehr auffällig weißem Fugenverputz versehenen Holzhäuser im Oberen Gurktal bis zu den romantischen Wehrkirchendörfern der Saualm reicht.

Gailtal

St. Lorenzen

20 **Das Lesachtal**

Zu den landschaftlich schönsten Alpentälern zählt das wildromantische Lesachtal, im Norden begrenzt von den Lienzer Dolomiten, im Süden von den Karnischen Alpen, durchflossen von der Gail. Abgelegen von den stark befahrenen Verkehrswegen und somit verschont vom Massentourismus, erhielt die Gemeinde 1995–96 den Titel „Europäische Landschaft des Jahres".

Die Gemeinde Lesachtal kann sich glücklich schätzen, daß ihre vier Dörfer tatsächlich zu den „schönsten" im südlichen Österreich, hart an der Grenze zu Italien, zählen. Sie alle liegen hoch über der tief eingeschnittenen Gailschlucht auf sonnseitigen Terrassen in etwa 1.000 m Seehöhe. Mit Ausnahme der vier hier beschriebenen Dörfer ist das Lesachtal ein ausgesprochenes Streusiedlungsgebiet, das weit bis in die Almregion mit kleinen Weilern, wie z.B. Xaveriberg, hinaufreicht.

Alte Mühle in Oberluggau

Bei den Weilern stehen meist kleine Kapellen, Ensembles mit einzigartigem kulturlandschaftlichem Erscheinungsbild. Auf den Wiesen befinden sich verstreut roh gezimmerte Holzblockbauten – Feldscheunen zur Zwischenlagerung von Heu, zu denen die umlaufenden balkonartigen „Trockengangln" und leiterartigen Trockengerüste an den Außenwänden besonders auffallen. Selbstverständlich finden sich auch die typischen Feldharpfen (Kösn).

Das Lesachtal hat eine eigene Hauslandschaft, den Haufenweiler mit zwei-, oft dreigeschoßigen Wohnhäusern mit flachen Satteldächern. Einige weisen reine Putzfassaden auf, andere sind Holzblockbauten mit verputztem oder gemauertem Erdgeschoß und mit Balkonen im Obergeschoß. Die Wirtschaftsgebäude sind meist reine Holzblockbauten – alpine Längsscheunen – mit umlaufenden Gängen und auch leiterartigen Trockengerüsten. Der Stall ist meist aus Kantholz gefertigt. Darüber erhebt sich der Scheunenteil aus überkämmten Vollrundhölzern in einfach lockerem luftigem Verbund. Das gesamte Ensemble hat Paarhofcharakter, sehr oft firstparallel stehend, auch gemauerte Speicherbauten fehlen nicht. Diese Höfe prägen das einzigartige Landschaftsbild in ganz beachtlichem Ausmaß und sind Beweise für das Traditionsbewußtsein der Lesachtaler.

Brückenbauten über tiefe Schluchten und Straßenverbreiterungen haben viel dazu beigetragen, den Zugang zu den Dörfern und Weilern zu erleichtern.

Birnbaum (ca. 1.000 m)

ist ein Haufendorf mit einer sehenswerten Kapelle auf steilem Hang. Besonders schöner Blick in das Wolayertal und die auf der gegenüberliegenden Terrasse liegende Ortschaft Nostra. Oberhalb des Ortes erblickt man den prächtigen spätgotischen Bau der Kirche von Kornat in 1.032 m See-

Xaveriberg

Hausfassade in Oberluggau

höhe. Da im Gebiet um den Wolayersee im Ersten Weltkrieg schwere Kämpfe tobten, wurde am Friedhof ein Kriegerdenkmal zu Ehren der Gefallenen beider Weltkriege errichtet.

Liesing (1.043 m)

Dieser Ort liegt auf einer von Ost nach West ansteigenden Kuppe und ist Sitz der Gemeinde Lesachtal mit den besonders bemerkenswerten Bauernhäusern Nr. 4 und 14. Die Pfarre ist die größte und älteste im Tal (seit 1429). Auf einer südlich der Gail liegenden Kuppe ist der Weiler Obergail sehenswert.

St. Lorenzen

Auf einer breiten Ebene, einer Seltenheit im Oberen Gailtal, liegt St. Lorenzen, das größte Dorf der vier Gemeinden, auf 1.128 m Seehöhe.

Die Einheitlichkeit der Ortschaft drückt sich in der Lage der Häuser aus, deren Giebel fast ausschließlich nach Süden gerichtet sind. Eine moderne Hauptschule fügt sich harmonisch in das Dorfbild ein. An den Bauernhäusern fallen die bemalten Fensterumrahmungen, bunte Ortsteinmalereien und Medaillons mit Heiligendarstellungen an den Fassaden auf. Mehrere gemauerte bemalte Getreidespeicher am östlichen und südöstlichen Ortsausgang. Die Pfarrkirche ist ein spätgotischer mittelgroßer Bau mit romanischen halbrunden Apsisgrundmauern. Im Kircheninneren findet man spätgotische Fresken aus dem Ende des 15. Jhdt.s, das Jüngste Gericht darstellend. Im Ort befinden sich mehrere, zum Teil bemalte Speicher. Ein Heldenfriedhof des Ersten Weltkrieges liegt am Westausgang des Ortes.

Über eine 1964 eröffnete, einen tiefen Seitengraben in weitem Bogen überspannende Brücke erreicht man Wiesen und den oberhalb liegenden, besonders reizvollen Weiler Xaveriberg in 1.260 m Seehöhe mit einer Filialkirche zum

Maria Luggau mit Wallfahrtskirche

Feldscheune mit aufgehiefeltem Heu

hl. Xaver und einer Kapelle Mariahilf. In der Nähe befindet sich ein dreigeschoßiger Hof mit Bemalungen und Blockwerkstadel – eines der schönsten Fotomotive im gesamten Kärntner Lesachtal!

Unweit von St. Lorenzen liegt 3 km abseits, in einem nach Norden gerichteten Tal, das Tuffbad Dörfl mit Magnesium-Kalzium-Sulfatquellen. Dort befinden sich ein neu errichtetes Kurhaus, ein Gasthof, ein Freibad sowie sechs neu erbaute Häuser im traditionellen Stil des Lesachtales, gleich nebenan uralte, aus Rundholz gezimmerte Viehunterstände.

Maria Luggau

Das letzte Dorf der Gemeinde Lesachtal in 1.179 m Seehöhe überrascht durch die den Ort beherrschende Wallfahrtskirche (einzige Basilika Kärntens!) mit dem dazu gehörenden Servitenkloster, einem dreigeschoßigen Bau mit rechteckigem Hof. In der Gasse, die von der Bundesstraße zur Kirche führt, gibt es etliche Devotionalien- und Andenkenläden, wie in Wallfahrtsorten üblich. Im Ortszentrum selbst fällt ein besonders schönes altes Bauernhaus auf, in dessen Erdgeschoß sich ein mit viel Gefühl eingerichteter Bauernladen befindet, in dem 60 Lesachtaler Bauernfamilien gemeinsam landwirtschaftliche und in Heimarbeit hergestellte Produkte anbieten.

In Oberluggau am Trattenbach befinden sich ein Ensemble von fünf alten, noch funktionstüchtigen Wassermühlen aus dem 17. und 18. Jhdt., kleine Blockholzbauten auf Bruchsteinmauerwerk sowie eine Flachsbrechelstube. An der Bundesstraße steht eine weitere betriebsfähige Doppelmühle. Die Ortsbildpflege im Weiler Oberluggau ist mustergültig; an den Bauernhäusern finden sich farbige Fensterumrahmungen, Eckmalereien und Medaillons.

Die Grünland-, Vieh- und Forstwirtschaft sowie der aufstrebende Fremdenverkehr zählen heute zu den wichtigsten Erwerbsquellen der Bergbauern im Lesachtal. Es ist – noch – Rückzugsgebiet vom Massentourismus. Volks- und Brauchtumsveranstaltungen finden das ganze Jahr über statt. Traditionelle Fußwallfahrten (ca. 40.000 Pilger im Jahr) über die Berge kommen aus Sappada (deutsche Enklave in Südtirol), Oberdrauburg, aus dem Osttiroler Lesachtal und dem Südtiroler Griesertal.

Wandern, Bergsteigen, Radfahren, Mountainbiking, Rafting, Wildwasserfahrten, Goldschürfcamp, Winterwandern, Langlaufen, Rodeln, Eisstockschießen, Schigebiet „Golzentipp".

Info: Verkehrsamt Lesachtal, A-9653 Liesing 29, Tel.: 0043/(0)4716242, Fax: 0043/(0)471624220, E-Mail: info@lesachtal.com, Internet: www.lesachtal.com

Oberes Drautal

Zwickenberg

21 Irschen · Zwickenberg

Am sonnigen Südhang der Kreuzeckgruppe im Oberen Drautal liegt die Gemeinde Irschen mit weiteren 15 Ortschaften. Ein Haufendorf in 809 m Seehöhe abseits der Drautalbundesstraße, hat es sich wegen seiner klimatisch günstigen Lage zum Natur- und Kräuterdorf Kärntens entwickelt.

Im Zentrum des Dorfes halten ältere bäuerliche Baukultur und Neubauten einander die Waage – es gibt keinen

Im Kräutergarten

richtigen dörflichen Kern. Sehr wohl aber findet man in der Umgebung schöne alte Oberkärntner Paarhöfe alpinen Charakters mit den Merkmalen des zu einem Viertel abgewalmten Daches und der typischen Kärntner Ansatzlücke. Meist ist das Untergeschoß gemauert, der Oberstock hingegen in Holzblockbauweise ausgeführt; die Balkone sind mit schönen Zierschnittmustern an den Brüstungen versehen. Große Stadel mit Stall im gemauerten Erdgeschoß und schräge Auffahrten in die Tenne sind üblich. Trockengerüste – die Feldharpfen („Kösn") –, fallweise auch mit einem Satteldach, finden sich auf den Wiesen, typische Kennzeichen und Kulturdenkmäler für das Drau-, Möll- und Gailtal in Oberkärnten.

Die Sicherung des ländlichen Raumes als Natur-, Lebens-, Wirtschafts- und Erholungsraum ist das Ziel der bäuerlichen Bevölkerung von Irschen. Aus über 300 Heilkräutergärten und Kräuterfeldern bietet die Gemeinde und ihr Umfeld seltene Blumen, Kräuter und Heilpflanzen an. Wegen dieser Initiativen wurde Irschen in London mit dem „Tourism for tomorrow-award" ausgezeichnet, einer europäischen Anerkennung für umweltbewußten Tourismus im Dorfbereich.

Besonders empfehlenswert sind die angebotenen Bergdörferwanderungen.

Zwickenberg

Unweit von Irschen, erreichbar über Oberdrauburg oder Simmerlach, liegt hoch über dem Drautal der kleine Kirchort Zwickenberg mit einem der kunsthistorisch wertvollsten Kulturdenkmäler des Oberen Drautales, der Pfarrkirche St. Leonhard mit hohem Turm samt aus vier Giebeln herauswachsenden Spitzhelmen.

Der Kern der Kirche stammt aus dem 13. Jhdt., Fresken im Chorgewölbe um 1438; auf den besonders berühmten Außenfresken an der Süd-

Hl. Christophorus, Kirche in Zwickenberg

Irschen mit Feldharpfen im Vordergrund

wand kann zweimal der hl. Christophorus bewundert werden. Nach Freilegung der Fresken war es möglich, die ältere Malerei aus dem 13. Jhdt. nach Art und Eindruck mit der jüngeren aus dem Anfang des 16. Jhdt.s zu vergleichen.

Die aufwendige Gestaltung der Kirche in diesem kleinen Bergdorf ist auf den längst aufgelassenen Goldbergbau zu Anfang des 16. Jhdt.s zurückzuführen, der den Bewohnern seinerzeit zu relativem Wohlstand verholfen hat. Zeugen davon, wie Ruinen von Knappenhäusern, sind in der Nähe zu sehen.

Kräuterseminare, Wanderungen, Bergdörfer-Radtour, Badeseen, Urlaub auf der Alm, Pferdekutschen- und -schlittenfahrten, Langlaufloipen, Eisstockschießen, Alpinschilauf.

Info: Dorfurlaub-Information, A-9773 Irschen, Tel.: 0043/(0)471023772, Fax: 0043/(0)471023773, E-Mail: irschen.tourist@ktn.gde.at, Internet: www.tiscover.at/irschen, www.kraeuterdorf.at

Mölltal

Heiligenblut am Großglockner

22 Heiligenblut

Fährt man das Mölltal bergwärts, kommt ganz überraschend nach einer Kehre der einzigartige Blick auf Heiligenblut und, so man Glück hat und nicht Nebel herrscht, auch auf den Großglockner. Es ist wohl eines der malerischsten Bilder Österreichs: die gotische Pfarrkirche mit ihrem hoch aufragenden spitzen Turm, vom Friedhof umgeben, dahinter die wenigen Häuser des Ortskerns. – Es ist erstaunlich, mit wieviel Gefühl und nahezu angeborenem Instinkt die Siedler des Tales im 12. Jhdt. diesen Platz für eine Kapelle gefunden haben.

Trocknen von Getreide auf Harpfen

Der Ort selbst liegt auf einer vorgeschobenen Bergkuppe am steilen Hang und bietet außer der Pfarrkirche, Pfarrhof und

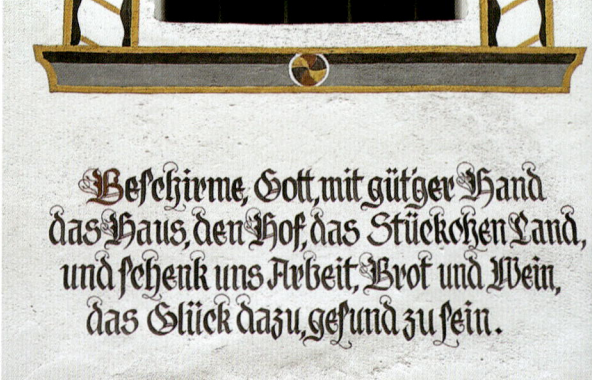

Alter Hausspruch

Beschirme, Gott, mit gütger Hand das Haus, den Hof, das Stückchen Land, und schenk uns Arbeit, Brot und Wein, das Glück dazu, gesund zu sein.

Friedhof nur wenig Platz für einige Gasthäuser, Hotels und Geschäftshäuser samt Dienstleistungsbetrieben. Bauernhäuser finden sich nur unterhalb des Ortes in Aichhorn und die Möll aufwärts in Winkel. Als Ausgangspunkt der Großglockner Hochalpenstraße hat sich das einstmalige Dorf zu einem Fremdenverkehrszentrum ersten Ranges entwickelt, wobei aber bemerkt werden muß, daß die Bauten in ihrem Erscheinungsbild der Mölltaler Hauslandschaft angepaßt wurden und kein störendes Element die Kulturlandschaft der Nationalparkgemeinde negativ beeinflußt.

Die gotische Pfarrkirche – 1492 vollendet – gehört in mehreren Belangen zu den kunsthistorisch bedeutendsten Kirchenbauten Kärntens. An der Außenwand sind ein Christophorus-Wandgemälde und in Kielbogennischen Heiligenbilder aus dem 15. Jhdt. zu sehen. Der Eingang in das Kircheninnere führt durch das spätgotische Westportal mit sehenswerten Türbeschlägen in eine sterngewölbte Vorhalle mit seitlichen Zugängen. Das Kircheninnere schmückt der berühmte spätgotische Flügelaltar von einem Nachfolger aus der Schule Michael Pachers. In der Krypta befindet sich das Grab des seligen Brictius.

Der von einer Mauer umgebene Friedhof ist ein weiteres sehenswertes Kulturdenkmal. Eine große Anzahl von wunderschön geschmückten Gräbern mit schmiedeeisernen Grabkreuzen ist die letzte Ruhestätte von in Fels und Eis verunglückten Bergsteigern. Soweit nicht durch profane und Touristeneinrichtungen verbaut, herrscht im Oberen Mölltal rund um Heiligenblut noch

Mölltaler Zwiehof bei Heiligenblut

die Grünlandwirtschaft vor, und einige Bauern bieten „Urlaub am Bauernhof" an, besonders um Aichhorn, Schachnern, Winkel und Apriach.

Die bäuerliche Architektur im Mölltal wird vom Paarhof in steilster Hanglage bestimmt, wobei das Wohnhaus wie der Wirtschaftrakt mehrgeschoßig breitgelagert in Blockbauweise ausgeführt sind und die Stadel- und Hofeinfahrten vom Berg her erfolgen. Beide Bauten, meist mit First senkrecht zum Hang, tragen Nagelschindeldächer. Gemauerte wie auch im Holzblockbau gezimmerte Speicher sowie Feldharpfen, Badstuben, Backöfen und Girschtenzäune ergänzen das bergbäuerliche Erscheinungsbild.

Der Mentlhof nächst Apriach ist ein bewohnter „Denkmalhof" in Mölltaler Bauweise. In Winkel am Nordwestrand des Dorfes befinden sich exzellente Aufstiegshilfen zu den weitläufigen Gletscher-Schigebieten am Schareck.

Bergsteigerfriedhof

Wandgemälde des hl. Christophorus

Alpinwanderungen, hochalpine Bergtouren, Fischen, Radfahren, Mountainbiking, 10 km Langlaufloipen, 15 km Winterwanderwege, Eisstockschießen, Rodeln, Eisklettern, Snowrafting, Pferdeschlittenfahrten.

Info: Ferienregion Heiligenblut-Großglockner, A-9844 Heiligenblut, Tel.: 0043/(0)4824200121, Fax: 0043/(0)4824200143, E-Mail: glockner@netway.at, Internet: www.heiligenblut.at

Mölltal

Höfe in Apriach

23 Apriach

Unweit von Heiligenblut liegt mölltalauswärts in 1.500 m Seehöhe die zur Gemeinde Heiligenblut gehörende Streusiedlung Apriach. Erst vor wenigen Jahren durch einen Güterweg erschlossen, bietet sie ein noch kaum verändertes bäuerliches Erscheinungsbild. Die Höfe sind eng zusammengerückt, denn der Platz für die landwirtschaftliche Nutzung auf diesen steilen Hängen ist rar.

Schaufelrad in einer Stockmühle

Inmitten des Dorfes fließt der Apriacher Bach, dessen Wasser zum Teil abgeleitet und in einem regulierbaren Gerinne den acht unter Denkmalschutz stehenden Stockmühlen zugeführt wurde (Freilichtmuseum). Dort trifft es direkt unter dem Mühlenhaus auf ein kleines Schaufelrad aus Holz, ähnlich einer Turbine, welches mittels eines senkrechten Achsstockes direkt mit dem Mühlstein verbunden ist. Die Mühlen sind reine Holzblockbauten. Ein Verein mit dem Zweck der ideellen und materiellen Erhaltung der Stockmühlen wird von der Gemeinde, dem Gewerbe und den Besitzern selbst wie auch durch Vorträge, Führungen, Stiftungen und Mitgliedsbeiträge finanziell „über Wasser" gehalten. Diese Mühlen sind im Mölltal eine Attraktion; auch die dort befindlichen Kulturdenkmäler, wie alpine Zäune, Harpfen und Bildstöcke sowie der unter Denkmalschutz stehende Mentlhof, ziehen vor allem aus dem Raum Heiligenblut und Döllach viele Besucher an.

Die Bauern leben von der Grünlandwirtschaft, Viehzucht, Nebenerwerb und zum Teil vom Fremdenverkehr. Auf ganz kleinen Grundstücken wird in Apriach noch Ackerbau betrieben, damit schließlich auch einige „Körndln" für die Mühlen zur Verfügung stehen.

Der Verkauf von Produkten „ab Hof" sowie nahe gelegene „Urlaubsbauernhöfe" tragen dazu bei, daß die Bauern noch auf ihren Höfen bleiben.

Hier funktioniert kein Mähdrescher

Stockmühlen

Wanderwege, Hochalpinismus im Glockner-Massiv.

Info: siehe Heiligenblut

Oberes Drautal

Techendorf, Anblick vom See aus

24 Techendorf–Weißensee

Der 12 km lange Weißensee liegt in einer Senke, allerdings 950 m hoch zwischen dem Oberen Drau- und dem Gailtal. Auf der Durchgangsstraße zwischen Greifenburg im Drautal und Hermagor im Gailtal über den Kreuzbergsattel zweigt beim Kreuzwirt eine Stichstraße nach Osten ab, die nur bis Neusach oder Naggl führt; daher bleibt der Weißensee vom Massenverkehr weitgehend verschont. Die Gemeinde setzt sich aus mehreren Ortstei-

Stadel in Neusach

len, wie Praditz, Oberdorf, Gatschach, Techendorf und Neusach, zusammen, sie alle liegen auf der sonnigen Nordseite des Sees. Über eine Brücke an der engsten Stelle des Gewässers führt eine Straße zum Weiler Naggl.

Der Weißensee ist der wärmste Badesee Kärntens und ein äußerst beliebtes Urlaubsziel. Da es sich hier um ein ausgesprochenes Streusiedlungsgebiet handelt, sind kaum Dorfkerne zu erkennen, aber alte Bauernhäuser und Scheunen gibt es in jedem Ort. Eine spätgotische Kapelle befindet sich in Gatschach. Die alteingesessene Bevölkerung war und ist bemüht, das Erscheinungsbild der Orte auch bei Neubauten den Elementen der Kärntner bäuerlichen Holzbaukunst anzupassen: Beibehaltung der typischen Dachform, zumeist noch Schindeldeckung, zahlreiche Balkone mit schönen Zierschnittbrettern sowie reichlich mit Blumenkistchen versehenen Brüstungen. Besonders erfreulich ist der Anblick der bestens erhaltenen Bootshäuser mit der im Hintergrund stehenden Kirche von Techendorf, ein schönes Fotomotiv von der neuen Brücke aus.

Während der westliche Teil des Sees einschließlich des teilweise verschilften Bereiches eine liebliche Landschaft mit Kleindenkmälern, Wegkreuzen, Bildstöcken und Futterhütten auf den Wiesen bietet, macht der östliche Teil mit steilen, felsigen Ufern durch die Höhe der Berge einen eher ernsten Eindruck. Zum Ostufer des Sees gibt es außer dem im Sommer verkehrenden Boot keine Verbindung, nur von Ferndorf im Drautal führt eine Straße durch eine

Landschaft am Weißensee

sehr schöne abwechslungsreiche Dorf- und Streusiedlungslandschaft zum Ostufer.

Da der See ziemlich zentral zwischen dem Drau- und Gailtal liegt, ergeben sich reichlich Ausflugsmöglichkeiten in die noch unberührten naturbelassenen schönen Dörfer des Lesachtales (oberer Teil des Gailtales) und nordwärts nach Oberdrauburg, Zwickenberg und ins Mölltal nach Heiligenblut bis zum Großglockner.

Techendorf, Hauptstraße

Weißensee, Ostufer

1.000 km Wanderwege („Naturarena Kärnten"), grenzüberschreitende Bergtouren, Mountainbiking, Fischen, Reiten, Bootsfahrten, Schipisten, Langlauf, Rodeln, Pferdeschlittenfahrten, Eissegeln.

Info: Karnische Tourismus GmbH, A-9620 Hermagor, Hauptstr. 14, Tel.: 0043/(0)42823131, Fax: 0043/(0)4282313131, E-Mail: office@carnica.com, Internet: www.carnica.com, www.tiscover.com/naturarena

Gailtal

Unter Denkmalschutz stehendes Haus in Saak

25 Saak

Östlich von Nötsch im Gailtal, am Fuß des Dobratsch, liegt das Dorf Saak. Im Verlauf der Dorferneuerungsbestrebungen wurde hier wieder ein ansprechendes Ortsbild geschaffen, welches im Hinblick auf die bäuerliche Architektur recht interessant ist.

Saak ist ein relativ langgestrecktes Dreiecksangerdorf mit besonders bemerkenswerten Gailtaler Höfen. Die stattlichen Häuser sind zweigeschoßig und stehen in der Häuserzeile teils mit der Traufseite, teils mit dem Giebel zum Anger. Einige zeigen ein mächtiges Mauerwerk bis unter das Dach, andere weisen den Gailtaler Stil auf, mit gemauertem Erd- und Obergeschoß im Blockbau, meist mit umlaufendem Balkon. Viele Häuser haben schöne alte Rundbogentore mit Beschriftungen und Sonnenmustern. Ein alter Trogbrunnen belebt den Straßenrand. Bemerkenswert sind in der spätgotischen Pfarrkirche Wandmalereien von Anton Kolig aus der Nötscher Schule der zwanziger und dreißiger Jahre (Kolig, Boeckl, Wiegele u.a.).

Die Hauslandschaft im Unteren Gailtal, zum Teil auch in Saak, wird durch zweigeschoßige ehemalige Rauchküchenhäuser bestimmt, wobei das Erdgeschoß stets gemauert ist und das Obergeschoß Blockbauzimmerung mit Laubengängen aufweist, zum Teil mit besonders feingestalteten Balkonbrüstungsbrettern im Zierschnitt. Die Wirtschaftsgebäude weisen gemauerte Untergeschoße mit Stall auf, die Obergeschoße sind in Ständerbauweise aus Holz errichtet. Die regionaltypischen Hofharpfen, ein leiterartiges Trockengerüst, tragen Sattel- oder Walmdächer, besonders auffällig in Tresdorf nächst Hermagor und auch eine Hofharpfe in Nötsch, ganz neu mit Schindeln gedeckt.

Nischenbildstock

Zeichen der religiösen Kultur prägen überall in Kärnten das Landschaftsbild, vor allem im Gailtal finden sich viele Kleindenkmäler, Bildstöcke und Marterln, vor allem die gemauerten Bildstöcke, deren Spitzgiebel oft mit Spanschindeln gedeckt sind. Seinerzeit und auch noch heute Wegzeichen in Feld und Flur, verleihen sie dem Umfeld im Streusiedlungsgebiet eine eigene Prägung.

Nach Aussagen Einheimischer sind fast alle Bauern von Saak nur mehr Nebenerwerbslandwirte, der Großteil der Hausbesitzer in der revitalisierten Hauptstraße geht keiner landwirtschaftlichen Tätigkeit mehr nach.

Volkskundlich interessant ist im nahen Nötsch zur Kirchweihe der Brauch des „Kufenste-

Typischer Gailtaler Hof

Hofeingang

chens". An einem Mast ist ein Faß (Kufe) angebracht, welches von einem Reiter mit einem schweren Kolben im Vorbeireiten zerschlagen werden muß.

Als Ausflugsziel nördlich von Saak ist das Schloß Wasserleonstein mit schönem Säulenhof und gotischem Bergfried (1253 als „Lewenburch" erwähnt) empfehlenswert.

Hofharpfen (Kösen)

Wandern, Radfahren, Wintersport am Dobratsch.

**Info: Gemeindeamt,
A-9611 Nötsch im Gailtal 222,
Tel.: 0043/(0)42562145,
Fax: 0043/(0)425621455,
E-Mail: noetsch@gde.at,
Internet: www.noetsch.at**

Unteres Drautal

Talboden in Zell, Pfarre

26 Zell, Pfarre

Durch die wilde Waidachschluchtstraße gelangt man nach 12 km Fahrt von Ferlach nach Zell, Pfarre. Hier breitet sich eine leicht wellige Hochebene mit einem im Süden gelegenen prächtigen breiten Talabschluß – die Wände der Koschuta – aus.

Einmalig an dieser Ebene ist die unversehrt gebliebene, rein bäuerliche Kulturlandschaft mit weitverstreuten

„Keusche" mit Bretterdach

Haufen- und Einzelhöfen. Nur um die Kirche und am südlichen Abhang zur Ebene – an der Koschutastraße – finden sich zwei kleine Ansammlungen von mehreren einstöckigen Häusern.

Was die Dorflandschaft und die einzelnen Bauten innerhalb der Hofgruppen betrifft, fällt überall vor allem die einheitliche Bretterdachdeckung auf, deren silbergrau glänzende Flächen einen ungemein ruhigen Eindruck vermitteln. Die Wohngebäude sind meist kleine eingeschoßige, von der Traufseite her erschlossene Gebäude, teils im Holzblockbau, teils gemauert und vielfach mit Längslauben versehen. – Die Stallstadel überragen die Wohnhäuser fast um das Doppelte; wie in Kärnten üblich, herrscht das Halbwalmdach vor.

Bemerkenswert sind auch viele kleine Anwesen – „Keuschen" – inmitten kleinerer Grundstücke. In letzter Zeit werden nur mehr Viehhaltung, Rinderzucht und Holzwirtschaft, meist im Nebenerwerb, betrieben. Man versucht sich auch durch „sanften Tourismus", „Urlaub am Bauernhof" und Zimmervermietung ein Nebeneinkommen zu verschaffen.

Die Bewohner dieser doch sehr abgeschiedenen Hochebene sind sehr fremdenfreundlich; man kommt mit ihnen leicht ins Gespräch. Wohl ist es bis zum Massentourismus der Ostkärntner Seen ein gutes Stück Weges, aber mit dem Auto kann der Freibach-Stausee am Weg ins Drautal rasch erreicht werden.

Vom Koschutahaus aus gibt es zahlreiche wunderschöne Wandermöglichkeiten bis hin zu anspruchsvollen Bergtouren.

Idylle in Zell, Pfarre

Weiler am Weg zum Koschutahaus

Wandern, Bergsteigen, Radfahren, Mountainbiking, Reiten, Fischen, Surfen, Langlaufen, Winterwandern.

**Info: Gemeindeamt, A-9170 Zell-Pfarre 75,
Tel.: 0043/(0)42277210,
Fax: 0043/(0)422772104,
E-Mail: zell@ktn.gde.at**

Wörthersee

Maria Wörth

27 Maria Wörth

Bis zum Jahre 1770 gab es zum „Kirchendorf" Maria Wörth noch keine Landverbindung, man mußte mit Booten zur Insel übersetzen. Erst als sich der Spiegel des Wörthersees senkte, war eine Verbindung zum Land gegeben.

Heute ist Maria Wörth eines der schönsten Kulturdenkmale von Kärnten. Wohl hat die Halbinsel den Dorfcharakter um die Kirchengruppe und den gegen Süden unmittelbar anschließenden Kur- und Ferienort verloren, doch im Umfeld der Gemeinde mit einiger Distanz zum Seeufer wird man von einer sehr bäuerlichen Landschaft überrascht.

Zum Ort selbst: Maria Wörth, auf einer felsigen, in den Wörthersee hineinreichenden Halbinsel, ist ein einzigartiges, idyllisch gelegenes Ensemble mit der spätgotischen ehemaligen Stiftskirche – heute Pfarrkirche – am höchsten Punkt des Felsens und der zweiten, weiter westlich und tiefer gelegenen frühmittelalterlichen, sogenannten Winter- oder Rosenkranzkirche.

Stadel in Goritschach

Ferner gibt es zwei Friedhöfe, einen großen Pfarrhof, einen typischen Kärntner Bildstock und eine schindelgedeckte Holztreppe, die zur Pfarrkirche hinaufführt, sowie einen zweigeschoßigen Rundkarner. – All dies macht einen ungemein nachhaltigen Eindruck mit dennoch sehr ländlichem Charakter.

Die Pfarrkirche war einstmals wegen ihrer Insellage gewiß eine Wehrkirche, allerdings sind kaum mehr Relikte der Wehrhaftigkeit zu finden. Beachtenswert unter den vielen Kunstschätzen im Inneren sind der spätgotische Hochaltar, die barocke Einrichtung und die unter dem Chor befindliche Krypta.

Bei der Winterkirche, auch Rosenkranzkirche genannt, sind u.a. besonders die Wandmalereien aus dem 12. Jhdt. im Chorquadrat sowie wertvolle Glasgemälde, ebenfalls 12. Jhdt., erwähnenswert. Auch das Türmchen, bekrönt mit Doppelzwiebel und Laterne, ist sehr reizvoll.

Im landwirtschaftlich genutzten Hinterland, auf den Hängen zum Pyramidenkogel, im Tal von Reifnitz zum Keutschachersee und von Unter- und Oberdellach hinter dem

Aufgang zur Winterkirche

Blick vom Pyramidenkogel

großen Golfplatz in Richtung zum wunderschönen Trattnigteich befindet sich eine Reihe typischer eingeschoßiger Unterkärntner Kleingehöfte mit Pfeilerstadl. Intensiv bewirtschaftete Felder mit Getreide- und Maisanbau sowie Streuobstwiesen ergänzen das Bild einer gepflegten Landschaft.

Als Ausflugsziel in dieser herrlichen Feriengegend ist vor allem der Pyramidenkogel mit prachtvoller Rundsicht über den Wörthersee bis Klagenfurt, zur Karawankenkette, zu Mittagskogel, Dobratsch und Kanzel sowie über die gesamte Seenplatte zu empfehlen.

Schiffsstation, Golfplatz, Jachtsportschule.

**Info: Gemeindeamt, A-9081 Reifnitz, Wörthersee Südufer-Str. –
Am Corso 115, Tel.: 0043/(0)427320500, Fax: 0043/(0)4273205042,
E-Mail: maria-woerth@ktn.gde.at,
Internet: www.tiscover.com/maria-woerth**

Nockgebiet

Landschaft um Arriach mit der katholischen Kirche

28 Arriach

In einer leicht gewellten, sonnigen Mittelgebirgslage, in der geografischen Mitte von Kärnten – zwischen der Gerlitzen (1.911 m) im Süden und Wöllaner Nock (2.145 m) im Norden –, liegt das Dorf Arriach. Es wird nur von Ausflüglern und Zubringerverkehr berührt, ist daher ein Luftkurort von besonderer Güte.

Arriach zeigt stellenweise noch sehr schön seinen bäuerlichen Ursprung durch zahlreiche Bauernhäuser mit

Einer der ältesten Höfe in Arriach

Blockstadeln und Troadkästen – typische Holzblockbauten im Nockalmstil. Leider hat am Dorfrand infolge Neubauten und Zweitwohnsitzen aus den nahe gelegenen Ballungszentren der bäuerliche Charakter des Ortsbildes sehr gelitten. Daher war es eine sehr gute Idee, einen 15 km langen Hofwanderweg einzurichten, der einen Einblick in die wunderschönen bäuerlichen Kärntner Kulturelemente und in das ursprüngliche wirtschaftliche Leben der Streusiedlungsregion vermittelt.

Als Mahnmal der Glaubenskämpfe gelten heute die größte evangelische Kirche Kärntens und die besonders reizvollen, etwas über dem Kern des Dorfes gelegenen katholischen Kirchen aus dem 11. und 15. Jhdt. Auch ein

Troadkasten mit hl. Barbara

Arriach, Gesamtansicht

bemerkenswerter zweistöckiger Troadkasten an der Straße nach Himmelberg mit einem aus dem Walmdach herausgebauten kleinen Balkon, aus dessen Mitte eine kleine Holzplastik der hl. Barbara herabsieht, ist volkskundlich besonders wertvoll.

Weitere Sehenswürdigkeiten im Umfeld von Arriach sind das „Klösterle", ein Hospiz der Hieronymiten in Innerteuchen, und eine „Kandelaberfichte", 500 Jahre alt, mit einem Stammesumfang von acht Metern, sowie die nicht weit entfernten Seen bei Afritz und Feld.

Überwiegend werden in Arriach landwirtschaftliche Rindertierhaltung sowie Forstwirtschaft betrieben. Ein großer Teil der ehemals bäuerlichen Bevölkerung ist aber leider zum Auspendeln in die nahe Industrie gezwungen.

Ausgezeichnete Luftgüte durch Mittelgebirgslage und verkehrsmäßige Abgeschiedenheit; Naherholungsgebiet von Villach. – Arriacher Hofwanderweg mit typisch bäuerlichen „Kulturelementen".

Info: Gemeindeamt, A-9543 Arriach 60, Tel.: 0043/(0)42478514, Fax: 0043/(0)42478514 od. 15, E-Mail: arriach@ktn.gde.at

Gurktal

Gnesauer „Sonnseitn" mit typischen Pfeilerstadeln

29 Himmelberg · Gnesau

Am Weg von Feldkirchen nach Bad Kleinkirchheim überraschen zwei schöne Orte durch ihr ganz unterschiedliches Erscheinungsbild: Himmelberg, einst Zentrum der Sensen- und Sichelerzeugung mit kleinindustriellem Charakter, und, weiter aufwärts im Gurktal, Gnesau, wo schon die bäuerliche Struktur der Kulturlandschaft in den Vordergrund tritt, nur mit der holzverarbeitenden Industrie als Ausnahme.

Himmelberg

In Himmelberg bestimmen noch heute Gebäude aus vergangener Zeit, wie alte Schmieden, Werksgebäude, Arbeiterhäuser und auch stolze Bürgerhäuser der ehemaligen Gewerken, das Ortsbild. Neben den stöcklartigen gemauerten Bürgerhäusern sind jedoch auch einfache Holzblockbauten im Nockalmstil im Dorfkern erhalten geblieben.

Beherrschend über dem Ort erhebt sich Schloß Piberstein, dem durch mehrfache Um- und Ausbauten im 16. bis 19. Jhdt. das heutige prächtige Aussehen zu verdanken ist. Ursprünglich führte die Bundesstraße direkt durch einen schönen Torbogen, der das Schloß mit einem Teil der Wirtschaftsgebäude verbindet. Da zum Schloß eine große Landwirtschaft gehört, sieht man an der Stirn- und Längsseite des gemauerten Stadls, für die Region eigentlich ungewöhnlich, prächtige Ziegelmuster, die zur besseren Durchlüftung des gelagerten Heues dienen. Die Bundesstraße umfährt heute das gesamte Ensemble sehr vorteilhaft.

Fensterdetail

Die Basis für die seinerzeitige Eisenindustrie lag in der starken Schüttung des Tiebelbaches und der damit verbundenen Nutzung der Wasserkraft. Im Tiebelbachtal soll es in vergangenen Zeiten über hundert mit Wasserkraft betriebene Mühlen, Schmieden, Eisenhämmer, Sägegatter (ein Venezianergatter ist heute noch in Betrieb) gegeben haben, die das Einkommen der Bevölkerung sicherten. Die Venezianergatter erhielten ihre Bezeichnung, weil seinerzeit von Kärnten sehr viel Holz nach Venedig geliefert wurde. Die Landwirtschaft spielte nur eine geringe Rolle. Heute führt ein Weg zu den starken Tiebelquellen am Sägegatter und an einer Forellenleiter vorbei. Letztere hat den kulinarischen Nebeneffekt, daß die Himmelberger Gastronomie Forellen als Spezialität anbieten kann.

Gnesau

Auf der gut ausgebauten Bundesstraße überschreitet man, nordwärts fahrend, auf der Präkopa-Höhe bei 900 m die Wasserscheide zwischen Tiebel und Gurk und erblickt ein idyllisches, breites Hochtal, umgeben von Wäldern, Grünland und außerordentlich schönen Gehöftgruppen. Im Talboden wie auch vornehmlich an den sonnseitigen Hängen betritt man gleichsam die Region der Nockalmhäuser.

Im Gemeindebereich von Gnesau unmittelbar an der Straße befindet sich einer der größten österreichischen Betriebe, der sich auf Holzbalkone und Gartenzäune aller Art spezialisiert hat. Wahrscheinlich sind der Holzreichtum, die holzverarbeitende Industrie und die

Ortsbild in Gnesau

Holzblockbauweise der Bauernhöfe der Grund dafür, daß Gnesau das Kärntner „Holzdorf" genannt wird.

Vor allem die vielen meist zweistöckigen, von Wind und Wetter wie auch Sonne gebräunten bäuerlichen Holzblockbauten bestimmen das Ortsbild. Besonders auffallend sind der weiß getünchte Fugenverputz zwischen den Blockhölzern der Wände sowie die mit Zierschnittbrettern versehenen hausumlaufenden Balkone in den Obergeschoßen und die meist noch mit Schindeln gedeckten typisch Kärntner Halbwalmdächer mit Ansatzlücke.

Diese bäuerliche Architektur hat etwas besonders Liebenswertes an sich. Sie wird einem erst bewußt, wenn man die Gehöfte – meist mit Haufenhofcharakter – mit ihren

Schloß Piberstein

großen Stadelbauten und Troadkästen näher betrachtet. Diese Troadkästen im Nockalmgebiet, manche über 300 Jahre alt, beweisen die schon damals sehr hochstehende Zimmermannskunst durch ihre selten schönen Eckverzinkungen, das fugenlose Aufeinanderliegen der Kantholzbalken und die mäuseabwehrenden „Mausläden" rund um das erste Geschoß des Speichers. Diese Speicherbauten, auch „Schatzkästchen" der Bauern genannt, sind heute vielfach noch immer in Verwendung. Der Verfasser konnte die aufgehängten Speckseiten und das Selchfleisch sowie selbstgebackenes Brot im Brotrehm sowie die Truhen für Mehl und Körndln noch vor kurzem bewundern. Allerdings werden manche dieser Kulturdenkmäler bäuerlicher Architektur leider durch unsachgemäße Um- und Ausbauten stark in Mitleidenschaft gezogen.

Einen richtigen Ortskern gibt es in Gnesau eigentlich nicht, aber, wie für diese Kärntner Region üblich, zwei Kirchen, eine evangelische und eine katholische. Letztere war einst eine Wehrkirche, was aber nur mehr die sie umgebende Mauer heute erkennen läßt.

Himmelberg und Gnesau gehören zu den gerne besuchten Urlaubs- und Erholungsorten im Sinn des „sanften Tourismus". Vor allem der „Urlaub am Bauernhof" für kinderreiche Familien

Bauernhofensemble in Zedlitzdorf nördlich von Gnesau

auf den großen Höfen im weiten Umfeld von Gnesau bis hinauf nach Ebene Reichenau ist sehr beliebt.

Die Agrarstruktur des Oberen Gurktales wird von der Grünland-, Vieh- und Forstwirtschaft bestimmt; der Fremdenverkehr im Sommer und auch im Winter bringt für die Bauern zusätzliche Einkommen.

Tradition wird in beiden Orten groß geschrieben, man erkennt dies an der peinlichen Sauberkeit der Häuser und, bei Neubauten, an der Anpassung an den Stil der Hauslandschaft.

Als Ausflugsziele bieten sich an: Der Nationalpark Nockberge mit der Nockalmstraße, der Turracher- und Falkertsee oder die Bäder in Bad Kleinkirchheim.

Alte Schmieden in Himmelberg

Wandern, Radfahren, Reiten; Holzkulturweg, Schaumühle und -säge (in Gnesau).

Info: Gemeindeamt, A-9562 Himmelberg 55, Tel.: 0043/(0)427623100,
Fax: 0043/4276231016, E-Mail: himmelberg@ktn.gde.at

Gemeindeamt, A-9563 Gnesau 77, Tel.: 0043/(0)4278271, Fax: 0043/(0)427882615,
E-Mail: gnesau@ktn.gde.at, Internet: www.gnesau.at

Nockgebiet

Im Almdorf „Seinerzeit"

30 Almdorf „Seinerzeit"

An der Straße von Vorwald-Patergassen zum Falkertsee ausgehend, erreicht man nach 6 km Bergfahrt auf einer vorgeschobenen Terrasse hoch über dem Gurktal das Almdorf Seinerzeit – Fellacheralm in über 1.400 m Seehöhe. Unter der Bezeichnung „Seinerzeit" wurde hier, auf die bäuerliche Vergangenheit Bezug nehmend, ein bewundernswertes Almdorf angelegt.

Weshalb dieses vor wenigen Jahren errichtete Dorf in „Die schönsten Dörfer Österreichs" ausnahmsweise aufgenommen wurde, liegt an der liebevollen, naturgetreuen und architektonisch mit viel Akribie nachgebauten Häusergruppe im regionalen Kärntner Nockalmstil. Es handelt sich ausschließlich um reine, mit Schindeln gedeckte Vollholzbauten aus frisch geschlägertem, aber industriell nachgetrocknetem Holz.

Viele liebenswerte, regional spezifische Attribute eines Kärntner Dorfes wurden einbezogen, wie Laufbrunnen mit Holztrögen, kleine umzäunte Vorgärten mit Gemüse oder Blumen, Bildstöcke, ein kleiner Teich zum Schwimmen, aber auch zum Bootfahren für Kinder. Das gesamte Dorf ist von einem typischen Kärntner Ringzaun umgeben. Auch die Fenster und Türen sind der Größe der Häuser entsprechend, die Balkone mit sehr einfachen Zierschnittbrettern versehen, und beim Halbwalmdach hat man nicht auf die Kärntner Ansatzluke vergessen.

Was die Bauernstuben der Bergbauern so gemütlich macht(e), wurde in der Einrichtung nachvollzogen, wie Sparherd, Eckbank, Geschirrkastl sowie Scheitholz unter der Ofenbank für den Kachelofen. Selbstverständlich sind die sanitären Anlagen (Bad, WC etc.) den heutigen Anforderungen angepaßt.

Die Philosophie der gesamten Anlage ist auf naturverbundenes, heimeliges Leben abgestimmt, auch Kräuter- oder Heubad und Sauna ergänzen den Trend zum Sich-Wohlfühlen, „Wellness" in Engleutsch genannt. Volkskunst und alte Lebensformen können hautnah erlebt werden, was vor allem für die ausländischen Gäste interessant ist. Auch auf den Bauernhöfen in der Umgebung werden frische Milch- und Almprodukte ab Hofverkauf angeboten. Im Dorfgasthof kann man Kärntner Speisen bestellen oder sich auch als Selbstversorger sein Essen persönlich zubereiten. Die einzelnen Häuser sind in der Anlage so locker verteilt, daß man den Nachbar im Schlafraum nicht sehen kann. Der fahrbare Untersatz muß allerdings am Parkplatz, ca. 100 m vom Wohnsitz entfernt, abgestellt werden; Transporthilfen für Gepäck werden beigestellt.

Im Winter sind es nur mehr wenige Kilometer auf gut geräumter Straße bis zum Wintersportgebiet am Falkert. Im Sommer bieten sich von dort aus viele Wandermöglichkeiten. Für einen Aufenthalt mit Kindern gibt es Spielplätze, so daß man sorglose Tage im Dorf verbringen kann. Von den Fenstern und Balkonen ergibt sich ein herrlicher Blick nach Süden zur Kärntner Seenplatte, zu den Karawanken und dem Triglav.

Info: Isabella und Karl Steiner, Fellacheralm, A-9564 Patergassen, Tel.: 0043/(0)42757201 Fax: 0043/(0)427572016 E-Mail: office@alm-dorf.com, Internet: www.almdorf.com

Hier kann man sich richtig wohlfühlen!

Nockgebiet

Dorfgasse in St. Oswald

31 St. Oswald

Nicht weit von Bad Kleinkirchheim liegt am Ostabhang des Rosennocks St. Oswald (1.300m). Trotz starker Siedlungserweiterungen rund um Bad Kleinkirchheim ist man überrascht, in diesem Tal ein kleines Dorf zu finden, das seinen urtümlichen Charakter beibehalten hat – ein prächtiges Ensemble jahrhundertealter Kärntner bäuerlicher Holzbaukunst!

Im engen Dorfbereich stehen die ein- oder zweistöckigen Wohnhäuser auf sauber geweißten Bruchsteinsockeln in Blockbau aufgezimmert, pro Stock mit zum Teil umlaufenden Balkonen, im Sommer überaus reich mit Blumen geschmückt.

Die Dächer haben die Form des typischen Kärntner Halbwalmdaches mit Ansatzluke und sind noch vielfach mit Bretterschindeln gedeckt. Die Wirtschaftsgebäude sind Mischbauten, z.B. Pfeilerstadel mit Hocheinfahrt oder normale verbretterte Holzbauten, oft sehr ineinander verschachtelt. Nur die Speicher stehen in einem gewissen Sicherheitsabstand von den Höfen.

St. Oswald war früher durch mächtige Ringhöfe geprägt – eines in sich rundum geschlossenen Hofes mit ungleichem First, im Hof selbst befand sich ein ganz kleiner Platz für den Dung. Ein etwas revitalisierter, voll bewirtschafteter Ringhof steht noch unterhalb des Ortskernes; das Wohnhaus ist allerdings schon gemauert. Zwei alte Ringhöfe aus der Umgebung von St. Oswald blieben wegen ihres kulturellen Wertes vor dem Abbruch verschont und stehen jetzt mit ihrer alten Substanz in den Freilichtmuseen in Maria Saal bei Klagenfurt und im Österreichischen Freilichtmuseum in Stübing, nördlich von Graz.

Was macht einen Ort in der Nähe eines Fremdenverkehrszentrums wie Bad Kleinkirchheim

Troadkasten

besonders besuchenswert? – Der weiße Verputz der Balkenfugen wird in St. Oswald besonders gepflegt; er läßt die dunkelgefärbten Blockbauten außerordentlich attraktiv aussehen, und der Blumenschmuck an allen Häusern

Ringzaun

im Dorf trägt das Seine dazu bei. Auch die üblichen Holzzäune, wie der „Ringzaun" zwischen Wegen und Grundabgrenzungen, manchmal sogar neu aufgebaut, legen Zeugnis für die Traditionsverbundenheit der Dorfbewohner mit der Kulturlandschaft ab. Die Pfarrkirche inmitten des Dorfes – ein spätgotischer Bau mit stilgerechter Freskobemalung am Kirchturm – und das kleine Pfarrhaus fügen sich so recht in das schöne Dorfensemble ein.

Nach der Besichtigung von St. Oswald sollte auch noch (im Sommer) dem kleinen Hand-

werksmuseum unten am Bach ein Besuch abgestattet werden. – Darüber hinaus sind ein Ausflug in den Nationalpark Nockberge oder ein Besuch der Thermalbäder in Bad Kleinkirchheim sehr zu empfehlen.

Revitalisierter Ringhof

Wandern, Radfahren, Reiten, Nationalparkbahn Brunnach (Gondelbahn), Schilaufen, Langlaufen, Eisstockschießen.

Info: Bad Kleinkirchheim Tourismus, A-9546 Bad Kleinkirchheim, Dorfstr. 30, Tel.: 0043/(0)42408212, Fax: 0043/(0)42408537, E-Mail: bad.kleinkirchheim@ktn.gde.at, Internet: www.badkleinkirchheim.at

Gurktal

Kirche zum hl. Lorenz

32 St. Lorenzen

Hoch über der Gemeinde Ebene Reichenau im obersten Gurktal liegt an einem sonnseitigen Hang St. Lorenzen, der höchstgelegene Pfarrort Kärntens (1.477 m).

Nur wenige Häuser reihen sich um die Kirche zum hl. Lorenz, die romanischen Ursprungs ist; sie wurde 1214 geweiht. St. Lorenzen ist ein Streusiedlungsgebiet mit weit auseinanderliegenden großen Weilern bzw. Haufenhö-

Wallfahrtskirche am „Weiberweg"

fen, die fast alle auf südseitigen Hängen liegen. Die Siedler fanden seinerzeit wohl instinktiv die schönsten Plätze für ihren Höfe, und gerade von diesen bieten sich rundum selten schöne Ausblicke:

nach Norden über Hochmoore, Weiden, Wald und schließlich, weiter oben, über prächtige Zirbenbestände zur Turracherhöhe; nach Westen bis zum Nationalpark „Nockberge" an der Nockalmstraße; nach Süden – wohl die schönste Aussicht – weit hinaus zum Klagenfurter Becken, bei Schönwetter mit der Karawanken-Kette.

Die Nockalmhöfe sind in der Regel zweigeschoßig und zur Gänze im Holzblockbau errichtet. Laubengänge umschließen meist drei Seiten des Hauses.

Die Zimmerung der Häuser ist sehr sorgfältig; sie wird beim Aufbau der Blockwände durch Zwischenlagen von Moos oder Strohgeflecht in eigenen Mooskerben besonders gut abgedichtet. Dies ist im Winter gerade bei Bergbauernhöfen in einer Höhenlage von über 1.000 m besonders wichtig.

In den ganz alten Höfen im Nockalmgebiet wurden für die Wandzimmerung vielfach händisch zugerichtete Rundhölzer verwendet und die Wandfugen mit Mörtel verputzt und geweißt. Diese Gehöfte mit dem weißen Fugenverputz sind zum „Markenzeichen" der Dorflandschaft geworden. Auch alle Wirtschaftsgebäude, wie Stadl, Scheunen – manchmal, bei Steillagen, mit Hocheinfahrt –, sind vornehmlich aus Holz. Besonders bei den seinerzeit fast autarken höher gele-

genen Bergbauern sollte man auch auf die nur mehr selten vorhandenen schönen Troadkästen (Speicher) achten. In St. Lorenzen stehen noch einige (zwei Stock hoch, mit schönsten Eckverzinkungen) und werden auch genutzt,

Nicht zu vergessen: Ganz versteckt in einem Wäldchen östlich der Pfarrkirche steht am „Weiberweg" eine kleine Wallfahrtskirche aus dem 14. Jhdt. mit einem zwiebelgekrönten Dachreiter und einer uralten verwitterten Holztür mit sehenswert aufgeplatteten Holzquadern.

Die Bergbauern in diesem Gebiet leben hauptsächlich von Viehzucht, Grünlandwirtschaft und, in geringem Ausmaß, vom Fremdenverkehr.

Tor zur Wallfahrtskirche

Als Ausflugsziele bieten sich der Turrachersee, der Nationalpark Nockberge mit der Nockalmstraße sowie die Bäder in Bad Kleinkirchheim an. Das gesamte Nockalmgebiet ist mit seinen sanften Rundungen auch für Wanderungen sehr familienfreundlich. Die höchsten Bauernweiler und Haufenhöfe liegen am Weg zur Turrach in Saureggen in einer Höhe von 1.600 m. Sehenswert ist auch eine große Mineralienschau auf der Turracher Höhe. Im gesamten Gebiet rund um die Turrach wurden einst Kohle und Zinnober abgebaut.

Revitalisierter Nockalmhof bei Patergassen

Wandern, Bergsteigen, Radfahren, Angeln, Schipisten, Langlaufloipen im Tal und auf der Höhe.

**Info: Tourismusbüro,
A-9565 Ebene Reichenau 80,
Tel.: 0043/(0)42752180,
Fax: 0043/(0)427521810,
E-Mail: reichenau@ktn.gde.at,
Internet: www.reichenau.org,
www.nockymountains.at**

Gurktal

Wehrkirche Deutsch Griffen

33 Deutsch Griffen

In einem Nebental des Gurktals liegt das Dorf Deutsch Griffen, 847 m, direkt an der Straße in den Naturpark Gurktal.

   Auch hier herrschen die Merkmale der Nockalmbauten vor, nur fallen auch eingeschoßige gezimmerte Holzblockbauten oder gemauerte Häuser unter Vollwalmdächern auf.

Gedeckte Stiege zur Wehrkirche

Sehr bedeutend sind die Wehrkirche (urkundl. 1157) und der Karner auf einem südwestlich des Ortes gelegenen Hügel mit einer fast 4 m hohen Mauer. Zur Wehrkirche führt eine lange, mit Schindeln gedeckte Stiege mit 176 Stufen hinauf. Das gesamte Ensemble kann als Wahrzeichen von Deutsch Griffen bezeichnet werden. – Am Fuße des Hügels steht ein prächtiger Stadl mit Holzschindeldach.

Dies sind erfreuliche kleine Details einer vom Massentourismus noch verschonten Landschaft – gleichsam eine heile Welt, ideal zum Wandern im Nockalmgebiet. Für Kinder gibt es eine besondere Attraktion: die Sommerrodelbahn am Hochrindl in 1.600–1.799 m Seehöhe, mit einer Länge von 1.100 m.

Sehr empfehlenswerte Ausflugsziele sind das Schloß in Straßburg und der Gurker Dom.

Stadel mit neu gedecktem Holzschindeldach

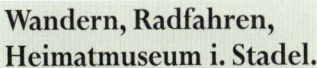

Wandern, Radfahren, Heimatmuseum i. Stadel.

Info:
Fremdenverkehrsamt,
A-9572 Deutsch Griffen 23
Tel.: 0043/(0)42797600,
Fax: 0043/(0)427976002,
E-Mail:
deutsch-griffen@ktn.gde.at
Internet:
www.deutsch-griffen.at

Gurktal

Sirnitz, Gesamtansicht

34 Sirnitz · Albeck

Inmitten des östlichen Ausläufers der Nockberge liegt ein kleines Haufendorf, umgeben von Wäldern und Wiesen. Besonders von Bedeutung sind die gepflegten bäuerlichen Anwesen sowohl im Dorf selbst als auch in der ländlichen Umgebung.

Sirnitz ist der größte Ort in der Gemeinde Albeck und blickt auf eine 1000jährige Geschichte zurück. Das Dorf verfügt – wie in diesen Regionen Kärntens meist üblich – über eine katholische und eine evangelische Kirche. Erstere liegt samt Friedhof am oberen Hang des Dorfes. Innerhalb der Friedhofsmauern ist der achteckige spätgotische Karner mit einem schindelgedeckten Zwiebeldach und Laterne – ein turmartiger Aufsatz – ein kunsthistorisches Denkmal ersten Ranges. Er wird zu den schönsten Kärntens gezählt.

Neben dem Pfarrhaus reihen sich die schönen Paarhöfe mit getrennten Wohn- und Wirtschaftsgebäuden, aber auch kleine Häuser finden sich – hier als „Keuschen" bezeichnet. Der Holzblockbau herrscht vor, die Fugen zwischen den Blockholzwänden sind mit Mörtel verputzt und weiß gestrichen – wie überall in dieser Region. Sie verleihen mit den Blumen auf den Balkonen dem Dorf ein freundliches Gepräge.

Die Stadel, zum Teil schon mächtige Pfeilerstadl, sind meist jüngeren Datums. Auch einige Getreidespeicher im Blockbau mit schönen Eckverzinkungen sind erhalten geblieben und bereichern den Gesamteindruck der Höfe. Sirnitz und Albeck

Tor mit Karner

sind in der Dorferneuerungsarbeit sehr aktiv; man erkennt dies an der Fassadenerneuerung und an einem örtlichen Entwicklungskonzept, wobei 25% der als Bauland gewidmeten Flächen in Grasland rückgewidmet werden und es somit am Dorfrand nicht zur üblichen Verhüttelung kommt. Hand in Hand mit der Dorferneuerung verfügt Albeck über das erste private Biomasse-Fernheizwerk Kärntens, das die gesamte Gemeinde versorgt.

Haupteinnahmequellen der Bevölkerung sind die Land- und Forstwirtschaft, der Tourismus, ein Sägewerk und eine Frächterei. Der Getreideanbau wurde allmählich eingestellt, an seine Stelle trat die Grünlandwirtschaft. – Das Schloß in Albeck wurde revitalisiert und zum kulturellen Zentrum der Gemeinde ausgebaut. Im nahen Mühlgraben von Sirnitz wurde eine Mühle reaktiviert (Tschrieter Mühle), ein beliebtes Wanderziel.

Motiv aus Sirnitz

Sehr interessant ist der kleine Weiler Benesirnitz, an der Straße nach Himmelberg, auch „St. Leonhard im Bade" genannt, mitten in einem tief eingeschnittenen Graben. Sehenswert sind hier die Filialkirche St. Leonhard mit Inneneinrichtung von hoher Qualität, die sehr alte Leonardikapelle und ein langgezogenes zweistöckiges Gebäude mit vielen Einzelkammern. Das Bad diente angeblich seinerzeit den Herren des Domkapitels von Gurk als Erholungsort. Der einsam gelegene Weiler ist kaum zu finden und daher besonders geheimnisvoll.

St. Leonhard im Bade, Benesirnitz

Ideales Wander- und Schigebiet, Kräuterpfad, Radfahren, Winterwanderwege, Pferdeschlittenfahrten.

Info: Fremdenverkehrsamt der Gemeinde Albeck/Sirnitz, A-9571 Sirnitz, Tel.: 0043/(0)4279240, Fax: 0043/(0)427924116, E-Mail: hochrindl@aon.at, Internet: www.tiscover.com/sirnitz-hochrindl, www.hochrindl.at

Glantal

Burgruine Liebenfels

35 Sörg

Es ist wahrlich eine geschichtsträchtige Kulturlandschaft mit vielen Ruinen, Burgen und alten Wehrkirchen, eingebettet zwischen den Wimitzer Bergen im Norden und dem Becken der Glan im Süden.

Nördlich der Orte Liebenfels und Pulst liegt das kleine Feriendorf Sörg. Schon von weitem erblickt man den Sörgerberg mit seinen Kirchturmspitzen – ein Wehrkirchen-Ensemble auf vorgezogener Bergkuppe. Erst in der

Blick auf Sörg

Nähe, von Süden her kommend, ist die hohe Wehrmauer der einstigen Befestigungsanlage zu sehen. Teile der bäuerlichen Anwesen liegen unterhalb der Wehrmauer; der echte Dorfkern schließt nördlich an das Ensemble an.

Es handelt sich hier um drei interessante Bauwerke: die Wehrkirche zum hl. Martin ist ein spätgotischer Bau aus dem 15. und 16. Jhdt.; nur 6 m von dieser Kirche entfernt – eigentlich das weithin sichtbare Wahrzeichen – befindet sich der fünfgeschoßige Kirchturm, Relikt einer nicht mehr existenten romanischen Kirche; schließlich ein zweigeschoßiger Rundturm mit Schießscharten sowie der Friedhof.

An diese Bauwerke schließen das Dorf mit dem Pfarrhof und einige Bürgerhäuser an. Dazwischen liegen aber auch Kärntner Paarhöfe, zum Teil Holzblockbauten mit der üblichen weißen Balkenverfugung, zweigeschoßig mit umlaufenden Balkonen (siehe auch Gnesau), daneben große Pfeilerstadl, ferner auch Kleinbauernhäuser. Sörg mit seinem Haufenhofcharakter ist nicht zersiedelt und mit seinen verwinkelten Gäßchen als Erholungsdorf sehr beliebt. Die idyllische Umgebung setzt sich aus Wiesen, Weideflächen und auch kleinsten Äckern, durchsetzt mit Mostobstbäumen, zusammen.

Von der Wehrkirche genießt man eine weite Aussicht auf das Klagenfurter Becken und die Karawanken. Ganz in der Nähe befinden sich die Reste der Burgruine Liebenfels mit zwei mächtigen hohen Bergfrieden. Sie stellt eines der eindrucksvollsten Zeugnisse der Kärntner Wehrarchitektur des 13. Jhdt.s dar.

Im Umfeld zwischen Pulst, Sörg und Liebenfels fallen größere Gutsbetriebe auf, deren Wohnhäuser einen quadratischen Grundriß aufweisen, sogenannte „Stöckel", mit ziegelgedeckten Vollwalmdächern. Besonders eindrucksvoll ist das gemauerte Wohnhaus des Paarhofes, des ehemaligen Pflegerhofs der Burg in Liebenfels.

Wandern, Radfahren, Rodeln, Langlauf.

Info: Gemeindeamt, A-9556 Liebenfels, Hauptpl. 9, Tel.: 0043/(0)42152216, Fax: 0043/(0) 42153086, E-Mail: liebenfels@ktn.gde.at

Bauernhaus mit umlaufenden Balkonen

Saualm

Blick auf Diex

36 Diex und die Wehrkirchendörfer der Saualm

An der Südabdachung der Saualm in Ostkärnten findet sich eine Reihe schöner Dörfer, in deren Zentren befestigte Wehrkirchen stehen, die eines Besuches wert sind. Schon von weitem erblickt man die doppeltürmige Pfarrkirche zum hl. Martin in der noch von Verhüttelung unberührten Landschaft rund um Diex. Sie erhebt sich im Mittelpunkt des Haufendorfes und wird von einer ca. fünf Meter hohen Ringmauer mit zwei Rundtürmen umgeben, die Ende des 15. Jhdt.s angelegt wurde. Ein weitgehend intakter überdachter Wehrgang aus Holz mit Bretterverschalung und Schießscharten in der Mauer dokumentiert die Wehrhaftigkeit der Anlage. Die Dächer sind gegen die seinerzeit von den Türken verwendeten Brandpfeile mit Steinplattln abgesichert, welche sich heute als Dachdeckmaterial kaum mehr auftreiben lassen. Innerhalb der Mauer befindet sich auch der Dorffriedhof.

Zur Zeit der türkischen Eroberung Ende des 15. Jhdt.s brannten viele Anwesen in der Streusiedlungslandschaft zwischen St. Paul und Wolfsberg im Lavanttal nieder, und auch das Gebiet um Diex wurde nicht verschont. Da die Gehöfte und Keuschen der bäuerlichen Bevölkerung vielfach Blockholzbauten und mit Stroh- und Schindeldächern gedeckt waren, konnten sie den brandschatzenden Horden nicht standhalten. So boten allein die aus Stein errichteten und mit Wehrmauern umgebenen Kirchen die einzigen Zufluchtsstätten für die Dorfbevölkerung, für das Vieh und lebensnotwendige Güter. Rund um die Wehrkirchenmauern reihen sich heute ein- bis zweistöckige gemauerte Bauten bäuerlicher Herkunft mit den typisch kärntnerischen Architekturmerkmalen.

Für den Fremdenverkehr wird unter dem Slogan „Diexer Naturbauernhöfe" geworben, und nicht wenige sind Bio-Bauernhöfe und bieten auch „Urlaub am Bauernhof" an. Daß manchmal die äußere Form der Bauernhäuser durch Um- und Ausbauten nicht

Kapelle bei Diex

mehr ganz der traditionellen Hauslandschaft entspricht, muß hingenommen werden. In Diex selbst und im gesamten Umfeld finden sich eine Reihe von gepflegten Nischenbildstöcken mit Steinplattldächern sowie altartige Bergbauernhöfe in Holzblockbau mit großen Querscheunen mit Hocheinfahrten, ferner einzelstehende Getreidespeicher und, unter Vordächern, Obstpressen.

Der älteste Hof auf der Saualm

Die weiteren bedeutenden Wehrkirchendörfer in nächster Nähe von Diex sind Grafenbach und Greutschach sowie, am westlichen Abhang der Saualpe oberhalb von Eberstein, die prächtige Wehrkirchenanlage von Hochfeistritz.

Die Landwirtschaft ist vornehmlich auf Grünlandwirtschaft und Fremdenverkehr eingestellt, sie profitiert von der ausgesprochen sonnigen Lage der Dörfer in über 1.000 m Seehöhe, mit Blick auf den Hochobir, die Steiner Alpen und die Karawanken.

Hochfeistritz

Grafenbach

Wehrkirchenanlage, errichtet zwischen 1487 und 1532. Unversehrt erhaltene Ringmauer, zweigeschoßiger Torturm mit Walmdach und innerhalb ein prächtiger Wehrgang aus Holz mit Satteldach. Viele Schießscharten in der Mauer. Die Kirche ist ein spätgotischer Bau mit sehenswertem Westportal, vor der Mauer befindet sich ein Nischenbildstock aus dem 17. Jhdt. mit wunderschönem Steinplattl-Kegeldach.

Greutschach

Inmitten der unregelmäßigen siebeneckigen Wehrmauer mit zwei Wehrtürmen stehen die gotische Pfarrkirche zum hl. Martin (1237) und ein frühgotischer Karner mit Spitzkegeldach. Der Pfarrhof ist an die Ringmauer angebaut. Rund um die Anlage befindet sich eine Reihe gemauerter Häuser, welche, wie in Grafenbach, dörflichen Charakter vermitteln.

Hochfeistritz

Umgeben von einer vieleckigen, stellenweise noch mit

Wehrgang der Kirche in Grafenbach

Eingang zur Wehrkirche von Grafenbach mit Schießscharte

Schrägstützen versehenen wuchtigen Mauer befindet sich ein Meisterwerk der Spätgotik in Kärnten, die 1446–1491 erbaute Wehr- und Wallfahrtskirche zu „Unserer lieben Frau" in 968 m Seehöhe. Besonders fotogen sind das Ensemble mit dem im Nordosten liegenden Torturm, ferner ein nach außen anschließender zweistöckiger Bau, in dem heute ein Gasthof untergebracht ist, sowie einige Bauernhäuser im Umfeld.

Unter anderen wären noch die Dörfer Wölfnitz, St. Leonhard, Tschrietes und Pustritz in ein Besuchsprogramm schöner Orte mit Wehrkirchen einzubeziehen, ferner das Stift Griffen und die berühmte Tropfsteinhöhle.

Wandern, Radfahren, Mountainbiking, Reiten, Paragleiten, Bungy-Jumping, Rodeln, Schiwandern, Langlaufen.

Info: Gemeindeamt,
A-9103 Diex,
Tel.: 0043/(0)42318111,
Fax: 0043/(0)4231811125,
E-Mail: diex@ktn.gde.at,
Internet:
www.sonnenort-diex.at

Hausformen in der Steiermark

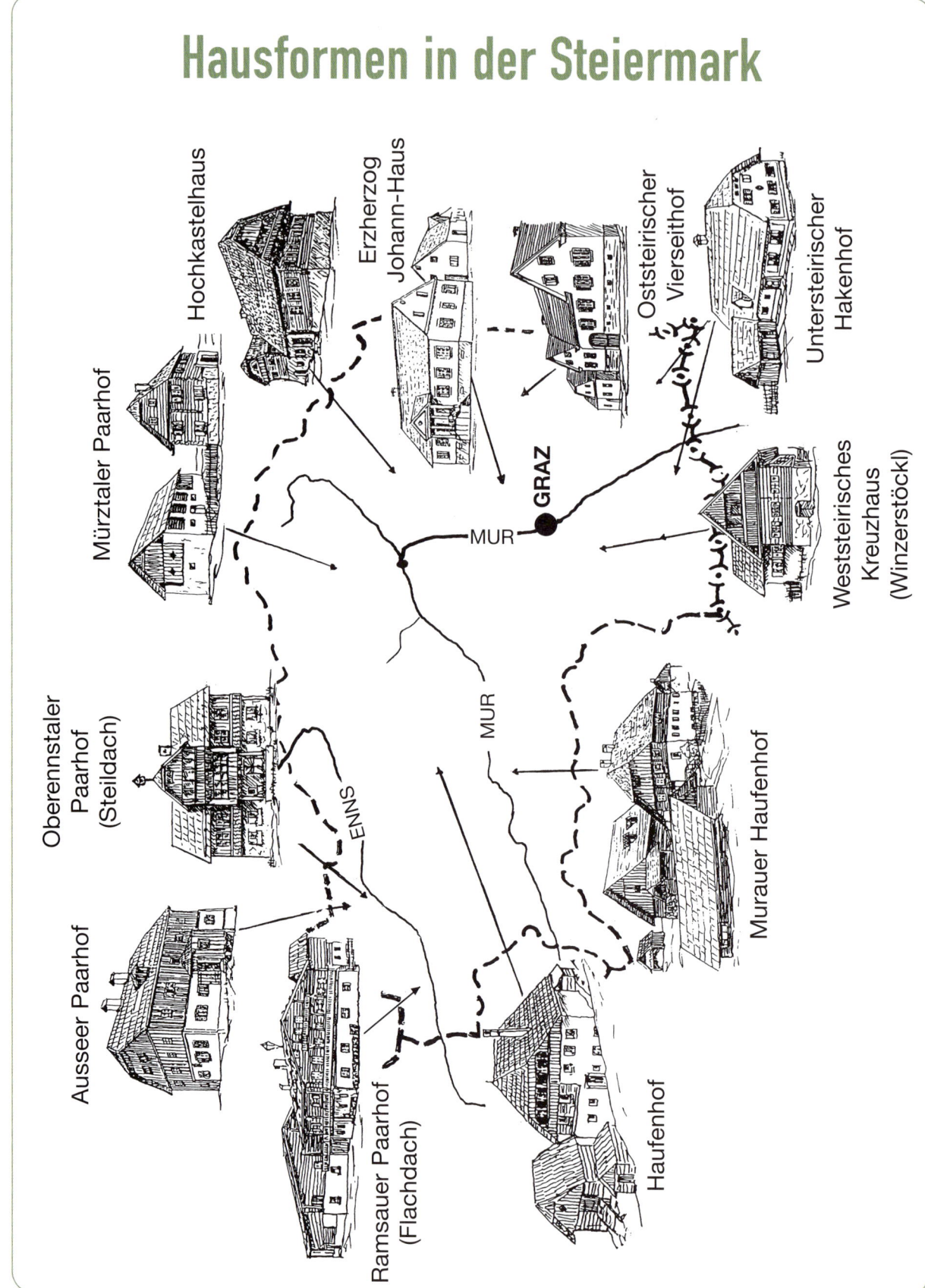

Steiermark

Die Steiermark, das waldreichste Bundesland Österreichs, wird sehr stark durch ihre unterschiedlichen Klimagebiete, die auch in den Hausformen zum Ausdruck kommen, geprägt. Dies reicht vom niederschlagsreichen Ausseerland und Ennstal über den Kamm der Niederen Tauern in das trockene inneralpine Mur- und Mürztal bis in die milden Lagen der Ost- und Weststeiermark mit ihrem Obst- und Weinbauklima.

Weststeiermark

Hofreihe in Rassach

37 Rassach

Rassach ist ein typisches schönes Straßendorf auf einer Hügelkuppe an der sehr kurvenreichen, hügeligen Straße von Graz nach Deutschlandsberg. Es hat ein noch unverfälschtes geschlossenes Dorfbild mit Kreuzhäusern und Hakenhöfen. Besonders die zur Straße weisenden, mit Schmalgiebeln versehenen Blockholzbauten machen das Erscheinungsbild so gefällig. Die dunklen Wände im Kontrast zu dem weiß getünchten Sockel und gemauerten

Typisches Winzerstöckel nächst der Schilcherstraße

Küchenteil beeindrucken nachhaltig. Das Wohnhaus ist stets eingeschoßig. Bei vielen Häusern wurde senkrecht zum Firstverlauf eine „Kachelstube" mit einem Kachelofen, ein rauchfreier Raum, angebaut. Der so entstandene „Kreuzgiebel" führte dann zur Bezeichnung „Kreuzhaus". In Rassach und der gesamten Umgebung fällt diese sehr ansprechende Blockbauart auf. Ganz besonders bemerkenswert sind die obersten vorgezogenen Balken an der Giebelfront, die nach unten hin stufenweise immer kürzer werden. Man nennt diese vorkragenden Balken, die manchmal bemalt sind, „Wettköpfe". Auf dem obersten Balken ruht unter dem vorkragenden Giebel meist ein Balkon. – Eine Besonderheit sind die an den gemauerten Wandteilen von Scheunen aus Ziegeln kunstvoll gestalteten Ziegelgitter, die dem Durchlüften, Trocknen und Lagern von Heu, Getreide etc. dienen.

Im Herbst werden an der Straße nach Deutschlandsberg, in den Höfen oder vor den Häusern die Ölkürbisse gelagert, aus deren Kernen das Kernöl gepreßt wird – eine immer beliebter werdende Spezialität der Ost- und Weststeiermark, welche direkt ab Hof verkauft wird. Ansonsten liegt der wirtschaftliche Schwerpunkt in der Viehwirtschaft, im Obst- und Beerenverkauf sowie in der Weinwirtschaft.

In der gesamten Weststeiermark, besonders auf den Riegeln der Weinberge nächst Stainz und St. Stefan, fallen die „Winzerstöckel" auf – kleinere, dunkle Holzblockbauten, die auf einem gemauerten Kellergeschoß ruhen und seinerzeit nur während der Weingartenarbeiten und vor allem zur Zeit der Weinlese bewohnt waren. Heute gehören sie, zum Teil gut gepflegt, Zweitwohnungsbesitzern oder wurden von den Eigentümern zu Buschenschanken ausgebaut, mit wunderschönem Blick auf die umliegende Kulturlandschaft der Schilcherstraße.

„Wettköpfe"

Weststeirischer Kreuzhof

Wandern, Radfahren.

Info: Gemeindeamt, A-8522 Rassach, Lasselsdorf 51,
Tel.: 0043/(0)34644060, Fax: 0043/(0)346440606,
E-Mail: gde@rassach.steiermark.at,
Internet: www.rassach.steiermark.at

Südweststeiermark

Pfarrkirche von Kitzeck

38 Kitzeck im Sausal

Von Fresing im Sulmtal führt eine schmale, kurvenreiche Bergstraße in eine Kulturlandschaft empor, die an die Toskana erinnert – nur stehen hier auf den Riegeln und Kuppen Pappeln statt Zypressen. Hoch oben, auf einem Bergrücken, erreicht man schließlich den höchstgelegenen Weinbauort Europas (564 m). Kitzeck selbst weist als Kirchsiedlung nur wenige Häuser auf, aber viele kleine liebliche Haken- und Streckhöfe der einzelnen Weinbauern liegen verstreut inmitten der Weingärten. Die meisten sind zugleich Buschenschenken, und nebenan hört man das Klappern des „Klapotetz", das die gefräßigen Vögel vertreiben soll – ein Wahrzeichen der südsteirischen Weinbaugebiete. Ein Windrad bewegt kleine Hämmerchen, die auf ein Schallbrett klappern. Der Name weist darauf hin, daß das Gerät in Slowenien seine ursprüngliche Heimat hat.

Auch kulturell hat Kitzeck mit seinem südländischen Erscheinungsbild einiges zu bieten. Die weithin sichtbare

Weststeirisches Blockholzhaus

Blick über die Weinberge auf Kitzeck

Pfarrkirche aus dem 17. Jhdt. birgt einen prächtigen Rokokoaltar. Kitzeck liegt auf derselben geographischen Breite wie Meran und hat ein ähnliches Klima, was den Wein- und Obstbau sehr begünstigt. Für die Weinbauern ist die Arbeit in den extrem steilen Rieden allerdings hart. Im Ort selbst ist in einem uralten Winzerhaus mit Rauchkuchl das 1. Steirische Weinmuseum untergebracht, in dem Arbeitsgeräte gezeigt werden und das von den Mühen und Plagen der Weinbauern erzählt. Weitere kleine Weinbauernhäuser liegen links und rechts der Straße auf dem Riegel, meist auch mit einer Buschenschenke verbunden.

Nächst Kitzeck erhebt sich der höchste Berg der Umgebung, der Demmerkogel (670 m) mit Aussichtswarte. Ein weiterer Aussichtspunkt ist die Theresienkapelle. Die 21 km lange Grenzlandweinstraße, die zum Teil direkt auf der Grenze zu Slowenien verläuft, führt von Ehrenhausen über sanfte Hügel mit vielen Kurven und noch mehr Buschenschenken bis Leutschach; sie bietet immer wieder „toskanische" Eindrücke. Die Orte im Tal sind im Hinblick auf das dörflich-ländliche Erscheinungsbild wohlgepflegt. Hier reifen auch Edelkastanien, und es werden, neben Wein- und Obstbau, auch Holunder und Hopfen kultiviert.

Wandern, Radfahren, Mountainbiking, Fischen, Zimmergewehrschießen, Eisstockschießen.

Info:Tourismusverband Kitzeck, A-8442 Kitzeck im Sausal, Steinriegel 11, Tel.: 0043/(0)34563500, Fax: 0043/(0)345650010, E-Mail: tv-kitzeck@com.at

Südsteiermark

An der Südsteirischen Weinstraße

39 Ehrenhausen

Der schöne Markt mit seinem gepflegten, kulturhistorisch interessanten Ortsbild liegt an der Einmündung der Gamlitz in die Mur und ist das Tor zur südsteirischen Weinbauregion. Ehrenhausen war im 15. Jhdt. ein bedeutender Umschlagplatz für Wein und Salz sowie Grenzfeste.

Das Zentrum besteht aus einem rechteckigen Platz, umgeben von der Pfarrkirche und alten Bürgerhäusern mit historischen freskenreichen Fassaden. Unter anderem machen herausragende Erker, Steinbalkone und große Korbbogentore einen sehr gefälligen Eindruck; hervorzuheben sind die Hausnummern 14, 25, 26 und 29. Durch zwei der Tore ist es möglich, die sehr schönen Innenhöfe mit Arkaden zu betreten.

An der östlichen Seite des Platzes erhebt sich die mächtige barocke Pfarr- und Wallfahrtskirche, die im Inneren u.a. eine besonders bemerkenswerte Orgel birgt. An der Südfront des Platzes steht das reizvolle Rathaus, ihm vorgelagert der Emma-Brunnen, und im Hintergrund – auf einer steil aufragenden Kuppe – erheben sich das Schloß und das Mausoleum Ruprechts Freiherrn von Eggenberg (1545–1611). Der Platz mit seinen Bürgerhäusern, die Pfarrkirche, das Rathaus und das Schloß sowie das Mausoleum bieten zusammen ein selten schönes Ortsbild.

Schloß und Mausoleum sind über eine Stiege direkt vom Platz aus erreichbar oder über eine Straße, die zur Kuppe hinaufführt. Ersteres liegt auf den Grundfesten einer Verteidi-

Ehrenhausen, rechts oben das Mausoleum

gungsanlage aus dem 11. Jhdt. Es ist ein architektonisch wertvoller Vierflügelbau mit einem gediegenen dreistöckigen Arkadenhof; von der alten Burg ist noch der mächtige Bergfried erhalten und in den Bau einbezogen. Das Mausoleum steht sehr beherrschend direkt am oberen Ende der vom Hauptplatz kommenden Stiege. Es ist eines der bemerkenswertesten Bauwerke der Südsteirischen Weinstraße. Dieses Grabmal der Freiherrn von Eggenberg wurde ab 1609 von dem Baumeister Johann Walter nach Entwürfen von Pietro de Pomis errichtet. Innenausstattung und endgültige Form erhielt es von J. B. Fischer von Erlach.

In südwestlicher Richtung schließt nahtlos an den Markt die Weinbauregion der Südsteirischen Weinstraße an. Die eine Strecke über Gamlitz nach Leutschach verläuft im Tal der Gamlitz, aber die wesentlich schönere führt auf einer sehr kurvenreichen Straße über die vielen Weinberg-Riedeln. Sie sind von einer unvergleichlich schönen Landschaft geprägt, vorbei an alten Weinbauern-

Pfarrkirche in Ehrenhausen

Klapotetz in den Weingärten

häusern, zum Teil noch Blockholzbauten, Buschenschenken und auch Weingütern. In den Buschenschenken kann man zu einer Brettljause verweilen
und im Herbst auch die in dieser Gegend ausreifen-
den Edelkastanien verkosten, selbstverständlich
dazu die hervorragenden Weine. Romantischer
geht's eigentlich nicht mehr!

Diese Straße ist überdies ein österreichisches
Kuriosum: über $2^1/_2$ km liegt der südliche Straßenrand auf slowenischem Staatsgebiet, der nördliche
auf der österreichischen Seite. Hohe Pappeln,
Kastanienhaine, steile Weingärten, alte Winzer-
häuschen, zum Teil noch in Holzblockbau errichtet,
und die Klapotetz prägen diese idyllische Kulturlandschaft im sonnigen südlichsten Teil der Steiermark.

Eines Besuches wert sind die Orte Gamlitz,
Leutschach und das gesamte Sulmtal ab Leibnitz
(ehemaliges römisches Flavia Solva) westwärts mit
dem Schloß Seggau.

**Ausgangspunkt der Südsteirischen Wein-
straße, Sport- und Freizeitzentrum, Wein-
kellereien, Erzeugung von Edelbränden.**

**Info: Marktgemeinde Ehrenhausen,
A-8461 Ehrenhausen,
Tel.: 0043/(0)34532507,
Fax: 0043/(0)34532507,
E-Mail: suedsteiermark@styria.com,
Internet: www.tiscover.at/ehrenhausen**

Südoststeiermark

Blick auf Straden

40 Straden

Straden im südoststeirischen Hügelland liegt malerisch auf einem Höhenrücken vulkanischen Ursprungs. Schon von weitem sind die drei markanten Kirchturmspitzen zu sehen.

Die Nähe der im Mittelalter ständig bedrohten Ostgrenze der Steiermark führte dazu, die vorteilhafte Lage auf dem Höhenrücken mit weitem Rundblick auszunützen und im 16. Jhdt. eine Verteidigungsanlage in Form einer

Fluchtburg für die Bewohner der rund um die Vulkanklippe liegenden Dörfer zu errichten.

Ortsmitte

Das größte Gotteshaus – die Dekanatskirche zu Mariä Himmelfahrt – aus dem 15. Jhdt. steht auf einer mächtigen Mauer, deren Ausmaße sich von der in den Ort hinaufführenden Bergstraße ermessen lassen. Entlang des relativ schmalen Höhenrückens erhebt sich beiderseits eines länglichen Platzes eine Reihe sehr gepflegter zweigeschoßiger Bürgerhäuser mit Steinportalen. An der Burgmauer selbst „kleben" den Weg hinauf zum Kirchenplatz Devotionalien- und Andenkenläden in biedermeierlichem Stil. Von dort bietet sich ein schöner Blick zur Kirche und einem überdachten Gang, der die Verbindung von ihr zum Pfarrhaus herstellt. Letzteres besticht durch einen schönen arkadengeschmückten Innenhof.

Im Bereich hinter der Kirche lugt die zweite Kirchturmspitze hervor. Eigentlich sind es zwei Kirchen: eine (sichtbare) Oberkirche – die Filialkirche zum hl. Sebastian – und, darunter, die zweite, die in die Wehrmauer eingebaute Unterkirche, ein ehemaliger Karner. Sie wurde 1677 geweiht. An der Nordseite des Bergrückens liegt, etwas erhöht und durch eine Gasse mit schönen Häusern erreichbar, die 3. bzw. 4. Kirche zum hl. Florian aus dem 17. Jhdt. mit angebauter Kapelle. Man könnte fast sagen: „nichts als Kirchen", aber abgesehen von der historisch wertvollen Inneneinrichtung der Gotteshäuser ist auch der Rundblick über das oststeirische Hügelland „göttlich". Er erstreckt sich bis nach Radkersburg im Süden und zu den Gleichenberger Vulkankegeln im Nordosten.

Im Pfarrhof

Stiegen und steile Gäßchen führen vom Höhenrücken hinab zu den Häusern am Fuß von Straden; die kleinen steirischen Kleinbauernhäuser und Buschenschenken vergegenwärtigen den ländlichen Raum. Wegen der klimatisch günstigen Hanglage und der fruchtbaren Böden gedeihen hier Wein, Obst und Gemüse sowie auch Ölkürbisse bestens. Nicht umsonst nennt man Straden den „Steirischen Früchtekorb".

Sehr gut besuchte Volkskulturveranstaltungen bestimmen den Jahresreigen und erweisen sich eines guten Rufs. Dem Sommerurlauber steht ein umfangreiches Wandernetz zur Verfügung – Zentrum des „sanften Tourismus", verbunden mit historischem Kunstgenuß. Schöne Stadtbilder bieten das nahe Bad Radkersburg und Mureck. Auch eine wieder in Betrieb gesetzte Flußmühle an der Mur ist sehenswert.

Rundwanderwege, Radfahren.

Info: Informationsbüro, A-8345 Straden 67,
Tel.: 0043 / (0)34732617, Fax: 0043 / (0)34732612,
E-Mail: gde@straden.steiermark.at,
Internet: www.straden.steiermark.at

Oststeiermark

Ortsbild von Puch

41 Puch bei Weiz

Etwa 15 km östlich von Weiz liegt inmitten des größten oststeirischen „Obstgartens", am Fuß des Kulms, die Kirchsiedlung Puch, auch „Apfeldorf" genannt.

Von einem richtigen Ortskern kann man kaum sprechen, da die Anwesen der Obstbauern weit verstreut an kleinen Straßen, eben der Steirischen Apfelstraße, inmitten der Obstbaumkulturen errichtet sind. Die beste Jahreszeit für einen Besuch der Apfelstraße ist die Apfelblüte im Mai oder die Apfelernte im Herbst.

In diese Kulturlandschaft fügen sich die schönen alten dunkelbraunen Kantholzblockbauten besonders harmonisch ein, errichtet auf kleinen, weiß getünchten Bruchsteinsockeln. Die Giebelfront zieren weiß umrahmte Fenster mit grün gestrichenen Klappläden. An den Kan-

„Haus des Apfels"

ten der Blockbauten ragen Pfettenköpfe, zum Teil bunt bemalt, weit hervor; auf ihnen ruht ein kleiner Holzgang (Balkon) mit Brettern mit Sägeschnittverzierung. Kleine Wirtschaftsgebäude, wie etwa das Obstlager, umgeben das Ensemble. Nahe dem Dorf Puch sind auch mehrere oststeirische Vierkanthofe der etwas größeren bäuerlichen Wirtschaften anzutreffen, die sich nicht nur mit Erwerbsobstbau beschäftigen, sondern u.a. auch mit dem Anbau von Ölkürbissen. Mehr am Rand der Apfelstraße ist auch das „Erzherzog Johann-Haus" vertreten, erkennbar durch den von 4-6 Säulen getragenen überdachten Stiegenaufgang, eine Art Portikus mit klassizistischem Gepräge. Diese Erzherzog Johann-Häuser entstanden um 1820 durch gezielte Bauförderung der K. k. Landwirtschaftsgesellschaft.

Typischer oststeirischer Holzblockbau

Die Bauern an der Apfelstraße leben hauptsächlich vom Erwerbsobstbau; das Anbaugebiet entlang der 25 km langen Apfelstraße umfaßt ca. 7 Quadratkilometer mit rund 250. 000 Obstbäumen. Die Straße ist gut gekennzeichnet; sie führt u.a. über Kalch, Rollsdorf, Lingstätten, Hohenilz und Unterfeistritz zurück nach Puch. Der Verkauf von Obst, Apfelsaft und Schnaps ab Hof ist dominant und meist mit einer Buschenschank verbunden. Im „Haus des Apfels" in einem der reizvollen kleinen Holzblockbauten nächst Puch ist das sehr informativ gestaltete Museum „Alles über den Apfel" untergebracht.

Ausflugsziele gibt es etliche, u.a. den Wildpark Herberstein samt Schloß und das Schloß Stubenberg. Der 975 m hohe Kulm mit prächtiger Aussicht ist über eine Bergstraße erreichbar.

Erzherzog Johann-Haus

Wandern, Radfahren, Paragleiten, (Heißluft-)„Ballondorf", Kulmkeltendorf am Fuß des Kulms.
Info: Gemeindeamt, A-8182 Puch bei Weiz,
Tel.: 0043/(0)31772222,
Fax: 0043/(0)3177222216,
E-Mail: gde@puch-weiz.steiermark.at,
Internet: www.puch-weiz.steiermark.at,
www.apfelstrasse.at

Joglland

Das „Herz des Jogllandes"

42 St. Jakob im Walde

St. Jakob im Walde, im Herzen des Jogllandes, liegt am Südhang des Hochwechsels auf einem von Wiesen und Wäldern umgebenen schönen Hochplateau.

Der Ort ist ein Kirchweiler mit einer spätgotischen Pfeilerbasilika, die oftmals durch Brände und Kriegseinwirkung zerstört wurde, daher auch eine uneinheitliche Einrichtung birgt. Das mächtige Pfarrhaus ist mit der Kirche

Hochkastelhaus

durch einen hölzernen Gang verbunden. Rund um den Kirchenplatz reihen sich einige wenige Profanbauten, vermischt mit bäuerlichen Anwesen.

Der Gesamteindruck wird im Sommer durch überschwenglichen Blumenschmuck ganz wesentlich gehoben. Aus diesem Grund wurde der Ort auch zum schönsten Blumendorf Europas erklärt. Die Hauslandschaft ist durch große Drei- und Vierseithöfe gekennzeichnet, die oft noch in ihrem Urzustand erhalten geblieben sind. Der Holzblockbau herrscht vor; besonders die langgezogenen Stadelteile mit einem Außengang in Form eines Balkons im Stock fallen ins Auge. Gelegentlich sind die Speicherbauten (Kasten) direkt dem Wohnhaus aufgesetzt; man bezeichnet sie auch als Hochkastelhaus, da sie über den First des Wohnhauses hinausragen. Aber auch klei-

nere Wohnbauten, die vornehmlich von im Forst tätigen Familien bewohnt werden, sind reichlich vertreten.

Wegen seiner Höhenlage (915 m) weist das Dorf ein ausgezeichnetes Gebirgsklima auf, und die vielen kinderfreundlichen Bauersleute haben für eine ideale Ferienregion, nicht allzuweit vom Ballungszentrum Wien, gesorgt. Im Winter ist St. Jakob im Walde ein beliebtes, mit Liften und etlichen Langlaufloipen

Stadel

ausgestattetes Wintersport7

gebiet der sanften Art. Massentourismus ist hier ein Fremdwort.

Holzwirtschaft, Vieh- und Grünlandwirtschaft sowie Fremdenverkehr sind die Haupteinnahmequellen der bäuerlichen Bevölkerung. Als Ausflugsziele bieten sich Stift Vorau, der schöne Markt Pöllau – die „Perle der Oststeiermark" – mit Stift Pöllau und die Wallfahrtskirche Pöllauberg an.

Kirchplatz

Wandern, Spaziergänge, Radfahren, Reiten, Kutschenfahrten, Schifahren, Rodeln, Langlaufloipen, Eisstockschießen, Pferdeschlittenfahrten.

Info: Tourismusverband, A-8255 St. Jakob im Walde,
Tel.: 0043 / (0)33368212, Fax: 0043 / (0)333682124,
E-Mail: tourismusverband@st-jakob-walde.steiermark.at,
Internet: www.st-jakob-walde.steiermark.at

Oberes Murtal

Gesamtansicht

43 Rachau

Das kleine versteckte Dorf an den Westhängen des Gleinalmzuges liegt ca. 5 km von der Murebene taleinwärts am Rachauer Bach, umgeben von Wäldern und Wiesen und nicht „verschönt" durch häßliche Siedlungserweiterungen.

Das neugestaltete Ortszentrum wurde 1996 seiner Bestimmung übergeben, die Häuser wurden neu bemalt und verputzt. Vor allem die Bausubstanz des „Forellenhofes" des einstmals sehr bekannten „Klimatischen Curortes

Linde mit der Kerschbaumer Kapelle

Rachau" wurde erneuert (heute Gemeindeamt). Am Platz davor befindet sich eine Grünanlage mit einem Brunnen, der von der Emmaquelle gespeist wird. Die übrigen Häuser, meist bäuerlicher Herkunft, wurden revitalisiert und umschließen den kleinen Platz. Oberhalb des Ortes steht ein neu erbauter Pavillon mit einer weitreichenden Aussicht auf die sanften Hügel der Seckauer Alpen und hinunter auf das idyllische Rachau.

Ein markanter Bau ist der Michl-Stadl mit steilem Dach und drei Geschoßen. Die östliche Giebelfront zeigt Spitzbogenfenster und im 2. Stock Lüftungsöffnungen mit Ziegelmustern. Der Stadel wurde zu einem Veranstaltungszentrum ausgebaut und so vor dem Verfall gerettet.

Zahlreiche Paar- und Streckhöfe finden sich in der Umgebung. Im tiefen Graben ist ein ganz alter Hof, der „Hiasbauer" – ein schönes altes Blockhaus – sehenswert. An der Straße über Breitwiesen nach Großlobming kommt man an einer alten, mächtigen schattenspendenden Linde mit der Kerschbaumer Kapelle vorbei, daneben

Motiv aus Rachau

Der Michl-Stadl

liegen größere Haufenhöfe mit großen Pfeilerstadeln, die die sehr kultivierte Landschaft prägen, umgeben von Ackerland und Wiesen; letztere dienen im Herbst als Kuhweiden.

Die Gemeinde hat sich große Mühe gemacht, ein gutes Wander- und Radwegenetz auszubauen; sie präsentiert sich im Rahmen des Umweltschutzes und der Dorferneuerung als empfehlenswerter Erholungsort fernab der Industriezentren Judenburg und Zeltweg.

Der „Hiasbauer"

Wanderwege, Radfahren, Mountainbiking, Angeln, Klettersport, Langlaufloipen.

Info: Gemeindeamt, A-8720 Rachau 97, Tel.: 0043/(0)351285350, Fax: 0043/(0)35128535020, E-Mail: gde@rachau.steiermark.at

Oberes Murtal

Marktplatz

44 Obdach

Schon die Römer benutzten die alte Handelsstraße über den Obdacher Sattel, um aus dem Süden in das Murtal und weiter nach Norden vorzudringen.

Der schöne Markt liegt in 874 m Seehöhe und ist agrarwirtschaftlicher, gewerblicher und kultureller Mittelpunkt des Obdacher Landes, umgeben von den sanften Gebirgszügen der Seetaler Alpen mit dem Zirbitzkogel im

Westen und der Packalpe im Osten. Die Zirbenbestände sind ein wesentliches Merkmal dieser Gegend, und es wird auch unter „Steirisches Zirbenland" für sie geworben.

Es läßt sich mit Recht behaupten, daß der Marktplatz, der Kern von Obdach, zu den schönsten der Steiermark zählt – umrahmt von gediegenen, zweigeschoßigen Bürgerhäusern, deren

Obdach, Gesamtansicht

Alter zum Teil bis ins 15. Jhdt. zurückreicht. Haus Nr. 36 mit gemalten Medaillons in Stuckrahmen, biedermeierliche Fassaden und Haustore sowie, in einigen Höfen, Pfeilerarkaden sind einer Besichtigung wert. In der Mitte des länglichen Straßenplatzes befinden sich eine Mariensäule und jeweils in seinem nördlichen bzw. südlichen Drittel steinerne Brunnen sowie gepflegte begrünte Mittelstreifen, ein Teil der Seitenfahrbahn ist zu einer Art Fußgeherzone ausgebaut, mit Ruhebänken und reichem Blumenschmuck versehen.

Eine neue Umfahrungsstraße hat den Durchzugsverkehr stark vermindert und Platz geschaffen. Von der mittelalterlichen Ummauerung mit drei Türmen ist nur ein sehr schöner Torturm am südlichen Ende des Platzes erhalten geblieben; Reste der übrigen Ummauerung sind kaum mehr sichtbar. Im Norden wird er von der Spitalskirche und dem ganz nahe gelegenen ehemaligen Schloß Rosenbach begrenzt. Westlich des Marktplatzes steht, etwas über dem Ort, die Pfarrkirche des hl. Ägydius. Die Kirchengasse, parallel zum Marktplatz verlaufend, zur Kirche leicht ansteigend, weist mit einer Reihe zweigeschoßiger Bauten eher dörflichen Charakter auf. Leider sind die alten Fassaden dieser Häuser von der Modernisierung nicht verschont geblieben.

Südseitig neben der Kirche befinden sich die Johanneskapelle (ehem. Friedhofskapelle) und das Pfarrhaus mit sehr schönen, schmiedeeisernen Fensterkörben. Auch ein auffallend großer gemauerter Stadl mit kunstvoll angeordneten Ziegelgitterornamenten, sowohl auf der Giebel- wie auch auf der Traufseite, und eine Hofeinfahrt verleihen schon dort dem Ort teilweise dörflichen Charakter.

Im Umfeld von Obdach haben sich relativ viele Gewerbebetriebe, vor allem der Holzverarbeitung und -verwertung einschließlich einer modernen „Obdacher Biowärme"-Holzschnitzelverbrennungsanlage zur Fernwärmeversorgung, niedergelassen.

An den sanften Hängen bis weit hinauf zur Waldgrenze stehen große Haufenhöfe, vereinzelt zu einem Geviert „Umadumhöfe" zusammengeschlossen, nur in der Mitte zwischen den Gebäudeteilen ein ganz kleiner Hof – einmalig in Österreich!

Torturm

Obdach und Umgebung sind eine ausgesprochene Region des „sanften Tourismus"; man begegnet auf Schritt und Tritt dem Angebot an Naturprodukten, seien sie selbst gesammelt – wie z.B. Pilze und Preiselbeeren – oder frische Milchprodukte, Speck und Bauernbrot ab Hof oder Alm. Für den Wintersport ist durch Aufstiegshilfen und Langlaufpisten gesorgt. Auch gibt es noch eine gepflegte Zaunlandschaft, z.B. in St. Wolfgang, in Form von Ringzäunen.

Pfarrkirche und Stadel mit Ziegelgitterfenstern

Wandern, 14 km beschilderte Mountainbikerouten, Zirbitzkogelberglauf (Ende Juni), Sonnwendfeier am Zirbitzkogel (20. Juni), Schilift, Naturrodelbahn.

Info: Tourismusverband Steirisches Zirbenland, A-8742 Obdach, St. Wolfganger Str. 1, Tel.: 0043/(0)35783406, Fax: 0043/(0)35783495, E-Mail: office@steirisches-zirbenland.at

Oberes Murtal

Blick auf die alte Bergwerksstadt

45 Oberzeiring

Oberzeiring, ein ländlicher Markt mit jahrhundertealter Bergbautradition, ist ein Haufendorf auf einem Schwemmkegel des Gföller Baches in 930 m Seehöhe. Im dicht verbauten Ortskern mit einem kleinen Straßenplatz befindet sich eine Reihe von Bürgerhäusern aus dem 16. und 17. Jhdt. mit zum Teil sehr schönen Fassaden. Um die Pfarrkirche zum hl. Nikolaus ist die vereinzelt biedermeierliche Verbauung sehr geschlossen. Auch dörfli-

Alter Stadel mit Ziegelgittern

che Bauten des 19. Jhdt.s sind im Gefüge des Ortes zu erblicken.

In der Enge zwischen Kirchenplatz und östlichem Ortsausgang sind – architektonisch besonders interessant – Häuser, hintereinander gestaffelt, rückversetzt (Rücksprünge). Ebenso weist in einer parallel zur Hauptstraße führenden Seitengasse eine Reihe von zweigeschoßigen Stadeln auf den dörflichen Charakter von Oberzeiring hin. Die Steilgiebelfronten der Stadel sind zur Gasse gerichtet und mit Ziegelornamentfenstern zur Durchlüftung der gelagerten landwirtschaftlichen Produkte versehen. Eigentlich sind diese Ziegelornamente an Wirtschaftsgebäuden weniger im Pölstal, sondern eher in der Oststeiermark konzentriert beheimatet.

Unter den Häusern von Oberzeiring befindet sich das ehemals größte und älteste Silberbergwerk der Ostalpen. Der Bergbau erlebte um 1275 wegen des silberhältigen Bleiglanzes seine Hochblüte. Ein katastrophaler Wassereinbruch im Jahre 1361 mit hunderten Toten beendete die Silbergewinnung. Ab 1669 wurde der Abbau von Eisenspat in beschränktem Maße wiederaufgenommen. Eine Beson-

Altes aufgeplattetes Stadeltor

derheit auf mineralogischem Gebiet war während einer kurzen Betriebsperiode des Jahres 1955 der Fund von Aurichcalzit-Sinter – „Zeiringit" (Zink-Kupfer-Verbindung) –, ein Aragonit-Sintergestein, das blau bis hellgrün gefärbt ist und als Schmuckstein Verwendung fand. Heute sind diese Mineralien leider nur noch bei Sammlern im Tauschweg zu erhalten.

Ein Teil des alten Stollensystems ist direkt vom Markt aus zugänglich und als Schaubergwerk eingerichtet; ein Stollen dient als Naturheilstollen bei Bronchialerkrankungen (Asthma). Ein Therapiezentrum, Fremdenverkehr sowie Vieh- und Forstwirtschaft sind die Haupteinnahmequellen der Bewohner dieses sehr schönen Marktes.

Eingang ins Schaubergwerk

50 km Wanderwege, Angeln, Reiten, Zimmergewehrschießen, Radfahren, Schifahren, Eisstockschießen.

Info:
Tourismusverband Oberzeiring, A-8762 Oberzeiring, Hauptstr. 16, Tel.: 0043/(0)35712255, Fax: 0043/(0)357120041, E-Mail: tourismus-verband@oberzeiring.at, Internet: www.oberzeiring.at

Oberes Murtal

Eines der ruhigsten Hochtäler der Steiermark

46 Die Krakau

Manche haben die „Krakau" in Polen gesucht, aber im Bezirk Murau wiedergefunden – die „Steirische Krakau".
Hier sollen slawische Siedler den Namen „Krakowa" geprägt haben: die „Krähengegend".

 Heute bezeichnet man als die „Krakau" ein ausgedehntes, 1.000–1.500 m hoch gelegenes Tal an der Sonnseite
der Niederen Tauern – eine unberührte Kulturlandschaft fernab jeglichen Durchzugsverkehrs und eines der schön-

sten alpinen Streusiedlungsgebiete in der Steiermark. Jeder einzelne Weiler erzählt mit seiner Lage und seinen Häusern Geschichte. Drei Gemeinden und drei Bürgermeister teilen sich die Hochebene, und der Name jeder Gemeinde sagt über ihre Art aus: Krakaudorf – Krakauebene – Krakauschatten.

Nur Krakaudorf weist einen kleinen Ortskern auf, sonst liegen die großen Haufenhöfe und Einzelweiler weit verstreut von Ost nach West. Typisch für die Bauernhöfe sind große, breit gelagerte, meist gemauerte Wohnhäuser inklusive der Speicherbauten. Alle anderen Wirtschaftsgebäude sind im Holzblockbau (waagrecht liegende Hölzer) oder im Ständerbau (senkrecht stehende Hölzer) als tragende Elemente ausgeführt und unregelmäßig im Hof verteilt. Weiter im Westen trifft man wirklich altartige Holzblockbauten an, die noch mit händisch zugerichteten Blockholzwänden hochgezogen sind – alles Einhoftypen mit Wohnhaus und Wirtschaftsteil.

Die Form der Hauslandschaft gehört zu den Obermurtaler Haufenhöfen. Sie ähneln bereits sehr den Lungauer karantanischen Hofformen mit steilem, weit vorkragendem, schindelgedecktem Schopfwalmdach, unter dem Giebel ein kleines Gangl / Balkon, die alle auf Bruchsteinsockeln stehen. Nicht selten befinden sich in einem solchen Großweiler auch eine

Haus in Krakaudorf

Werkstätte, ein Backhaus und eine Kapelle. Angesichts dieser Ansammlung von Wirtschaftsgebäuden neben Stall, Scheune und Stadel und großen gemauerten Speichern dürfte ein gewisses Autonomiestreben der Bauern in der Vergangenheit zum Ausdruck kommen. Typische Holzzäune begrenzen auch heute noch Wiesen und Felder. Es werden Ackerbau, Viehzucht betrieben und „Urlaub am Bauernhof" angeboten.

„Zollhaus" in der Krakau

Das Krakautal ist auch reich an Kulturschätzen. Jede Gemeinde hat „ihre" Kirche, wie die Pfarre St. Oswald eine aus dem 15. Jhdt. mit bemalter Holzkassettendecke. Am Hollerberg, weiter westwärts, steht die spätgotische Kirche zum hl. Ulrich (1478–97) mit einem sehenswerten gotischen Flügelaltar und schließlich, in Krakauebene, St. Ulrich in der Ebene, ein josefinischer Bau (1791–92). Auch Hausmühlen sowie Wegkreuze und Marterln zeugen von vielfältiger Volkskunst, und fast jeder Weiler hat seine Hauskapelle.

Beim „Fiegler" auf 1.420 m Seehöhe schließt das Tal im Westen ab. Nächst diesem Weiler steht ein gemauertes Zollhaus, wo bis 1816 die Grenze zwischen dem Erzherzogtum Steiermark und dem Fürstbistum Salzburg verlief. Eine Straße führt hinunter in den Lungau in Richtung Prebersee – Tamsweg.

Die Krakau zählt heute noch zu den ruhigsten Hochtälern der Steiermark, und es soll an dieser Stelle vermerkt werden, daß der letzte Bergbauer 1961 zum erstenmal elektrischen Strom eingeleitet bekam.

Da die Bevölkerung in der Krakau eine rein bergbäuerliche ist, konnte das Brauchtum durch die Jahrhunderte wachsen: das Dreikönigsingen, das Faschingrennen am Faschingmontag und, am ersten Sonntag im August, ein Umzug in Krakaudorf mit einer

Blick auf Krakaudorf

6 m hohen Samsonfigur sind erhalten geblieben. – Als Ausflugsziele bieten sich der Ettrachsee, der Prebersee und vielfältige Bergtouren in die Schladminger Tauern an sowie der größte Wasserfall der Steiermark, der Günstner Wasserfall, mit einer Fallhöhe von 65 m beim Gasthof Wedam an der Straße nach Schöder.

Am Schattensee nächst Krakauschatten ist das Wasserscheibenschießen eine „Weltrarität". Auf die Entfernung von 108 m legt der Schütze auf die Spiegelung der Scheibe im dunklen Moorwasser an, das Geschoß soll etwa 8-10 m vor der Scheibe im Wasser auftreffen und dann, abprallend, diese nicht verfehlen. – In Krakaudorf befindet sich in einem 400 Jahre alten Rauchstubenhaus das Dorfmuseum.

Haufenhof in Krakauhintermühlen mit Kreuzzaun

Spaziergänge, Berg- und Radwanderungen, Hochgebirgstouren in mildem Heilklima, Radfahren, Langlauf, Schiwandern, Pferdeschlitten- und -kutschenfahrten.

Info: Tourismusverband Krakautal, A-8854 Krakauebene 34 b, Tel.: 0043/(0)35358606, Fax: 0043/(0)35357209, E-Mail: tvb.krakauebene@murau.at

Ennstal

Im Ortszentrum

47 St. Gallen

Auf einer gut ausgebauten Straße vom Stift Admont aus sind es über den Buchauer Sattel ca. 20 km nach St. Gallen, der „Perle der Steirischen Eisenwurzen".

Zuvor ist vor allem die Hochebene im Bereich des Buchauer Sattels besonders ansprechend. Man durchfährt einerseits einen wunderschönen, forstlich gepflegten Hochwald, unterbrochen durch Lichtungen, wie almartige Wiesen, andererseits steht man im Bann der Felswände des Großen Buchsteins ostwärts der Straße. Nach einer schluchtartigen Straßenenge weitet sich das Tal, und kleinste bäuerliche Anwesen, Forsthäuser sowie eine Forellenzuchtanlage mit der Möglichkeit, selbst zu fischen und den Fang auch gleich zu verzehren, begleiten einen nach St. Gallen.

Burgruine Gallenstein

Ein rechteckiger schöner Marktplatz überrascht durch seine zwei- bis dreigeschoßigen Bürger- und Hammerherrenhäuser. Dieser Platz, eigentlich der innere Kern von St. Gallen, ist in seiner Gediegenheit ein Musterbeispiel, wie heute ein schönes Ortsbild gestaltet werden kann und auch wurde. Zudem ist St. Gallen durch seine alljährlich stattfindenden Konzerte und Ausstellungen – „Festival St. Gallen Steiermark" – jeweils in den letzten beiden Augustwochen auf der Burgruine Gallenstein weit über die Grenzen Österreichs hinaus bekannt geworden.

Am Marktplatz sind besonders der achteckige steinerne Brunnen in der Mitte, die Johann Nepomuk-Statue und, am nördlichen Platzende, zwei sehr ansprechende Hammerherrenhäuser mit traufseitigen Fassaden aus dem 16. und 17. Jhdt. bemerkenswert. Der

Ehemaliger „Gasthof Post"

Sonnentor

ehemalige „Gasthof Post" am nördlichen Ortsausgang weist, wie auch das Haus Nr. 48 am Platz, eine Sgraffitifassade aus dem 16. Jhdt. und ein Doppelfenster mit Würfelkapitellen in der Obergeschoßmitte auf. Auf Nr. 45 ist eine Gedenktafel für den Dachsteinforscher Friedrich Simony angebracht.

Die spätgotische, barockisierte Pfarrkirche birgt einen sehenswerten großen Altar aus rotem Marmor mit einem Bild des Martin Johann Schmidt; die Bilder der Seitenaltäre werden Bartolomeo Altomonte zugeschrieben.

St. Gallen ist ein sehr beliebter Ferienort mit hervorragender Gastronomie. Von der Agrarstruktur her gesehen, stehen die Grünland-, Vieh- und Forstwirtschaft im Vordergrund, was zum ländlichen Charakter des Ortes, fernab vom Massentourismus, wesentlich beiträgt.

Für Ausflüge sind das Stift Admont, die Dörfer Altenmarkt und Großreifling an der Enns sowie das Gesäuse und der Erzberg sehr zu empfehlen.

Gehöfte am Buchauer Sattel mit Großem Buchstein

Spaziergänge, Wanderwege, Radfahren, Berg- und Klettertouren, Rafting, Kajakfahrten, Rodeln, Langlaufloipen.

Info: Tourismusverband St. Gallen, A-8933 St. Gallen, Markt 35, Tel.: 0043/(0)36327714, Fax: 0043/(0)3632771410, E-Mail: naturpark@eisenwurzen.com, Internet: www.tiscover.at/sankt-gallen

Ennstal

Ortskern mit Grimming

48 Pürgg

Wer am Weg von Steinach im Ennstal dem steirischen Salzkammergut zustrebt, erblickt auf einer Terrasse hoch über der Talsohle das Dorf Pürgg in 790 m Seehöhe. Vor 900 Jahren stand auf der Anhöhe nächst der Terrasse eine Burg (Pürgg), die die Talenge am Fuß des Grimmings, den Eingang zum steirischen Salzkammergut, beherrschte. Heute ist das Dorf – Peter Rosegger nannte es das „Kripperl von Österreich" – ein Kulturdenkmal ersten Ranges und nicht zuletzt deshalb besonders reizvoll, weil sich hinter seinem Kern der wuchtige steile Ostabfall des Grimmings aufbaut. Die alte Pfarrkirche zum hl. Georg, von einem Friedhof mit schönen schmiedeeisernen Grabkreuzen umgeben, und die davor im Kern des Dorfes liegenden Paarhöfe ergeben ein Bild von seltener Harmonie.

Die Wohnhäuser ruhen auf gemauerten Erdgeschoßen, das Obergeschoß ist im Kantholzblockbau gezimmert, darauf sitzt ein Schopfwalmdach, zum Teil noch mit Holzschindeln gedeckt. Inmitten der Häuser ist auch ein gemauerter zweigeschoßiger Speicherbau anzutreffen. Im Sommer sind die an der Giebelfront

Fresken in der Kapelle

mit Zierschnittmustern versehenen Bretter der Holzbalkone reich mit Blumen geschmückt.

Die Pfarrkirche, eine dreijochige, dreischiffige Pfeilerbasilika aus der ersten Hälfte des 12. Jhdt.s, wurde in der Gotik erweitert. Sie birgt eine Fülle von kunsthistorisch bedeutenden Schätzen. Vor allem im dreigeschoßigen Kirchturm wurden Fresken aus dem 13. Jhdt. freigelegt. Nicht zu vergessen sind das mit schmiedeeisernen Beschlägen versehene Westportal und der Karner unter der Apsis mit den Gebeinen von 6.000 Verstorbenen. Ein hölzerner Verbindungsgang, ein auf einem Bruchsteinpfeiler ruhendes „Brückerl", führt von der Kirche zum mittelalterlichen Pfarrhof, der von Wehrmauern mit Schießscharten und einem Torbau umgeben ist.

Von besonderer kunsthistorischer Bedeutung ist jedoch die im Osten des Dorfes am Kalvarienberg gelegene romanische St. Johanneskapelle mit einem fast unversehrten Fres-

Gesamtansicht von Pürgg

Hölzernes Brunnenhaus, Unterburg bei Trautenfels

kenzyklus an der Nord- und Südwand, von verschiedenen Künstlern gestaltet. Auch prächtige Ornamente und ein romanisches Kruzifix sind bemerkenswert (Schlüssel in der Pfarre). Ein kleines Privatmuseum birgt landwirtschaftlich-volkskundliche Geräte.

Ein besuchenswertes Museum befindet sich auch im Schloß Trautenfels. Hier werden in einer ständigen Ausstellung Besonderheiten der Landschaft, Almwirtschaft und Volkskunde des Ennstales gezeigt. Auch die Räumlichkeiten des Schlosses an sich sind sehr sehenswert.

Das „Tor zum steirischen Salzkammergut"

Wandern, Bergsteigen.

**Info: Gemeinde Pürgg-Trautenfels,
A-8951 Trautenfels 52, Tel.: 0043/(0)368222911,
Fax: 0043/(0)3682229118,
E-Mail: gde@puergg-trautenfels.steiermark.at**

Salzkammergut

Kapelle des hl. Raphael

49 Gößl · Grundlsee

Am östlichen Ende des Grundlsees liegt das sehr reizvolle Bauerndorf Gößl, begrenzt durch die steil abfallende Gößlwand und das flach auslaufende See-Ende. Anmutige kleine Bauernhöfe und Gastwirtschaften in ihrer typischen Ausseer Erscheinungsform befinden sich hier, abseits vom Touristenrummel, umgeben von Wald, Wiesen, aber auch nahen Felsabbrüchen.

Was ist so typisch an den Gößler Bauernhöfen? Wie im gesamten Ausseer Land, sind die alten Paarhöfe durchwegs zweistöckige Holzblockbauten mit kleinen Fenstern und mit Brettern von der Dachtraufe bis zur ebenen Erde lotrecht verschalt. Über dem Eingang an der Traufseite wurde zum Schutz vor den oft kalten Wintern im Seenbereich ein kleines Vorhaus – auch „Brückl" genannt – errichtet. Später erweiterte so mancher Bauer, der Fremde beherbergte, sein Wohnhaus, indem er einfach über das Brückl eine verglaste Veranda baute und so mehr Raum erhielt. Bei den Höfen sind die Wirtschaftsgebäude vom Wohnhaus getrennt. „Urlaub am Bauernhof" wird hier immer beliebter;

Toplitzsee

Volkstanz in Ausseer Tracht

die Umgebung ist sehr kinderfreundlich, ebene Wege durch Wald und Wiesen, ein wenig taleinwärts liegt der dunkelgrüne, oft finstere sagenumwobene Toplitzsee, von steilen Felswänden umgeben. Immer wieder wurde und wird in ihm nach „Schätzen" und NS-Kriegsrelikten gesucht.

Wendet man vom Dorf Grundlsee den Blick nach Westen, so eröffnet sich eine liebliche Landschaft, mitten in der Wiese die idyllische Kapelle zum hl. Raphael und dahinter die weite Fläche des Grundlsees. Die Kapelle wurde von den Bewohnern des Ortes selbst errichtet; auch Erzherzog Johann unterstützte den Bau finanziell.

An Ausflugsmöglichkeiten bieten sich vor allem die Straße auf den Loser, ferner über den Pötschenpaß zu den Gosauseen mit Dachsteinblick und schließlich der Besuch eines der Salzbergwerke an, ferner noch Altaussee und Bad Aussee – Zentren echter Volkskulturveranstaltungen.

Typischer Ausseer Bauernhof

Motiv aus Gößl

Wandern, Radfahren, Bootsverleih.

Info: Tourismusverband Ausseerland, A-8993 Grundlsee, Mosern 25, Tel.: 0043/(0)36228666, Fax: 0043/(0)362286664, E-Mail: info.grundlsee@ausseerland.at

Ennstal

Öblarn mit dem Grimming

50 Öblarn

Öblarn ist ein schönes, in sich geschlossenes Haufendorf an der Mündung des Walchenbaches in die Enns. Der erst im 19. Jhdt. eingestellte Kupferbergbau im Walchengraben hat Spuren in der ländlichen Architektur hinterlassen, vor allem in den im Walchengraben befindlichen Knappenhäusern und verlassenen Werkseinrichtungen. Heute befindet sich dort nur mehr ein Schaubergwerk.

Verweserhaus mit Doppelfenster

Das Ortszentrum wird von der barocken Pfarrkirche, dem zweigeschoßigen Forstamt mit schönen schmiedeeisernen Fensterkörben und dem mit einem Schopfwalmdach verzierten, sehr adlig anmutenden Verweserhaus beherrscht. An dessen Traufseite, dem Platz zugekehrt, ziert ein marmoreingefaßtes Eingangstor mit darüberliegenden hübschen Doppelfenstern die breite Hausfront – eine willkommene Kulisse für den Schauplatz der Öblarner Festspiele!

Die bunt gestrichenen schlichten Gaststätten und Bürgerhäuser aus dem 17. und 18. Jhdt. in der Umgebung sowie einzelne alte Bauernhäuser im Holzblockbau vermitteln einen ausgesprochen ländlichen Eindruck.

Ein besonders schöner Bergbauern-Paarhof, der „Planitzer", steht südöstlich oberhalb des Ortes und ist insofern sehr sehenswert, als an der Stadelwand des Hofes eine umfangreiche Sammlung landwirtschaftlicher Geräte aufgehängt ist. Zwei sehr schöne alte, gut erhaltene Getreidespeicher und das Wohnhaus ergeben das unverwechselbare Ensemble einer sehr fleißigen Bergbauernfamilie mit viel Sinn zur Erhaltung unserer Kulturlandschaft. – Ein weiterer interessanter Speicherbau mit einer Balkonbrüstung, deren Bretter im Sägeschnitt Soldaten als Muster aufweisen, befindet sich in Niederöblarn beim Gasthof „Grimmingtor".

Der „Planitzer"

Nicht zu vergessen ist das Haus der Dichterin Paula Grogger (1892–1984), die durch ihren Roman „Das Grimmingtor" bekannt wurde. Ihr verdanken die Öblarner einen beachtlichen touristischen Aufschwung und Bekanntheitsgrad, auch durch die „Öblarner Festspiele", die alle fünf Jahre „Die Hochzeit" von P. Grogger, eine Romanze um Erzherzog Johann, zur Aufführung bringen. 300 Einwohner von

Origineller Balkon in Niederöblarn

Öblarn, junge wie alte, werden dann zu Darstellern und Statisten – ein für die Volkskunde sehr wertvolles Ereignis, zumal alle Darsteller in Ennstaler Tracht auftreten. Die Öblarner haben eben besonders viel Sinn für Tradition.

Das „Groggerhaus"

Die Landschaft um Öblarn, das auf einem Schuttkegel nächst der Enns liegt, ist äußerst reizvoll; sie wird im Norden von den steilen Wänden des Grimmings und im Süden von dem sanften Gumpeneck beherrscht. Im Frühjahr sind die Wiesen an den Ufern der Enns über und über mit Narzissen übersät. Bei den bäuerlichen Betrieben herrscht die Gründlandwirtschaft vor, außerdem fehlt es nicht an „Urlaubsbauernhöfen".

Wandern, Radfahren, „schönster Alpensegelflugplatz Europas", Mountainbiking, Fischen, Bergsteigerschule, Kneippanlage, Kräuterwanderungen, Liftanlagen, Eisstockschießen, Langlaufloipen, Pferdeschlittenfahrten.

Info: Tourismusverband Öblarn – Niederöblarn, A-8960 Öblarn 34, Tel.: 0043 / (0)36842470, Fax: 0043 / (0)3684247016, E-Mail: info.oeblarn@utanet.at, Internet: www.oeblarn.at

Ennstal

Ortsansicht mit Grimming

51 Gröbming

Auf einem Höhenrücken oberhalb des Ennstales breitet sich zwischen dem Stoderzinken und der Kammspitze im Norden und der Schladminger Tauernkette im Süden der Markt Gröbming mit umliegenden Weilern aus. Die Hauptstraße durchzieht ihn von Südwest nach Nordost, an einer Gabelung erweitert sich die Straße zu einem kleinen Platz mit Brunnen und alten wie neuen Bürgerhäusern. Auch entlang der zum Platz führenden Straße stehen schöne alte Bürgerhäuser aus dem 17. und 18. Jhdt., nur ist durch Um- und Ausbauten leider nicht immer der traditionelle örtliche steirische Architekturstil erhalten geblieben. Dennoch läßt der einmalige Blick entlang der mit kleinen Bäumchen umrahmten Straße und der Häuserreihe nach Norden mit der Pfarrkirche und, über diese hinweg, zum Grat der Kammspitze die kleinen Bausünden vergessen.

Die katholische Pfarrkirche im Zentrum gehört zu den ältesten spätgotischen Kirchen der Obersteiermark aus dem Ende des 15. Jhdt.s mit einem mächtigen hohen Innenraum, einem prächtigen Flügelaltar und z.T. spätgotischem Chorgestühl.

Die Pflege des Ortsbildes brachte Gröbming vor wenigen Jahren den Dorferneuerungspreis Österreichs. Die Bauernhauskultur im Umfeld des Marktes ist traditionsgemäß in erfreulichem

Ortszentrum mit Kammspitze

Zustand. In den Weilern stehen schöne zweigeschoßige Paarhöfe, das Wohnhaus teils vollkommen gemauert, teils nur das Obergeschoß gezimmert und mit einem relativ steilen Viertelwalmdach versehen. Ein „Gangl" unter dem Giebel verschönt die Front.

Zur Agrarkultur sei vermerkt, daß man auf dem Michaelerberg, zur gleichnamigen Gemeinde gehörend, oberhalb des kleinen Weilers Moosheim mit schönem Schloß noch einige Bergbauern in sehr extremer Lage bis hinauf zur Waldgrenze über 1.000 m findet. Manche von ihnen widmen sich dem Verkauf ab Hof, z.B. ein Ziegenbauer mit Ziegenmilch- und -fleischprodukten, ein anderer, „der Kräuterbauer", verkauft Kräuter und veranstaltet regelmäßig Führungen durch den Kräutergarten. Diese speziellen Aktivitäten tragen dazu bei, daß die Bauern auf ihren exponierten Bergbauernhöfen im Umfeld von Gröbming ihr Auslangen finden können.

Die Weiler Winkl und Weyern an der Stoderstraße nordwestwärts von Gröbming mit ihren zweigeschoßigen alten Paarhöfen und ihren Wiesen- und Weidegründen bestätigen den dörflich-ländlichen Charakter Gröbmings. Dies gilt auch für die waldreiche Kulturlandschaft ostwärts am Mitterberg, einem sanften ebenen Wandergebiet. Das erholsame Klima in Gröbming Ort (776 m) und Umfeld mit seiner guten Infrastruktur führte zum Ruf eines „steirischen Davos". Überdies ist Gröbming als ein Zentrum der Pferdezucht weithin bekannt.

Als Ausflugsziele sind die Stoderzinkenstraße (Maut) mit dem Friedenskirchlein (1.850 m) in der Stoderzinkensüdwand zu nennen, auf der anderen Talseite liegt der Michaelerberg mit dem Michaelerberghaus (1.200 m), von dem man eine wunder-

Musikkapelle Gröbming

schöne Aussicht auf die Dorflandschaft des gesamten oberen Ennstales genießen kann. Bei klarem Wetter reicht die Sicht vom Hochkönig über den Dachstein und Grimming bis ins Gesäuse. Besonders empfehlenswert für Wanderungen und Bergtouren sind auch die Tauerntäler, allen voran die beiden Sölktäler (Naturpark) und das Sattental, welches von dem sehr schönen Dorf Pruggern auf einer 10 km langen Straße bis fast an den Fuß der Hohen Wildstelle befahrbar ist (bis Sattentalalm). Die nahe gelegenen Schi- und Almgebiete am Stoderzinken, Galsterberg, in Haus und Schladming werden im Sommer und Winter gerne von Gröbming aus besucht.

Zum Ruf von Gröbming tragen auch die jährlich abgehaltenen „Oldtimer"- Treffen mit der Ennstal-Ralley bei.

Blick vom Michaelerberg auf Mitterberg und Grimming

Wandern, Radfahren, Drachenfliegen, Fischen, Paragleiten, Mineralienexkursionen, Reiten, Eisstockschießen, Langlaufloipen, Pferdeschlittenfahrten, Schilifte.

**Info: Tourismusverband Gröbming-Land,
A-8962 Gröbming, Kirchpl. 15,
Tel.: 0043/(0)368522131,
Fax: 0043/(0)368522304,
E-Mail: info@groebmingerland.at**

Alter Bauernhof

Ennstal

Die Hochfläche der Ramsau mit Dachstein

52 Die Ramsau

Fast versteckt zwischen dem Höhenzug Ramsauleiten und der gewaltigen Dachsteinsüdwand liegt auf einer sonnseitigen Terrasse von 1.000 bis 1.300 m Seehöhe die naturparkähnliche Kulturlandschaft der Ramsau. Was hat sie mit den „schönsten Dörfern" zu tun? Sehr viel!

Man muß in dieser weitläufigen, nahezu 18 km langen und 3–4 km breiten Streusiedlungslandschaft nicht gezielt nach den schönsten Dörfern suchen, sondern befindet sich bereits in einer prachtvollen Dorflandschaft, gekennzeichnet durch die verstreuten, seinerzeit gewiß planmäßig angelegten Gehöfte, Weg- und Grundstücksabgrenzungen, durch mächtige alte Bergahornbäume und Ebereschen, dunkle Wälder und die für die Ramsau typischen Girschtenzäune (Holzzäune) rund um die weitläufigen Wiesen. Inmitten liegen zwei Kirchdörfer: Ramsau-Ort

Der älteste Bauernhof in der Ramsau

mit seiner neugotischen evangelischen Pfarrkirche (Grundsteinlegung 1888) und Kulm mit der sehr alten katholischen Pfarrkirche, beide umgeben von Pfarrhöfen, einigen wenigen bäuerlichen Anwesen sowie Profanbauten.

Die gesamte Umgebung wird von den nordwärts gelegenen zerklüfteten Felsabbrüchen der wuchtigen, über 1.000 m hohen Dachsteinsüdwand mit ihrem wechselnden Licht- und Schattenspiel maßgeblich beeinflußt. Das Erscheinungsbild einiger weniger Höfe ist dem traditionellen salzburgischen Paarhofbaustil sehr ähnlich: prächtige

Kulm

Häuser mit flachen Pfettendächern, zum Teil noch mit Schindeln gedeckt, das Erdgeschoß mit Bruchsteinmauerwerk, das Obergeschoß im Blockbau errichtet und mit schönen Balkonen versehen. Die Wirtschaftsbauten aus Holz stehen meist im rechten Winkel dazu. Wesentlich stärker vertreten ist allerdings der steirische Ennstaler Baustil, mit steilen, abgewalmten Dächern. Die Ramsau ist nämlich eine Hauslandschaftsgrenze. Bei fast allen Höfen finden sich noch zweigeschoßige Speicher, freistehende Backöfen, Marterln sowie Begrenzungen durch Holzzäune und, nicht zu vergessen, überall auf den Dächern die geschnitzten Glockentürmchen. Da die Ramsau schon vor dem Ersten Weltkrieg ein beliebtes Ferienziel war, hat man aus Platzmangel bei den steirischen Bauern-

haustypen auf der Traufseite über dem Eingang Laubenvorbauten angebaut. Sie sind vielfach durchgehend verglast und gelegentlich mit Sägeschnittornamenten verziert.

Die Ramsau ist besonders kinderfreundlich, auf vielen Höfen gibt es entsprechende Spielgeräte, und auch die Möglichkeit zum Reiten ist heute schon sehr verbreitet. Die Idee vom „Urlaub am Bauernhof" ist somit nicht so

neu... – Doch zurück zu den Hausformen:

Leider sind manche Laubenvorbauten – damit mehr vermietbarer Raum gewonnen werden kann – im Verhältnis zum ursprünglichen Haus überdimensional geraten, sie tragen nicht unbedingt zum erwünschten traditionellen Aussehen bei. In der Ramsau wurden wegen des Sommer- und neuerdings aufstrebenden Wintertourismus auch größere Hotelneubauten errichtet, die aber keineswegs stören, da sie alle der traditionellen steirischen Baukultur angepaßt sind.

Zur Geschichte der Ramsau ist noch kurz anzumerken: Die versteckte Hochfläche war in der Reformationszeit das ideale Rückzugsgebiet für den geheim gehaltenen Protestantismus. Von den aus Sachsen stammenden Bergknappen wurde die Botschaft der Reformation über die

Alte Mühle

damals noch recht abgeschlossene Hochebene verbreitet. Die Verfolgungen endeten erst 1781 durch das Toleranzpatent Kaiser Josephs II. Heute ist die Ramsauer Bevölkerung vorwiegend evangelischen Glaubensbekenntnisses.

Interessant ist, daß sich an der Hauswand des katholischen Pfarrhofs in Kulm Schießscharten befinden. Sie bezeugen den Verteidigungswillen im Glaubenskrieg. Fast alle alten Höfe sind Erbhöfe. Heute gibt es 132 Bauernhöfe, die seit ihrer Erbauung immer denselben Namen tragen; die sehr traditionsbewußten Bauern sind direkte Nachkommen der ursprünglichen Besiedler.

Der Fremdenverkehr in der Ramsau ist neben der Grünland-, Forst- und Viehwirtschaft das zweite wirtschaftliche Standbein. Überall auf den Weiden und Wiesen gibt es im Sommer Jungvieh und Kühe, auch Pferde. Vor allem die Pferdezucht ist sehr im Zunehmen begriffen, da – neben dem Reitsport – im Winter Pferde auch für die beliebten Schlittentouren auf der relativ flachen Hochebene verstärkt herangezogen werden (pferdereichste Gemeinde der Steiermark). Neben einer Reihe von Aufstiegshilfen sind vor allem die großartige Dachsteinseilbahn auf den Dachsteingletscher und die Dachsteinstraße zu erwähnen. Als Ausflugsziele empfehlen sich die Silberkarklamm, ein Kinderwanderweg, eine noch heute in Betrieb befindliche 500 Jahre alte Lodenwalke (Lodenerzeugung) sowie eine Getreidemühle mit großem Wasserrad.

Über 200 km markierte Wanderwege, zahlreiche Schutzhütten, Alpin- und Bergsteigerschulen, Gletscherwanderung über den Dachsteingletscher, Kinderklettersteig, Höhlenführungen, Themenwanderwege, Paragleitflugschule, Radfahren, Mountainbiking, Reiten, Beach-Volleyball, Bauernmärkte, Dachstein-Südwandseilbahn mit Panoramarestaurant Hunerkogel (2.700 m, „höchstes" Restaurant der Steiermark), Alpinmuseum Dachstein, Ganzjahres- und Tourenschigebiet Dachsteingletscher, Tourenschilauf, 70 km Winterwanderwege, Pferdeschlittenfahrten, 150 km Langlaufloipen.

Info: Tourismusverband, A-8972 Ramsau am Dachstein, Kulm 40, Tel.: 0043/(0)368781833, Fax: 0043/(0)368781085, E-Mail: info@ramsau.com, Internet: www.ramsau.com

Hausformen in Salzburg

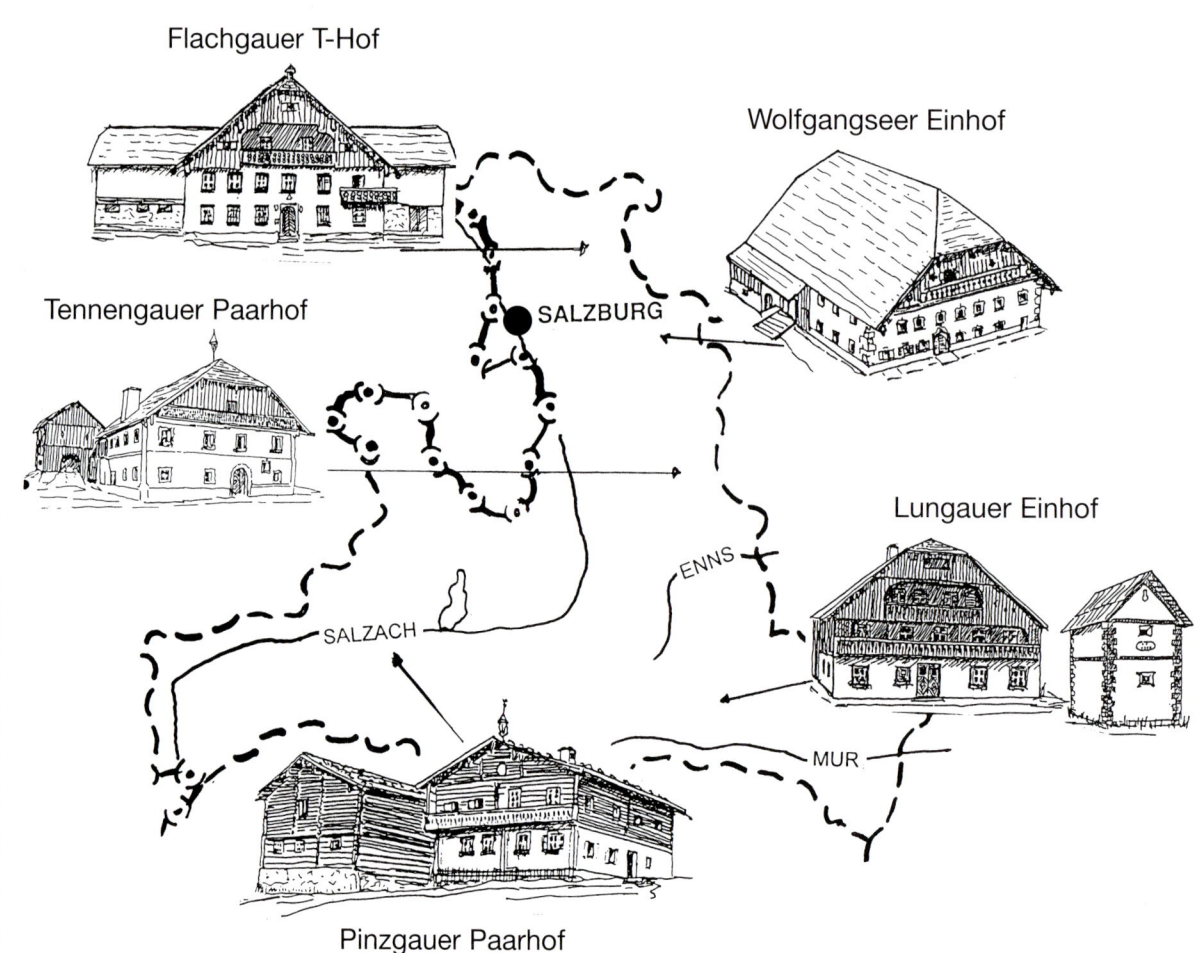

Flachgauer T-Hof

Wolfgangseer Einhof

Tennengauer Paarhof

Lungauer Einhof

SALZBURG

ENNS

SALZACH

MUR

Pinzgauer Paarhof

Salzburg

Das Bundesland Salzburg mit seiner historischen Einteilung in fünf Gaue hat sowohl Anteile am Alpenvorland wie auch an der Alpinlandschaft. Allgemein ist festzustellen, daß Salzburg ein reiches Maß an sehr schönen Dörfern aufweist, die vornehmlich von der Alm- und Grünlandschaft geprägt werden.

Lungau

Im Talboden

53 Thomatal

Das Dorf liegt, umgeben von Feldern, Hutweiden und Wald, fast verborgen im Talboden einer an Kulturdenkmälern und Besonderheiten reichen Landschaft. Als südlichste Gemeinde des Lungaus im Dreiländereck Kärnten – Steiermark – Salzburg ist Thomatal dennoch bequem zu erreichen: vom Norden und Westen über die Radstädter Tauern und die Tauernautobahn, vom Süden über Innerkrems und die Nockalmstraße, vom Osten aus dem Murtal über Ramingstein.

Hochofen in Bundschuh

Kasten beim Stegergut

Mit Ausnahme des Dorfzentrums von Thomatal mit der Pfarrkirche St. Georg, Pfarrhof, Schule, einigen Bürgerhäusern sowie bäuerlichen Lungauer Paar- und Einzelhöfen ist die Gemeinde ein ausgesprochenes Streusiedlungsgebiet.

Vor allem dem Ortsteil Bundschuh mit seiner bis ins 16. Jhdt. zurückreichenden Erzverhüttung und ihren historischen Anlagen sollte besondere Beachtung geschenkt werden. Der Hochofen und das gesamte Ensemble blieben vom Abbruch verschont (heute Museum). Es muß äußerst mühsam gewesen sein, das erzreiche Gestein aus dem Untertagbergbau vom 10 km entfernten, zum Gemeindegebiet gehörenden Schönfeld im Winter mit Ochsenfuhrwerken zum Hochofen zu bringen. Im Mauterndorfer Hammerwerk wurde das Roheisen zu Nägeln, Drähten und Feinstahl verarbeitet.

Heute wird das Umfeld der Gemeinde von der Land- und Forstwirtschaft geprägt, mit alten, typischen, schönen Lungauer Höfen und – besonders auffallend – vielen Troadkästen, die teils gemauert, bemalt und mit Sprüchen versehen, aber auch aus Blockholz gezimmert sind, mit ganz einmaligen Eckverzinkungen der Blockholzwände und Türen, z.B. ein gemauerter Kasten beim Stegergut in Fegendorf, gezimmerte Kästen in Gruben, dabei immer gut erhaltene Lungauer Höfe. Wenn der Kasten „stimmig" ist, ist es auch der Hof! – Beweise für die Wertschätzung dieser Kulturdenkmäler. Die großen Bergeräume in der Tenne und die Speicherbauten weisen darauf hin, daß die Bauern in diesem südlichen Teil des Lungaus seinerzeit auf eine autarke Vorsorgewirtschaft angewiesen waren.

Am Weg von Thomatal nach Schönfeld sind viele neu geschaffene Kunstwerke aus Metall, Holz und Stein aufgestellt worden, die sich harmonisch in die Kulturlandschaft fügen. Sie ist überdies ein äußerst vielseitiges Wandergebiet, besonders für Familien mit Kindern. Im Ortsteil Schönfeld befinden sich Schilifte und gepflegte Langlaufpisten. Im Winter liegt in dieser Gegend sehr viel Schnee.

Was den Lungau an sich betrifft, sollte man möglichst auch die Seitentäler besuchen, die zu den Schladminger Tauern führen, mit ihren gut erhaltenen Dorflandschaften und Ortszentren, ferner auch den Prebersee und einen der schönsten Marktplätze des Lungaus in der Stadt Tamsweg.

Kirche mit Pfarrhof

Wandern, Armbrustschießen, Golf, Mountainbiking, Kutschen- und Pferdeschlittenfahrten, Reiten, Rafting, Nockberge-Trekking, Schipisten, Langlauf, Rodeln, Fackelwanderungen, Hundeschlittenfahrten.

Info: Fremdenverkehrsverband, A-5591 Thomatal 1, Tel.: 0043/(0)6476250, Fax: 0043/(0)647625022, E-Mail: gem.thomatal@salzburg.at, Internet: www.thomatal.at

Lungau

Ortskern

54 Mauterndorf

An einem der wichtigsten, schon von den Römern benützten Alpenübergänge, dem Radstädter Tauern, liegt Mauterndorf (1.121 m) mit einer mehr als tausend Jahre alten Geschichte. Die nachhaltige Besiedlung erfolgte durch die Bajuwaren.

Urkundlich erwähnt, war Mauterndorf 1144 der Verwaltungsmittelpunkt der lungauischen Besitzungen des

Salzburger Domkapitels, eine der ältesten Zollstätten im Salzhandel innerhalb der Ostalpen. Aus diesem Grund liegen auch die historisch interessanten Bauten im Kern von Mauterndorf, an der mitten durch den Ort verlaufenden Tauernstraße. Ein dreieckig angelegter Marktplatz mit der Pfarrkirche im Mittelpunkt wird von prächtigen, mehrgeschoßigen Bürgerhäusern spätmittelalterlicher Prägung umgeben. Die – für Salzburger Orte ganz ungewöhnlich – dreistöckigen Häuser mit Stufengiebeln, der ehemalige Pfleghof, die Pfarre, das gegenüberliegende Amtshaus und das Nachbarhaus, alle giebelseitig zur Straße weisend, sind absolut sehenswert. Einige der ebenso interessanten Bauten stehen traufseitig. Das gesamte Ensemble im Ortskern besticht durch die farbige Umrahmung der Fenster und Eckquaderung sowie durch die Gestaltung der Rundtore. Die weitere Verbauung des Ortes von der Kirche ost- wie westwärts ist nicht minder bemerkenswert – auch hier gibt es giebel- sowie traufseitige Häuser aus dem 16. Jhdt.

Bei näherer Betrachtung der Häuser fallen die Stuckreliefe, Flacherker und Portalumrahmungen auf. Der schöne mittelalterliche Ort zeugt von dem seinerzeitigen Wohlstand seiner Bewohner.

Pfleghof mit Sgrafitti

Die Kirche St. Gertraud, wohl um 1440 errichtet, ist ein beachtlicher Bau mit einer flachen gotischen Holzdecke und einem barocken Hochaltar.

Im Pfleghof (ehemaliger Verwaltungssitz des Domkapitels) aus dem 16. und 17. Jhdt. sind eine tonnengewölbte Halle und Säulenarkaden im Hof zu sehen; ebenso interessant sind das Putzhaus, Hotel Post u. v. a. m. Daß das dörfliche Image hinter dem des Marktes nicht zurücksteht, beweisen die im Blockbau errichtete Brückenkeusche sowie viele Elemente wie die typischen Lungauer Viertelwalmdächer, die überall an den Höfen anzutreffen sind.

Der Ort wird in nordöstlicher Richtung von der Burg überragt. 1253 durch das Salzburger Domkapitel erbaut, war sie in weiterer Folge durch mehrere Besitzwechsel und Umbauten betroffen, bis sie 1968 von der Gemeinde übernommen wurde.

Unter dem Titel „Burgerlebnis Mauterndorf – Lust auf Mittelalter" kann man hier gleichsam eine „Zeitreise" unternehmen. Neben einem Kulturzentrum ist im Museumstrakt das Lungauer Landschaftsmuseum, eine originelle volkskundliche und naturkundliche Sammlung, untergebracht.

Auf der schmalspurigen ehemaligen Murtalbahn verkehren im Sommer Bummelzüge mit alten Dampflokomotiven von

Samson-Umzug

Tamsweg nach Mauterndorf. – Für den Wintersport bietet Mauterndorf neun Aufstiegshilfen.

Die Agrarstruktur setzt sich aus Grünland-, Forstwirtschaft und Viehzucht zusammen; aus Tamsweg kommen auch sehr gute Kartoffeln.

Abschließend soll erwähnt werden, daß die Mauterndorfer nach wie vor darauf bedacht sind, den ländlichen Charakter ihres Ortes, der gewiß einer der schönsten des Lungaus ist, sowie dessen Wald- und Wiesengürtel zu erhalten.

„Brückenkeusche"

Die Burg

Murtalbahn

Wandern, Bergwandern, Mountainbiking, Ferienclub „Kinderlungau", Gletschermühlen, Segelfliegen (Österreichs höchstgelegener Alpenflugplatz), Ballonwoche im Januar, 220 km Langlaufloipen, Nachtrodeln, Eisstockschießen.

Info: Infostelle Mauterndorf, A-5570 Mauterndorf, Markt 52, Tel.: 0043/(0)64727949, Fax: 0043/(0)6472794927, E-Mail: mauterndorf@lungau.at, Internet: www.lungau.at

Lungau

Gesamtansicht

55 Muhr

Im ganzen obersten Murtal, am Eingang in den Salzburger Teil des Nationalparks Hohe Tauern, findet sich ein sehr reizvolles schönes, schon 1.107 m hoch gelegenes verstecktes Dorf, das sich dem „sanften Tourismus" verschrieben hat. Die Mur entspringt in 1.898 m Seehöhe, inmitten von Dreitausendern; ihre Quelle ist ein sehr beliebtes Wanderziel.

Speicher mit Sgrafitti und Eckquaderung

Das Dorf Muhr ist ein schmuckes Bachuferdorf mit typischen Lungauer Einhöfen samt einigen kleinen Wirtschaftsnebengebäuden. Das Untergeschoß des Wohnhauses ist meist gemauert, das Obergeschoß im Holzblockbau gezimmert. Da das Lungauer steile Dach weit vorkragt, befindet sich auf der Giebelseite manch schöner Balkon mit Brüstungsbrettern und Sägeschnittmustern.

Sehr bemerkenswert ist ein schöner renovierter gemauerter Troadkasten mit Kratzputzdekoration an den Kanten sowie Eingangs- und Lüftungsfenstern aus dem Jahre 1726. Etwas außerhalb des Ortskernes stehen die barocke Pfarrkirche zum hl. Rupert mit schönem Turm, der mit Eckquaderung versehen ist (urkdl. 1523), sowie das Pfarrhaus, ein barocker zweigeschoßiger Bau mit Holzschindeldeckung. Auch die kleinen Weiler am Murfall, Jedl und Unterm Fall, bieten reinste Bergbauernlandschaft.

Viele kleine zweigeschoßige Kleinbauernhäuser, gewiß auch im Besitz von Bewohnern, die im Bergbaugebiet von Rotgülden beschäftigt waren, sind zum Teil zu hübschen Fremdenpensionen unter Bedachtnahme auf die traditionellen Baumerkmale des Lungaus ausgebaut worden. Ein besonders schönes Haus ist der Schönbergerhof in Schellgaden, eine ehemalige Knappenunterkunft mit einem altartigen Glockentürmchen.

Muhr ist der Ausgangspunkt in das mineralienreiche ehemalige große Bergbaugebiet um Schellgaden und Rotgülden, wo man Silbererze und Arsen abbaute.

Wegen der Enge des Tales ist die Landwirtschaft nicht ausgeprägt, aber man zeigt in einem Schaufeld („Frumentarium) Getreidearten, die heute kaum mehr gezogen werden und vom Aussterben bedroht sind. Nähere Information gibt es im Troadkasten (Getreidemuseum). Die umfangreichen Bergmähder im Murwinkel werden leider fast nicht mehr bewirtschaftet, obwohl die Bergwiesen dieses Gebietes die schönste Flora aufweisen und als Futter besonders hochwertig sind.

Prangstangen

Eine alljährliche Besonderheit am 29. Juni (Peter und Paul) ist das „Prangstangentragen", bei dem 6 m lange, bis zu 80 kg schwere und mit rund 50.000 Blumen geschmückte Holzstangen in die Kirche getragen werden, womit ursprünglich das Gedeihen der Feldfrüchte erbittet werden sollte. – Auch der Riese „Samson" marschiert im Sommer auf.

In den letzten Jahren hat Muhr auch durch den Ausbau des Murradweges sehr an Bedeutung gewonnen, welcher vom Murwinkel durch das gesamte Murtal bis nach Slowenien führt.

140 km Wanderwege, Beginn des Murradweges „Tour de Mur" bis Bad Radkersburg (350 km), Naturkneippanlage, naturkundliche Lehrwege, Mineralienschau, fünf Gebirgsseen, Schilanglauf, Alpinschilauf, Rodeln, Eisstockschießen.

Info: Gäste- und Nationalpark-Informationsstelle, A-5583 Muhr Nr. 5, Tel. und Fax: 0043/(0)6479335, E-Mail: info-muhr@sbg.at, Internet: www.taurachsoft.at/muhr, www.tour-de-mur.at

Detail aus dem Weiler Jedl

Pongau

Großarl

56 Großarl · Hüttschlag

Das Großarltal liegt ca. 70 km südlich von Salzburg. Von St. Johann im Pongau gelangt man über eine kühn ange-legte Straße hoch über der weltberühmten Liechtensteinklamm und nach Vorbeifahrt an einer alten Mautstation – seinerzeit zur Überwachung der Erzausfuhr errichtet – in einen breiteren Talboden.

Die beiden sehr schönen, malerisch gelegenen Gemeinden Großarl (Europadorf) auf 920 m und, etwas weiter im Tal, die ehemalige Bergknappengemeinde Hüttschlag (1.036 m) mit Blick auf die Gletscher des Keeskogels bilden einen herrlichen Talschluß. Ein Tal, von dem man im Sommer sprichwörtlich von sanftem Tourismus sprechen kann. Im Winter ist es durch den Schitourismus stark erschlossen, aber von „Gletscher-Events" verschont geblieben.

Die Pongauer Hauskultur und Bautradition sind in ihrem Kern sich selbst treu geblieben. Das betrifft vor allem die gepflegten Ortskerne der beiden Gemein-

Ortszentrum von Großarl

den und selbstverständlich die schönen Paar- und Einzelhöfe im Talgrund sowie an den südseitigen Hängen bis hoch hinauf zur Waldgrenze.

Großarl

Im Ortskern von Großarl befinden sich stockhohe Bürgerhäuser mit weit vorkragenden abgewalmten Dächern, die Giebelfront zur Straße; auch ein uraltes Haus im Vollblockbau ist erhalten geblieben, an dessen Außenwänden man noch die Balkenköpfe mit Figurenschrot ausnehmen kann; allerdings befindet es sich in einem jammerswerten Zustand. Viel schöner sind das Amtsrichterhaus (1706) und jenes Haus, in dem das Museum untergebracht ist.

Erbhof in Hüttschlag

Hoch über dem Platz erhebt sich die spätbarocke Pfarrkirche zu den Heiligen Martin und Ulrich. Am Anfang des 18. Jhdt.s war die Großarler Bevölkerung protestantisch; es kam 1731-32 durch Anordnung des Fürsterzbistums Salzburg zur Aussiedlung von über 500 Personen meist bäuerlicher Herkunft nach Franken und Ostpreußen. Westlich des Marktes, an der Großarler Ache, befinden sich ein alter Getreidespeicher (Kasten) und eine Wassermühle sowie eine weitläufige Viehweide. Auf dem Weg nach Hüttschlag gibt es etliche Kulturdenkmäler zu sehen, vor allem kleine Kapellen

Alte Maut

und, im Ortsteil Eben, das „Kößlerhäusl", das Heim einer ehemaligen Bergknappenfamilie aus dem 16. Jhdt. Die gesamte Umgebung von Hüttschlag war durch reiche Vorkommen an Kupfer- und Schwefelkies geprägt. Heute allerdings ist der Bergbau längst eingestellt, aber in der Dorflandschaft sind immer wieder Relikte davon zu sehen, vornehmlich aus Bruchsteinen vollgemauerte Häuser, z.B. in Wolfau nächst Hüttschlag.

Hüttschlag

Hüttschlag (1.020 m) liegt auf einem westseitigen Hang und zeigt noch einen richtigen kleinen Dorfkern mit zum Teil gemauerten zweigeschoßigen Gebäuden. In der Ortschronik weist die Bezeichnung der Häuser, die nur mehr zum Teil erhalten sind, wie z.B. Hutmannshaus, Oberhutmannshaus, Sackzieherhaus und Fuhrmannshaus, auf die Bergbauzeit hin. Die barocke Pfarrkirche zum hl. Josef aus dem Jahre 1679 liegt inmitten der ehemaligen Bergmannshäuser und -gehöfte.

Die Arltaler Paarhöfe gehören zur Pongauer Hauslandschaft und sind reine zweigeschoßige Holzblockbauten mit kleinen Fenstern und Gangln von Trauf zu Trauf, mit gekerbten Türstöcken und fallweise mit Figurenschrot an der Giebelfront. Überall weisen die Häuser ein flaches, weit vorkragendes Pfettendach auf, und ein Glockentürmchen schmückt die reizvollen Bauten. Die Stallstadel haben meist einen gemauerten Stall; der Stadel besteht aus Rundhölzern. Getreidekasten, Dörrhütten, Backöfen und kleine Kapellen, soweit diese noch bestehen, vervollständigen den Hof.

Am Talende bietet sich mit dem 2.884 m hohen vergletscherten Keeskogel ein prächtiger Anblick, und die Nationalparkverwaltung hat am Straßenende eine Informationsstelle in einem alten Holzblockbau eingerichtet, in dem sich auch das erste Salzburger Obstbau- und Bienenmuseum sowie eine alte Wassermühle befinden.

Was die Agrarstruktur anbelangt, sind die Grünland- und Forstwirtschaft sowie die Viehzucht von großer Bedeutung, doch auch der Fremdenverkehr ist gewiß eine nicht zu unterschätzende Einnahmequelle. 210 Höfe werden noch bewirtschaftet; deshalb wird das Großarltal auch als „Tal der Almen" bezeichnet. 38 bewirtschaftete Almen, zu denen das Vieh im Sommer aufgetrieben wird, sind das Ergebnis einer engen Kooperation unter der Bezeichnung „Tourismus-Landwirtschaft". Die Almen sind nicht nur das Ziel vieler Wanderer und Bergsteiger, sondern bieten den Betreibern auch die Möglichkeit, ihre Produkte direkt zu vermarkten. Nicht zuletzt kommt den Bauern am Hof und auf der Alm in ihrer Funktion als Landschaftspfleger immer größere Bedeutung zu.

Hüttschlag

220 km markierte Wanderwege, 38 bewirtschaftete Almhütten, geführte Nationalparkwanderungen, Radwandern, Mountainbiking, Angeln, Schischaukel Großarl – Dorfgastein, 24 Lifte, 80 km präparierte Pisten, Schigroßraum und „Schiverbund amadé" mit 270 Liftanlagen, 800 km Abfahrten, 32 km Langlaufloipen, Pferdeschlittenfahrten, Eisstockschießen, Naturrodelbahnen, Fackelwanderungen, Mondscheinrodeln.

Info: Tourismusverband Großarltal, A-5611 Großarl 1, Tel.: 0043/(0)6414281,
Fax: 0043/(0)64148193, E-Mail: info@grossarltal.co.at, Internet: www.grossarltal.at

Pinzgau

Wörth

57 Rauris · Wörth · Bucheben

Eingebettet in die grandiose Gebirgslandschaft des Nationalparks Hohe Tauern liegt das Rauristal, das, von Taxenbach an der Salzach ausgehend, ca. 30 km bis an die Gletscherwelt des Sonnblicks reicht. Inmitten dieses breiten Hochtales liegen der Markt Rauris sowie die Dörfer Wörth und Bucheben.

Rauris

war seinerzeit Zentrum des blühenden mittelalterlichen Goldbergbaues und hat im Ortskern mit seinen beeindruckenden Bauten die romantische Note nicht verloren, obwohl Grünlandwirtschaft und Fremdenverkehr heute die tragenden Erwerbsgrundlagen der Bevölkerung, vor allem der Bergbauern, sind. Rauris ist ein typisches Straßendorf mit einem erweiterten Platz am „Pinzgauer Dom", so nennen die Rauriser ihre Pfarrkirche, mit einem fünfgeschoßigen gotischen Turm (urkundlich 1411 geweiht), umgeben vom Friedhof und der Michaelskapelle (1203).

Beiderseits der von Nord nach Süd verlaufenden Hauptstraße reihen sich in dichter Verbauung mit der breiten Giebelfront zur Straße zwei- bis dreigeschoßige Häuser mit vorkragenden Satteldächern, im Obergeschoß mitunter noch im Blockbau gezimmert. Besonders die ehemaligen Gewerkenhäuser zeigen architektonisch sehr interessante Details, wie Rundbögen und gotische Kielbogenportale, Erkervorbauten, abgefaste Fenstergewände und Wappen.

Hier wird noch Brot gebacken!

Außer dem einzigen im Ortskern befindlichen sog. „Hanfhaus", das noch im Holzblockbau erhalten geblieben ist, sind alle anderen Häuser gemauert. Ganz besonders hervorzuheben ist am Platz vor der Kirche das Voglmaierhaus, ein spätgotisches Gewerkenhaus, heute Gemeindehaus, zur Gänze aus Serpentin und Gneis-Mauerwerk errichtet, mit segmentbogigen Fenstern im Scheitel, an der süd- und nordöstlichen Hauskante zweigeschoßige, auf drei Konsolen ruhenden Erkern und einem Kielbogenportal. Die Fenster sind zum Teil mit schmiedeeisernen Flügeln und Fensterkörben versehen – das historisch interessanteste Gebäude im Ort schlechthin! Auch in den Seitengassen zur Rauriser Ache und zum Gaisbach hin finden sich noch schöne Bauten, die allmählich in dörflichen Charakter übergehen. Die Gewerkenhäuser weisen prächtige Gewölbe auf.

Im relativ breiten Talgrund auf 900 m Seehöhe wie auch unter den dicht bewaldeten Hängen liegen im Streusiedlungsgebiet sehr schöne Pinzgauer Paarhöfe, über dem gemauerten Erdgeschoß mit breiten

Pinzgauer Paarhof

Rauris mit Schareckgruppe

Balkonen versehen, die mit Brettern in aufwendigen Sägeschnittmustern geschmückt sind. Eine Besonderheit des Rauristales sind die freistehenden Backöfen in den Dörfern, derzeit dreizehn an der Zahl; vier von ihnen werden noch angeheizt und das Holzofenbrot ab Hof angeboten .

Angesichts der bis nach Wörth reichenden Paarhöfe gewinnt man den Eindruck einer blühenden Grünland- und Viehwirtschaft sowie einer umfangreichen Fremdenbeherbergung im Bauernhaus, fern der massentouristischen Bettenburgen. Obwohl der Wintersport als Folge moderner Aufstiegshilfen floriert, wird die dörfliche Umwelt im Rauristal nicht gestört.

Von Wörth zweigt das Seidlwinkltal im „Nationalpark Hohe Tauern" in Richtung Großglockner-Hochalpenstraße ab, mit einem sehr schönen uralten Holzblockbau, dem Rauriser Tauernhaus (urkdl. 1491), dereinst ein wichtiger Stützpunkt am Beginn des Saumpfades nach Heiligenblut.

Wörth

selbst ist ein Straßendorf; es war vom Mittelalter bis um 1800 ein bedeutender Warenumschlagsplatz am Weg über die Tauern, wie die großen, altehrwürdigen Gast- und alten Bauernhöfe noch heute beweisen.

Hinter Wörth talaufwärts, entlang der Hüttwinklache, gelangt man nach

Bucheben

mit einem sehr reizvollen Pfarrhof-Ensemble samt Wirtschaftsgebäuden auf einer Anhöhe, umgeben von Girschtenzäunen. Unweit davon ein für den einstigen Bergbau typisches Haus in Bruchsteinmauerwerk (16. Jhdt.) mit Schindel-Krüppelwalmdach und steinumfaßten Fenstern und Türgewänden, heute Gasthof („Kirchenwirt") und Schnapsbrennerei. In der Nachbarschaft, zum Ensemble gehörend, das Krämerhaus, ein kleiner Holzblockbau, und eine betriebsfähige Mühle mit Wasserrad. Überall in Bucheben sind die Wege und Viehweiden mit „Girschten" eingezäunt.

Voglmaierhaus in Rauris

Am Talende, auch Ende der Mautstraße, liegt die alte Dorf- und Knappensiedlung Kolm-Saigurn am Fuß des im Mittelalter bedeutendsten Goldbergbaugebietes Salzburgs, mit Knappenhäusern sowie Resten von Erzlagerungs- und Werkstättengebäuden. Inmitten steht das Talknappen-Haus mit angebauter Barbarakapelle (heute Naturfreundehaus). Von hier beginnt der Aufstieg zum Hohen Sonnblick mit Observatorium, vorbei an den Resten des Schrägaufzuges und der Ruine des Bergknappenhauses.

Als Fremdenverkehrsattraktion sind im Tal Möglichkeiten zum Goldwaschen eingerichtet. Am Beginn des Rauristales, von Taxenbach ausgehend, liegt die berühmte Kitzlochklamm, ein „Muß" für jeden Besucher des Tales.

Traditonelles Brauchtum wird nach wie vor gepflegt, im Winter der Schnabelperchtenlauf und der „Toifilauf" (Krampus), im Sommer der Hengstauftrieb sowie die Säumerfahrt über die Alpen nach Kärnten.

Pfarrhofensemble in Bucheben

„Kirchenwirt" in Bucheben

(Berg-)Wandern, Waldlehrpfad, Alpenwildgehege, Goldwaschpark, Rauriser Urwald, Mountainbiking, Wildwasser-Raften (Taxenbach), Rauriser Literaturtage, Schi alpin, Langlaufen, beleuchtete Rodelbahn.

Info: Tourismusverband Rauris, A-5661 Rauris, Marktstr. 30, Tel.: 0043/(0)65446237, Fax: 0043/(0)65447049, E-Mail: tvb@rauris.net, Internet: www.rauris.net

Pongau

St. Veit im Pongau

58 St. Veit im Pongau · Goldegg

Auf einer sonnseitigen Terrasse hoch über dem Salzachtal liegt die Gemeinde St. Veit im Pongau; man nennt diese Kulturlandschaft nicht umsonst die „Salzburger Sonnenterrasse".

Der Ort St. Veit überrascht mit einem schönen, rechteckigen, großen einheitlich verbauten Marktplatz. Drei Seiten davon begrenzen giebelständige, zweigeschoßige Häuser aus dem 18. Jhdt., deren Fassaden mit ihren Seg-

Marktplatz von St.Veit

ment- und Rundbogenportalen sowie den weit vorkragenden Pfettendächern einen sehr gediegenen Eindruck vermitteln.

Am Ende des leicht ansteigenden Platzes steht, etwas erhöht und die gesamte Breite einnehmend, die Pfarrkirche und schließt hiermit das Rechteck. Sie ist eine gotische Basilika, die einzige vierschiffige Kirche im Salzburgerland, mit

einem romanischen Kern und Resten gotischer Fresken. Die Häuser waren einstmals Holzblockbauten ausgesprochen dörflichen Charakters, doch nach Bränden in den Jahren 1733 und 1785 wurde das Ortsbild durch Um- und Ausbauten beeinflußt – aber nicht negativ.

Die gesamte Umgebung von St. Veit ist ein ausgedehntes Streusiedlungsgebiet mit meist einzelstehenden Pongauer Paar- und Haufenhöfen, ähnlich wie im Großarltal. Selbstverständlich fehlen die Glockentürmchen und die im Sommer geschmückten Balkone nie, sie sind ein Begriff für den Pongau an sich. Bei den in reinem Blockbau ausgeführten Wohnhäusern suche man genau an den Giebelfronten die noch erhaltenen, mit Zierschrot eingebundenen Balkenenden mit vielerlei Profilen. Wie überall in den Pongauer Bergdörfern, sind die Getreidespeicher, Backöfen, Brechlhütten – soweit noch vorhanden! – eine wertvolle Bereicherung der Kulturlandschaft, besonders wenn das eine oder andere Grundstück bzw. auch Wege noch von einem Girschtenzaun begrenzt sind, dies jedoch spärlicher als im Rauristal. Sehenswert ist das im Osten des Ortes gelegene Seelackenmuseum in einem Bauernhaus des 18. Jhdt.s, in dem man Einblick in Thomas Bernhards Aufenthalte in St. Veit mit original erhaltenen Aufzeichnungen und seine gesamte Literatur nehmen kann. Auf einer recht kurvenreichen Straße in Richtung Westen gelangt man nach Goldeggweng, einen Kirchweiler mit schönem Hof, dem „Moar", ein dreigeschoßiger Paarhof, mit eingeschlossen ist ein altes gotisches Kirchlein. Auf dem Weg nach Goldegg kommt man an einem Ansitz, dem „Judenhof", einem schloßartigen schönen Bau aus dem 16. Jhdt., vorbei.

Goldegg mit Goldeggersee

Goldegg

Goldegg ist ein richtiges Haufendorf direkt am Goldeggersee, das vom schon weither sichtbaren Schloß Goldegg beherrscht wird. Interessant ist im Ort die von Nord nach Süd führende Hauptstraße mit einem dreieckigen Platz, der nördlich von der frühgotischen Pfarrkirche abgeschlossen wird. Die gie-

In Goldegg

belständigen Häuser in der Hauptstraße sind im Erdgeschoß vielfach gemauert, der Oberstock jedoch ist meist noch in Holzblockbau gezimmert. Die Dächer sind, wie in St. Veit, meist weit vorkragende Pfettendächer. Ein Brunnengehäuse vor dem Haus Nr. 16 mit der Statuette des hl. Florian lockert das enge Straßenbild ein wenig auf.

Der maßgebende und das Dorfbild eindeutig bestimmende Bau ist das im Gemeindebesitz befindliche Schloß Goldegg, eine vierflügelige Anlage um einen kleinen Innenhof, dessen Kern aus dem 2. Viertel des 14. Jhdt.s stammt. Im Osten und Süden sind zwei Ecktürme vorgelagert. Die Inneneinrichtung, vor allem der Rittersaal mit bemalter Holztäfelung und Fresken um 1536, ist sehr sehenswert. Im Südwesttrakt befindet sich das Pongauer Heimatmuseum mit Mobiliar, Hausrat und Volkskultur. Gleichzeitig ist das Schloß auch Kulturzentrum.

In den umliegenden Ortschaften läßt sich noch ein reicher Bestand an sehr gepflegten Pongauer Paar- und Einzelhöfen in meist unverändertem Erhaltungszustand feststellen. Bei Wanderungen von Dorf zu Dorf beachte man besonders die an den meisten Hausseiten umlaufenden Balkone, die zweiflügeligen Haustore sowie, bei den Wirtschaftsgebäuden, den Zusammenbau der Waschküche mit den Backöfen. Letztere werden immer mehr benützt, da beim „Urlaub am Bauernhof" selbstgebackenes Brot gerne Abnehmer findet.

Die gesamte Hochfläche wird wegen ihrer sonnseitigen Lage intensiv von der Grünlandwirtschaft genutzt, auch Vieh- und Forstwirtschaft finden sich. Der Fremdenverkehr ist für die bäuerliche Bevölkerung von großer Bedeutung. Dieses Hochplateau ist vom Massentourismus und seinen Bettenburgen verschont geblieben – ein herrliches, nicht extremes Wandergebiet mit Bademöglichkeiten im Mulden- und Böndlsee sowie im Moorbadesee in Goldegg selbst.

Der Wenger Wasserfall mit ca. 50 m Fallhöhe, der 30 m hohe Bergahorn aus dem 17. Jhdt. beim Untertaxbachhof sowie drei mächtige Rotbuchen, ca. 400 Jahre alt, sind ganz wesentliche Naturdenkmäler auf einem der schönsten Hochplateaus der Salzachtaler Dorflandschaften.

Ansitz „Judenhof"

Speicher in Goldegg

Wandern auf Rundwegen im Tal, auf Almen und Bergen mit herrlicher Aussicht, Reiten, Radfahren, Mountainbiking, Golf, Angeln, Rafting, Bogenschießen, Schilauf, 65 km Sonnenterrassen-Loipen, Winterwandern, Rodeln, Eisstockschießen, Pferdeschlittenfahrten.

Info: Tourismusverband St. Veit/Schwarzach,
A-5621 St. Veit im Pongau, Markt 12, Tel.: 0043/(0)64157488,
Fax: 0043/(0)641574884,
E-Mail: sbg.sonnenterrasse@aon.at, Internet: www.salzburg.com,

Tourismusbüro Goldegg, A-5622 Goldegg, Hofmark 18,
Tel.: 0043/(0)64158131, Fax: 0043/(0)64158580,
E-Mail: tourismus@goldeggamsee.at, info@goldegg.org,
Internet: www.goldegg.org, salzburg.com/tourismus/goldegg

Hollersbach, Gesamtansicht

59 Hollersbach im Pinzgau

Hollersbach liegt am Ende des landschaftlich schönen Hollersbachtales, welches nach Süden bis zu den vergletscherten Dreitausendern im Nationalpark Hohe Tauern reicht – ein stilles Dorf, umgeben von saftigen grünen Wiesen mit vielen Heuhütten, im Dorf selbst einige stattliche Oberpinzgauer Paar- und Haufenhöfe, fast alle mit Glockenturm versehen. Da es sich um ein ausgesprochenes Streusiedlungsgebiet handelt, reichen die Bauernhöfe

Klausnerhaus mit Naturparkzentrale

auch auf der Sonnseite weit hinauf bis zum Paß Thurn (Landesgrenze zu Tirol).

Gleich neben der zentral liegenden neuromanischen Kirche zum hl. Vitus steht mitten am Platz das wohl markanteste Bauernhaus des Ortes, das Klausnerhaus aus dem 16. Jhdt. Hier ist auch die Nationalparkzentrale mit ihrer Informationsstelle untergebracht. Das Haus besticht, im Gegensatz zu den anderen bäuerlichen Gehöften, durch sein rohes Bruchsteinmauerwerk im Erdgeschoß mit einem steinumfaßten Rundbogentor. Das Obergeschoß ist gezimmert und wird von einem Balkon umgeben, der besonders schöne Zierschnittbretter aufweist. Darüber liegt noch ein kleines Gangl im Giebeldreieck. Das Haus ist mit Schindeln gedeckt, ein sogenanntes Schwardach mit Bruchsteinen belegt.

Unweit vom Klausnerhof erhebt sich der Schallerhof, im Kern ebenfalls 16. Jhdt. Sehr originell am Pferdestall dieses Hofes sind zwei ausgesägte Pferdeköpfe in der Stadelluke, unmittelbar davor ein runder Steinbrunnen mit einer Georgsstatue.

An die Rückseite der Häuser schließt ein einmalig schöner Schaugarten an, in dem nicht weniger als 700 verschiedene Kräuter gezogen werden. Angebaut werden sie für eine französische Kosmetikfirma, die in der Partnerstadt von Hollersbach, in La Gacilly, ihren Sitz hat. Umgeben wird der Schaugarten von einem vierfach verschränkten Pinzgauer Girschtenzaun. Im Sommer – und dies ist für Urlauber mit Kindern besonders erfreulich und auch lehrreich – ist im Klausnerhof eine Werkstatt für junge Naturforscher eingerichtet. Was die Kinder draußen in der Natur rund um das Dorf unter der Führung von Fachleuten der Nationalparkverwaltung erleben, können sie dann im Detail hier erforschen. Es

Pferdeköpfe vom Schallerhof

werden Kräuter, Beeren, Hölzer, Mineralien sowie Gletscherflöhe gesammelt und anschließend bestimmt. Alljährlich werden auf diese Weise ca. 7.000 Jugendliche mit dem Nationalpark vertraut gemacht, und Hollersbach schließt sich dabei nicht aus.

Auch ein nächst dem Dorf gelegener Badesee ist ein Anziehungspunkt für Einheimische und Urlauber. – Grünland- und Forstwirtschaft tragen neben dem Fremdenverkehr („Urlaub am Bauernhof") positiv zur Einkommensituation der Bauern bei.

Schaugarten mit Girschtenzaun

Wandern, Paragleiten, Drachenfliegen, Radfahren, internationale Malerwochen (August), weite Tiefschneeabfahrten, Langlaufloipen, Eisstockschießen, beleuchtete Rodelbahn, Schiarena Wildkogel.

Info: Fremdenverkehrsverein, A-5731 Hollersbach 13, Tel.: 0043/(0)65628105, Fax: 0043/(0)65628485, E-Mail: hollersbach@sbg.at, Internet: www.hollersbach.at

Blick auf Bramberg

60 Bramberg am Wildkogel · Habach

Nach 7 km Fahrt von Hollersbach salzachaufwärts erreicht man die zur Gemeinde Bramberg gehörende Ortschaft Dorf.

Ein schöner Platz mit allen Elementen bäuerlicher Architektur bestätigt die Ortsbezeichnung „Dorf". Schlichte Pinzgauer Bauernhäuser, ein Fließbrunnen mit Trog und Skulptur, ein Kirchlein aus dem 16. Jhdt. und der dreigeschoßige Bau des Dorferwirtes sowie, glücklicherweise, keine unpassenden Neubauten – Dorf bietet ein richtiges bäuerliches Ensemble. Gleich neben Dorf liegt Bramberg.

Bramberg selbst ist ein eher großräumiger Ort mit relativ weitverteilten Bauten. Besonders beeindrucken die Gehöftgruppen am steilen Sonnberg mit viel Wiesen, die bis zur Paß-Thurn-Straße hinaufreichen. Von dort bietet sich ein prachtvoller Blick auf das Tal der Salzach, die Gletscherwelt der Hohen Tauern und Bramberg. Inmitten des Ortes steht die Pfarrkirche, ein goti-

Smaragdstufe aus dem Habachtal

scher Wandpfeilerbau, umgeben vom Friedhof, Pfarrhof und einer Totenkapelle, davor ein neu gestalteter Platz.

An seiner Westseite befindet sich der ehemalige mittelalterliche Zehenthof, heute ein Gasthof, drei Geschoße hoch. Die Giebelfront zeigt Freskenmedaillons, ein steingefaßtes Rundtor sowie, im ersten Obergeschoß, zwei polygonale Erker an den Ecken. Um das zweite Obergeschoß laufen schöne gezimmerte Balkone. Überdies findet sich ein kleiner Bauernhof im Ortskern – das Hennhaus –, mit Legschindeldach und miteinbezogenem Kornspeicher im Wirtschaftsteil.

Typisch für die Umgebung von Bramberg sind auf den Talwiesen und Hängen die sogenannten „Feldstadel", Blockholzbauten, meist mit einem Strohgang und Pfettendach versehen. An sich sind die Oberpinzgauer Höfe Zwiehöfe, der Wohnteil mit gemauertem Erdgeschoß und das Obergeschoß im Blockbau errichtet, sowie einem über die ganze Giebelbreite verlaufenden Balkon. Die Wirtschaftsgebäude –Stallscheunen – sind gezimmert, besonders auffällig sind die Trockengerüste mit nach außen schrägstehenden Stangen an den verschalten Stadelwänden. Beachtenswert ist auch der alte vollgemauerte Bauernhof „Tanzlehen" – im Kern aus dem 16. Jhdt. stammend –, der an der Giebelfront und am Anbau schöne Fresken aufweist.

Der Bekanntheitsgrad von Bramberg beruht unter anderem auf dem Mineralienreichtum der Tauerntäler, die das Ziel vieler Mineraliensammler aus ganz Europa sind. Bemerkenswert das einzigartige Museum in Weichseldorf, das im ehemaligen uralten Bauernhof „Wilhelmsgut" untergebracht ist, nur 1 km vom Ortsrand entfernt. Hier sind Funde vornehmlich aus dem Habachtal ausgestellt, dem einzigen Fundort von Smaragd in Europa, der sei-

„Hauserhof" in Habach mit Girschtenzaun

nerzeit ebenfalls bergbaumäßig abgebaut wurde. Auch seltenste und großartigste Mineralienstufen aus den Hohen Tauern sind zu sehen. An das Museum schließt ein sehr interessantes Freilichtmuseum mit sehenswerten bäuerlichen Bauten aus dem Oberpinzgau an. In dessen Nähe befindet sich ein kleiner Kunstgewerbebetrieb, der sich sehr kreativ um die Verarbeitung von Schafwolle bemüht, nicht zuletzt zur Förderung der umliegenden Bauern, die Schafe halten.

Habach

Am Eingang zum Habachtal, in Habach, zur Gemeinde Bramberg gehörend, befinden sich die Naturparkinformationsstelle, ein

Pinzgauer Einhof

großer Beherbergungsbetrieb direkt am Taleingang sowie einige schöne Bauernhöfe, von denen der „Hauserhof" mit einem schönen Pinzgauer Zaun, auch lokal „Girschtenzaun" genannt, besonders auffällt – ein Biobauer, der unter anderem auch „Urlaub am Bauernhof" anbietet.

Von Habach aus besteht die Möglichkeit, mit einem Taxibus ins Habachtal bis in den Nationalpark Hohe Tauern zu den Gasthöfen „Alpenrose" und „Enzian" hinaufzufahren und von dort aus eine der schönsten ursprünglichsten Almen des Pinzgaus, die Moaralm, zu besuchen.

Vom Gasthof „Alpenrose" führt ostwärts ein steiler Weg direkt zum ehemaligen Smaragdbergbau etwas oberhalb der Kuppe des Sedl. Am Talende bieten sich die Thüringerhütte und von dort das wunderschöne Gletschergebiet des Schwarzkopfes, des Kratzenberges und die Hohe Fürlegg als Hochtourismusziele an.

Moaralm im Habachtal

Wandern, Reiten, Mountainbiking, Paragleiten, Drachenfliegen, Bogenschießen, Pferdekutschenfahrten, Mineralienexkursionen, Schaubergwerk, Schi-Arena Wildkogel mit sämtlichen Wintersportmöglichkeiten.

Info: Tourismusbüro Bramberg, A-5733 Bramberg am Wildkogel, Tel.: 0043/(0)65667251, Fax: 0043/(0)65667681, E-Mail: info@bramberg.com, Internet: www.bramberg.com, www.tiscover.at/bramberg

Leogang mit den Leoganger Steinbergen

61 Leogang

Der Kette der Leoganger Steinberge vorgelagert auf einer Hochterrasse, liegt Leogang mit den Ortsteilen Hütten, Grießen und Sonnberg. Vom frühen 15. bis in das 19. Jhdt. war das Umfeld der Gemeinde durch ein ausgedehntes Bergbaugebiet gekennzeichnet, wo vornehmlich Kupfer, Kobalt, Nickel, Quecksilber und bleihaltige Erze abgebaut wurden. Im direkten Abbaugebiet sind noch heute vereinzelt, besonders im ehemaligen Knappendorf

Hütten, alte kleine Knappenhäuser erhalten geblieben. Sehenswert ist dort auch die Knappenkapelle mit einem kulturgeschichtlich bedeutenden Bergaltar.

Das Ortsbild von Leogang wird von einer der schönsten Barockkirchen Salzburgs, zum hl. Leonhard, sowie von schönen, in ihrem alten Bestand gut erhaltenen Mittelpinzgauer Einhöfen geprägt. Unter den typischen salzburgisch-bayrischen flachen Pfettendächern, mit Brett- oder Nagelschindeln gedeckt, befinden sich Wohnhaus und Wirtschaftstrakt unter einem First. Das Erdgeschoß ist meist gemauert und mit einem steinumfaßten Rundbogentor und sehr oft mit einer schönen aufgedoppelten Holztür versehen. Nicht selten sind die Fenster mit Freskomalereien umrahmt und die Hauswände mit Medaillons geschmückt.

Das Obergeschoß im Blockbau mit schönen umlaufenden Balkonen vermittelt insgesamt einen sehr gefälligen Eindruck. Interessant ist zu beobachten, daß fast alle Häuser der Gegend mit der Giebelfront nach Osten zeigen. Gerade in Leogang waren viele Dachpfetten einstmals bemalt, bei einigen Häusern ist dies noch heute anzutreffen (bei den vorkragenden Dächern schwer zu sehen, weil der Schatten des Daches die Pfetten meist verdunkelt).

Alter Steinbrunnen

Gewölbe des Samerstalls

Bis zum Bau der damals so genannten Giselabahn 1875 (Westbahn) erfolgte der Verkehr mittels Pferdefuhrwerke. Die „Samerställe", Raststätten und „Tankstellen" für Pferde und Säumer = Fuhrwerker, waren in jedem Ort anzutreffen, so auch hier der sehr sehenswerte, unter Denkmalschutz stehende Samerstall beim Kirchenwirt inmitten des Ortes. Es soll dies der älteste Salzburgs sein. Das Erdgeschoß mit einem großräumigen Gewölbe ist gemauert, die Obergeschoße sind in Blockbau ausgeführt. In ihnen befanden sich die Schlafräume der Säumer, welche man nur von den umlaufenden Balkonen betreten konnte.

Auch der dreigeschoßige gemauerte Kirchenwirt mit einem Kielbogenportal ist ein bemerkenswerter Bau. Zusammen mit dem Samerstall und einem vorgelagerten Fließbrunnen ergibt das Ensemble einen sehr schönen Ortskern.

In Grießen steht unter anderem der Wolfganghof, der durch seine sehr skurril geformten Dachpfettenendungen in Form von Drachen besonders auffällt.

Leogang hat sich durch das sehr gut erschlossene Schigebiet mit seinen vielen Aufstiegshilfen zu einem gern

Knappenkapelle in Hütten

besuchten Fremdenverkehrsort entwickelt; viele der neuen Beherbergungsbetriebe entsprechen dennoch in bezug auf ihren Stil der regionalen Architektur und Bautradition.

Zur Agrarstruktur ist zu bemerken, daß 50 % des Leoganger Tales mit Wald bedeckt sind, etwa 40 % sind alpines Grünland, Wiesen und Weiden. Dementsprechend wurden ausgedehnte Wanderwege angelegt. Auch die Bergsteiger haben viele Möglichkeiten, die Wände der „Leoganger" zu erkunden.

Das Haus des ehemaligen Bergwerkverwalters in Hütten, mit einem schönen Girschtenzaun umgeben, birgt eine sehr beachtliche Mineralienschau mit örtlichen Fundstücken. Zwei Stollen des ehemaligen Bergbaues im Schwarzleotal wurden für die Besichtigung wieder zugänglich gemacht.

Bemalte Pfetten

Wandern, BikeWorld, Reiten, Kart-Bahn, Angeln, Radfahren, Paragleiten, über 50 Bahn- und Liftanlagen, über 200 km Abfahrtspisten, über 80 ha beschneite Pisten, gemütliche Schihütten, Nachtschilauf, 150 km Loipennetz, Eisstockschießen, Winterwanderungen, beleuchtete Rodelbahn, Snowrafting, Pferdeschlittenfahrten.

Info: Tourismusverband, A-5771 Leogang, Dorf 99, Tel.: 0043/(0)65838234, Fax: 0043/(0)65837302, E-Mail: office@sale-touristik.at, Internet: www.leogang-saalfelden.at

Pinzgau

Lofer mit seinen Steinbergen

62 Lofer und Saalachtal

Fährt man über Bad Reichenhall und das Deutsche Eck über den Stein-Paß die Saalach aufwärts, wäre es bedauerlich, würde man die schönen Dörfer und Märkte Unken, Lofer, St. Martin und Weißbach nicht beachten.

Unken

Dieses erste Dorf westwärts der Bundesstraße bietet noch eine unzerstörte Dorflandschaft mit Einhöfen wie das Kalchofengut (Heimatmuseum), den dreigeschoßigen Kramerwirt und – in Gföll sowie in Unkenberg – eine Rei-

„Totenladen"

Unken, Kalchofengut

he schöner alter Pinzgauer Einhöfe, zum Teil mit gemauerten Untergeschoßen, segment-bogigen Steinportalen und gezimmerten Obergeschoßen mit breiten Balkonen. Eine Reihe von Nebengebäuden, eine noch nicht abgetragene Badstube und zweigeschoßige Speicherbauten sind zum Teil erhalten geblieben. Als Besonderheit gibt es an Stadlwän-den angebrachte Gedenkladen – „Totenladen" – zur Erinnerung an vorbeigetragene Ver-storbene. Im weiteren Verlauf, hoch über der Straße, die ehemalige Befestigung Kniepaß.

Lofer

Ein wichtiger Straßenknotenpunkt; hier teilt sich die Bundesstraße westwärts nach St. Johann in Tirol und südwärts weiter das Saalachtal aufwärts in Richtung Zell am See. Von einer Lofer umgehenden Straße bietet sich ein wunderschöner Blick auf den Ort und, im Hintergrund, die steilen Wände der Loferer Steinberge (herrliches Fotomotiv!).

Der Ort selbst ist voll und ganz auf Fremdenverkehr eingestellt. Die einzelstehenden Bauten im sehr dichten Ortskern (Fußgängerzone) des Marktes sind 2–3 Stock hoch, stammen vielfach aus dem 16.–17. Jhdt. und weisen Freskenbemalungen, farbige Fen-sterumrahmungen und Medaillons an den Mauern auf.

Auf einem kleinen Platz steht das Rathaus, auffallend durch zwei bezinnte Rundbogenerker im 1. Obergeschoß an jeder Ecke der Giebelfront. Etliche der schönsten Bauten sind heute Beherbergungs-betriebe, die sehr viel auf ein reiz-volles Erscheinungsbild halten. – Bäuerliche Bauten befinden sich mehr an der Peripherie des Mark-tes.

Lofer, Ortskern

St. Martin bei Lofer

Ähnlich wie Lofer hat das Dorf Haufenhofcharakter, jedoch mit wesentlich mehr ländlichem Aussehen und einem sehr gediegenen Ambiente. Besucht man St. Martin, empfiehlt es sich, auf einer steilen Mautstraße in einen sehr eindrucksvollen, von wilden Bergen völlig umrahmten Talkessel nach Maria Kirchental zur Marienwallfahrtskirche zu fahren (erbaut von Johann Bernhard Fischer von Erlach, 1694–1701). Die Kirche, das Pfarrhaus und einige weitere Bauten bilden ein schönes Ensemble.

Nach St. Martin durchbricht die Saalach die Kette der nördlichen Kalkalpen zwischen den Leoganger Steinbergen und dem Steineren Meer – ein zum Teil enges Tal, in dem eine Reihe von Höhlen und Klüften zu besichtigen ist: Nächst Weißbach die berühmte Schauhöhle „Lamprechtshöhle" (längste wasserführende Höhle Europas) sowie die Seisenberg- und Vorderkaserklamm.

Weißbach

Kleine Dorfgemeinde am Paßweg nach Berchtesgaden, einstmals ein wichtiger Übergang für Salztransporte von Bayern nach Innerösterreich.

St. Martin bei Lofer

Maria Kirchental

Nach weiteren 12 km öffnet sich das Saalachtal zum Saalfeldner Becken – eine reiche Dorflandschaft mit prächtigen alten und auch ganz neu erbauten Gebäuden im Stil der Pinzgauer Höfe, vor allem in den Dörfern Otting und Ecking. Von Saalfelden führt die Straße dann Richtung Westen nach Leogang weiter.

Kilometerlange Spazier- und Wanderwege, Radfahren, Mountainbiking, Kletterschule, Trekking, Bogenschießen, Golf, Fitneß-Parcours, Inline-Skating, Bogenschießen, Canyoning, Rafting, Kanufahrten, Schi alpin, Tal- und Höhenloipen, Eisstockschießen, Rodeln, Winterwandern, Pferdeschlittenfahrten.

Info: Tourismusverband Salzburger Saalachtal, A-5090 Lofer 310, Tel.: 0043/(0)658883210, Fax: 0043/(0)65887464, E-Mail: tourist-office@lofer.net, Internet: www.salzburger-saalachtal.cc

Flachgau

Arnsdorf, Stille-Nacht-Platz

63 Arnsdorf · Oberndorf

Nächst Lamprechtshausen im Salzburger Flachgau liegt das kleine Arnsdorf, welches als Ursprungsort des Weihnachtsliedes „Stille Nacht, Heilige Nacht" weltweit historische Bedeutung hat. Arnsdorf besteht aus einigen Flachgauer Bauernhäusern in Holzblockbauweise; eines davon steht am „Stille-Nacht-Platz" neben dem Schulhaus, in dem Franz Xaver Gruber 21 Jahre lang als Lehrer gewirkt hat. Desgleichen war er in der ganz nahe befindlichen

ältesten Marienwallfahrtskirche Österreichs „Maria am Mösl" (um 1790) als Mesner und Organist tätig. Es ergab sich, daß der Textdichter Josef Mohr, Hilfspriester in der Schifferkirche in Oberndorf, Gruber ersuchte, für den Heiligen Abend zu seinem Text „Stille Nacht, Heilige Nacht" eine Melodie zu komponieren. Und so erklang das Lied zum erstenmal am Heiligen Abend des Jahres 1818 in der St. Nikolauskirche zu Oberndorf.

Im Zuge einer Ortsverlegung Anfang des 20. Jhdt.s wurde die Schifferkirche abgetragen und an ihrer Stelle 1937 eine Gedächtniskapelle im sogenannten „Stille-Nacht-Bezirk" Oberndorf eingeweiht. In diesem Bereich befindet sich auch ein Museum, das über die Geschichte des Liedes berichtet.

Stille-Nacht-Bezirk

Stille-Nacht-Kapelle in Oberndorf

Oberndorf ist über die Salzachbrücke direkt mit der bayrischen Stadt Laufen verbunden. Beide Städte waren seinerzeit Umschlagplätze für den Salzhandel des Fürstbistums Salzburg.

Kleine verwinkelte, historisch interessante Gäßchen in Oberndorf sind anläßlich des Besuches der Gedenkstätten durchaus sehenswert.

Bauernhaus in Arnsdorf

Gedenktafel für Josef Mohr in Arnsdorf

Die ideale Gegend zum Radwandern für jung und alt. Idyllische Kapellen, Bildstöcke und Kreuze am Wegesrand. – Die nahe Festspielstadt Salzburg lädt zu einem Besuch ein!

Info: Fremdenverkehrsverband Lamprechtshausen-Arnsdorf, Hauptstr. 4, A-5112 Lamprechtshausen, Tel. und Fax: 0043/(0)62746334, E-Mail: office@lamprechtshausen.com, Internet: www.lamprechtshausen.com

Fremdenverkehrsverband Oberndorf, A-5110 Oberndorf, Stille-Nacht-Platz 2, Tel.: 0043/(0)62724422, Fax: 0043/(0)627244224, E-Mail: oberndorf.info@salzburg.co.at, Internet: www.oberndorf.co.at

Flachgau

Das „Schaudorf" Schleedorf

64 Schleedorf

Schleedorf, auch „Schaudorf" genannt, ist eine kleine Gemeinde im hügeligen Teil des Salzburger Flachgaus nächst dem Mattsee. Trotz modernisierter Bauernhöfe mitten im Ort, mit dem Holzstoß an der Mauer und der Sitzbank vor der Wand neben dem Sandsteinportal, hat es beschaulich-bäuerlichen Charakter.

Die Bezeichnung „Schaudorf" bezieht sich auf die vielgestaltigen kleinen Attraktionen, die es zu „schauen" gibt:

etwa eine Trachtenschneiderei, in der man zusehen kann, wie edle naturbelassene Materialien, wie Leder, Loden und Leinen, der Tradition entsprechend verarbeitet werden. Ferner eine Schaubäckerei in einer urigen Backstube, wo Getreide zu Mehl gemahlen wird und der weitere Verarbeitungsvorgang bis zum fertigen Landbrot erfolgt; auch kann sich der Besucher selbst als Bäcker betätigen. In einer hundert Jahre alten Dorfschmiede wird nach alter überlieferter Art noch mit Hammer und Amboß gearbeitet. Ganz besonders interessant ist die sehr moderne Bio-Schaukäserei mitten im Dorf, wo man dem Käser bei der Käseerzeugung gleichsam über die Schulter schauen kann. In einer nachgebauten Käsehütte lernt der Besucher unter Anleitung eines Käse-Sommeliers die Kunst der Käserei.

Neben der Kirche beim ältesten Bauernhaus wird man über den Zaun einen Blick ins Kräutergartl werfen. Und wenn man noch immer nicht genug geschaut hat, bietet das dreigeschoßige Agri-Cultur Haus – ein Naturmuseum – u.a. einen bevölkerten Bienenstock, einen großen Schmetterlingsring sowie Bilder aus der landwirtschaftlichen Arbeit in vergangenen Zeiten – alles

Im Kräutergartl

sehr fachmännisch und mit audio-visuellen Techniken dargestellt. Viele interessante Lebensgeschichten der Bewohner von Schleedorf werden hier ebenfalls dokumentiert.

Vor dem Dorf weidet das Vieh zum Teil unter Bäumen auf Streuobstwiesen, und in den nahe gelegenen Weilern und Einzelhöfen findet man den typischen Flachgauer Doppel-T-Hof. Hinter dem mächtigen Wohnhaus aus Bruchsteinmauerwerk steht, quer angebaut, das Wirtschaftsgebäude. Mancher Hof weist die typische Flachgauer Schlackenputzverzierung auf, d.h. in den Verputz sind dunkle Schlackenstücke in verschiedenen Rautenmustern eingedrückt.

Da es in Schleedorf viel zu besichtigen gibt, ist es für kinderreiche Familien, aber auch als Schulausflugsziel sehr empfehlenswert. Die Agrarstruktur wird durch reine Grünlandwirtschaft und Viehzucht bestimmt, auch Bio-Wirtschaft wird hier ernsthaft betrieben.

Als Ausflugsziele seien Salzburg, der Obertrumer und der Mattsee sowie die nahe Tiefsteinklamm empfohlen.

Flachgauer Doppel-T-Hof

Schlackenputzverzierung

Wandern, Radwegenetz, Angeln, Bootfahren, Surfen, Segeln, Reiten, Golf, Paragleiten, Schilanglauf, Rodeln, Eisstockschießen.

Info: Tourismusverband, A-5203 Schleedorf, Tel.: 0043/(0)621669110, Fax: 0043/(0)621669114, E-Mail: info@agricultur.at, Internet: www.schaudorf.at

Hausformen in Oberösterreich

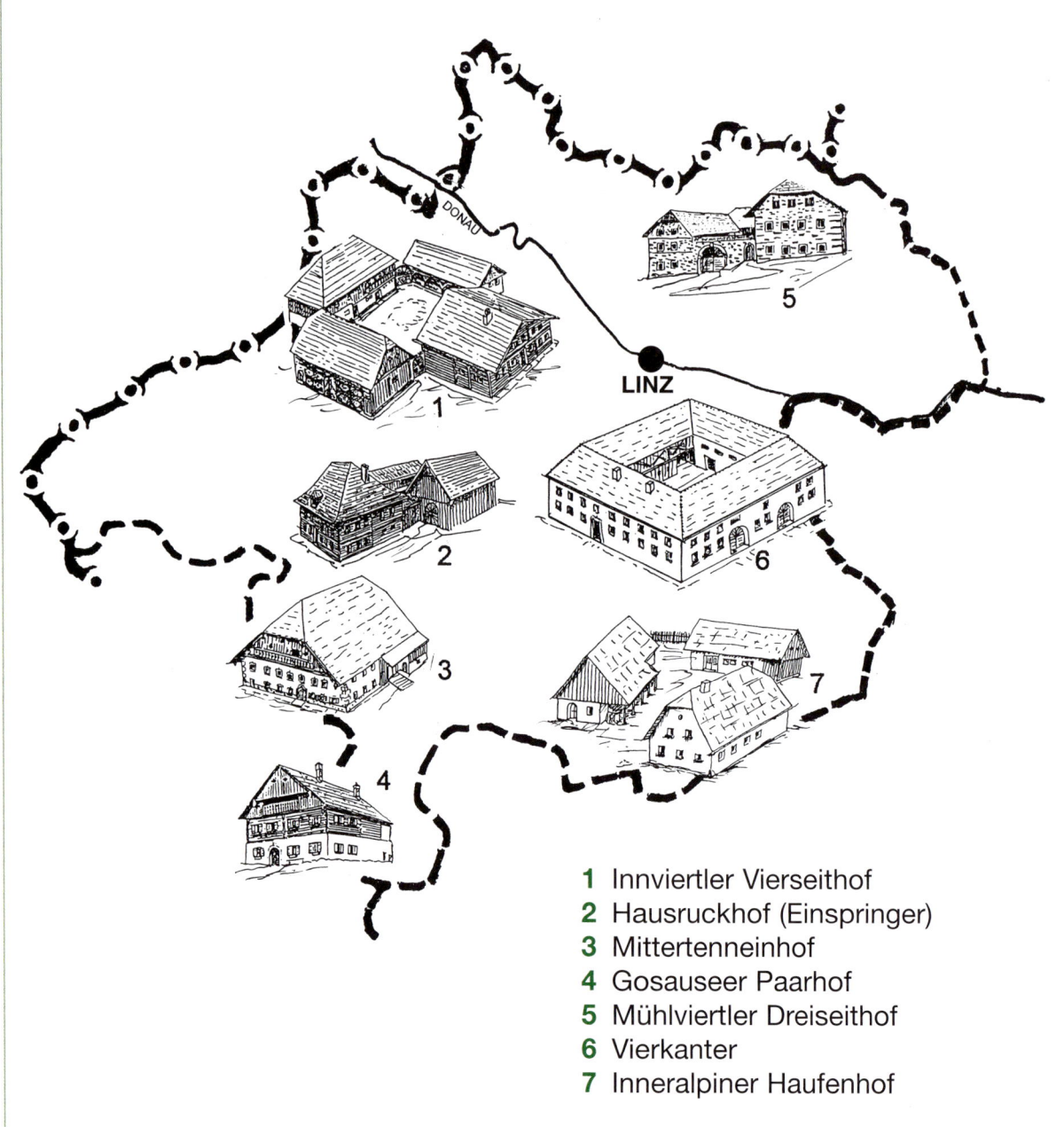

1 Innviertler Vierseithof
2 Hausruckhof (Einspringer)
3 Mittertenneinhof
4 Gosauseer Paarhof
5 Mühlviertler Dreiseithof
6 Vierkanter
7 Inneralpiner Haufenhof

Oberösterreich

Wegen der beachtlichen landschaftlichen Vielfalt dieses Bundeslandes gibt es bei der Suche nach schönen Dörfern viele Möglichkeiten. Oberösterreichs ländlicher Raum wird weitgehend durch die alten Bauernhausformen geprägt, ob im Dorfverband, in Weilern oder einzelstehend. Die regional sehr typischen Hausformen – sieben an der Zahl – sind jede für sich sehenswert.

Innviertel

Hof nächst Haigermoos

65 Haigermoos

Am Rand der Oberinnviertler Seenplatte liegt das kleine Haufendorf Haigermoos mit dem Holzöster-, Ibmer- und Höllerersee sowie dem größten österreichischen, unter Naturschutz stehenden Moorgebiet, dem Ibmer Moor (ca. 2.000 ha). Kleinste Dörfer und verstreute Weiler zeigen Hausformen, die der benachbarten bayrischen Haus- landschaft sehr ähnlich sind. Das Wohnhaus steht getrennt von den übrigen Wirtschaftsgebäuden, wie Stadel, Stall und Scheune – ein unregelmäßiger Vierseithof. Warum gerade Haigermoos hier beschrieben wird, ist dann klar, wenn man den Bundwerkstadel mitten im Ort – einen Höhepunkt bäuerlicher Holzarchitektur aus dem Jahre 1872 – betrachtet. Bei diesem Stadel ist die gesamte Front, Vorder- und Rückseite einschließlich der großen Stadeltore, mit einem rautenförmigen Gitterbundwerk versehen. Vor allem ist

Am Holzöstersee

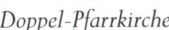
Doppel-Pfarrkirche

die Verwendung von handgefertigten Holznägeln an den Überblattungsstellen der Kanthölzer eine Meisterleistung der Zimmererleute. Die Holznägel sind aus Zwetschkenholz gefertigt und besonders zäh. Die Lüftungsgitter über den Toren sind mit Jahreszahlen und Sprüchen in Sägeschnitt-Technik kunstvoll gestaltet. Der Bauer bietet Führungen in dem noch immer genützten Stadel an, ferner „Urlaub am Bauernhof". Interessant ist die Doppel-Pfarrkirche: Sie besteht aus einer gotischen Unterkirche und einer aufgesetzten barockisierten Oberkirche.

Ausflugsziele vom Dorf aus gibt es etliche: das Ibmer Moor, den Holzöster- und Höllerersee, alle leicht auf Wander- und Radwegen erreichbar. Die Flora und Fauna des Ibmer Moor sind besonders für Naturwissenschaftler einmalige Forschungsobjekte.

Bundwerkstadl

Stadltor mit Sonnenmuster

Wanderungen, Radausflüge, Fischen, Reiten, Kutschenfahrten, Fitneßwege.

Info: Tourismusverband Franking,
A-5131 Franking 26, Tel.: 0043/(0)62778119,
Fax: 0043/(0)62778400,
E-Mail: info.franking@netway.at,
Internet: www.tiscover.com/franking

Salzkammergut

Blick auf Zell am Moos

66 Zell am Moos

Unweit vom Mondsee liegt nördlich in einer Senke der noch zum oberösterreichischen Salzkammergut gehörende Irrsee und an dessen Ostufer der Kirchweiler Zell am Moos (573 m).

Rund um die spätgotische Hallenkirche zu Mariä Himmelfahrt bilden Bürger- und Bauernhäuser samt Pfarr- und Rathaus den kleinen Ortskern – meist Häuser vom Typus des Salzburger Haupthauses, mit den üblichen Erneuerungen in den letzten Jahren nach dem Zweiten Weltkrieg.

Der „Eislhof" in Nagendorf

Wegen seiner schönen Lage an dem unter Naturschutz stehenden Irrsee ist Zell am Moos ein sehr beliebter, vor allem ruhiger Ferienort mit einer allerdings sehr lebendigen Tradition hinsichtlich volkskundlicher Aktivitäten und mit einem über die Ortsgrenzen hinaus bekannten, einmalig ausgestatteten „Heimathaus" mit Freilichtsammlungen – seinerzeit gestaltet von Hans Mayerhofer-Irrsee (1914–1998), Maler, Bildhauer, Philosoph und Sammler. Sehr viele Akzente für den Ort und seine Umgebung gehen von diesem Museum mit etlichen Kunstwerken und bäuerlichen Kulturdenkmälern aus, die im ländlichen Raum um den Irrsee sonst kaum mehr zu finden sind, wie eine Hausmühle, Göpel, Backofen, Rauchküche u.a.m. Dem Museum angeschlossen ist eine Werkstätte für Gebrauchskeramik.

Die Umgebung von Zell am Moos ist ein typisches Streusiedlungsgebiet mit sehr vielen schönen Einzelhöfen und Weilern. Die häufigste Gehöftform ist der gemauerte zweigeschoßige Mittertenneinhof, bei dem die meist bunten Bruchsteine des Gemäuers sichtbar bleiben und nur die Fugen verputzt werden (wie z.B. der Mühlbauer in Haslau, Gemeinde Zell), allerdings nicht in dem Ausmaß wie das Steinbloßmauerwerk im Mühlviertel. Sonst trifft man auch Mischbauten an, Holzblockbau im Obergeschoß, Mauerbau zu ebener Erde. Über die Giebelfront verläuft ein Schrotgang-Balkon mit schönen Brüstungsbrettern und Sägeschnittornamenten oder gedrechselten Pilastern. Ein besonders schönes Beispiel ist der „Eislhof" in Nagendorf 119 mit seiner überbreiten Front und zwei Eingangstüren im gemauerten Erdgeschoß. Das Obergeschoß ist eben mit einem Balkon samt Pilastern über die ganze Breite versehen – ein typischer sehr alter Mittertenneinhof etwas abseits des Dorfkerns.

Typischer Hof bei Zell

Zell und der Nachbarort Oberhofen sind vor allem wegen des Irrsees – angeblich der wärmste See des Salzkammerguts – für Familien mit Kindern, ausgedehnte Wanderungen und Radtouren ideal geeignet.

Die landwirtschaftliche Struktur ist auf Grünland- und Forstwirtschaft abgestimmt, abgesehen von einigen Streuobstwiesen und Feldern. „Urlaub am Bauernhof", auch bei Bio-Bauern, bringt zusätzliche Einnahmequellen.

Tür im „Eislhof"

Wandern, Radfahren, Mountainbiking, Segeln, Surfen, Angeln, Reiten, Kutschenfahrten, Langlaufen, Eissegeln, Eisstockschießen.

Info: Tourismusverband Zell am Moos, A-4893 Zell am Moos, Kirchenpl. 1, Tel.: 0043/(0)62348215, Fax: 0043/(0)623482154, E-Mail: info@zellammoos.at, Internet: www.zellammoos.at

Salzkammergut

Traunkirchen mit dem Traunstein

67 Traunkirchen

Oberhalb von Traunkirchen, am Weg zu den Langbathseen, befindet sich ein Aussichtspunkt, „Malerwinkel" genannt. Der Blick von dort auf Traunkirchen ist wohl einer der schönsten in der klassischen Landschaft des Salzkammerguts. Man sieht den alten Ortskern, den Landeplatz am See mit würdigen, zweistöckigen Bürgerhäusern und pittoresken Villen sowie kleine Häuser mit Viertelwalmdächern, ferner die Johannesbergkapelle auf einem mit

Eiben und Buchen bewachsenen, in den See ragenden Felsen und im Hintergrund, über dem See, die alles beherrschende Felswand des Traunsteins. Im Nordosten folgen dann im Rundblick die ehemaligen Klosteranlagen, die Pfarrkirche mit dem Friedhof, die alten Gemäuer des Hofrichterhauses und die Kalvarienbergkapelle (älteste des Salzkammerguts). Eines der schönsten Fotomotive bietet sich vom Friedhof aus – schmiedeeiserne Kreuze und der sich im See spiegelnde Traunstein.

Leider werden Gesamteindruck und Beschaulichkeit des Ortskerns durch die sehr stark befahrene Bundesstraße äußerst gestört; sie stellt die einzige Verbindung in das innere Salzkammergut dar, will man nicht die Bahn oder, im Sommer, das Schiff benützen.

Die „Fischerkanzel"

Im einzelnen sollten die renovierten Klosteranlagen mit zwei Arkadenhöfen besichtigt werden, weiters die barocke Pfarrkirche mit der berühmten „Fischerkanzel", die 1753 von einem unbekannten Meister in Form eines Schiffes mit den Apostelstatuen geschaffen wurde und den wunderbaren Fischzug Petri darstellt. Sehenswert sind auch das Hofrichterhaus mit der angebauten Nikolauskapelle und, im Gegensatz dazu, die oberhalb der Bundesstraße von Theophil Hansen errichtete und in der Kulturlandschaft sehr eigenwillig anmutende „Russenvilla" wie auch die anderen Villen Traunkirchens – Denkmäler einer Zeit, in der „die Reichen, die Adligen und Künstler" Bauten in die Ortsbilder einflechten ließen, an die sich so mancher Beschauer erst gewöhnen muß. Es war die Zeit nach 1820, als das Kaiserhaus in Ischl seine Sommerresidenz errichten ließ und das Ortsbild stark beeinflußte.

Die traditionellen, volkskundlich wertvollen Bräuche, wie die Fronleichnamsprozession auf Booten am See und der Glöcklerlauf am Abend vor dem Dreikönigstag, sind fixe Daten in den kulturellen Aktivitäten von Traunkirchen und werden äußerst stark frequentiert.

Sozusagen gleich ums Eck – Traunkirchen selbst liegt an steilen Abhängen – weitet sich das Tal um Viechtau, Teil der Gemeinde Traunkirchen, aus. Schöne, gut erhaltene Dorf-

Heimatmuseum in Viechtau

strukturen im Streusiedlungsgebiet mit Ackerbau und Forstwirtschaft präsentieren sich als eine konträre Kulturlandschaft. Viechtau ist durch seine Heimindustrie mit Holzprodukten – bemalte Spanschachteln, gedrechselte Teller, Holzlöffel und Buttermodel – bekannt geworden, ebenso durch die Krippenschnitzerei.

In den Klosteranlagen

Wandern, Reiten, Fischen, Boots- und Schiffahrten (ältester Schaufelraddampfer Europas), Wildpark (Altmünster), „Via historica" (Kulturweg), Wassersport, Schifahren, Rodeln, Langlaufen.

Info: Ferienregion Traunsee, A-4810 Gmunden, Am Graben 2, Tel.: 0043/(0)761274451, Fax: 0043/(0)761271410, E-Mail: traunsee@upperaustria.or.at, Internet: www.tiscover.com/traunsee

Salzkammergut

Vorderer Gosausee mit Blick auf Dachstein

68 Gosau

Nach kurzer Fahrt durch eine enge Schlucht vom Hallstätter See her erreicht man beim Klauswirt die Vordere Gosau und betritt ein breites Talbecken mit einem beeindruckenden Talabschluß, der mit den bizarren, wild zerklüfteten Spitzen des Gosaukammes einer Kulisse gleicht.

Hier liegen nur zwei Kirchanger, einer mit der katholischen Kirche, und, gleich nebenan, jener mit der evangelischen, aber trotz der Häuser rundum gibt es keinen wirklichen Dorfkern. Besonders beachtenswert sind die einzelnen kleinen, weit verstreuten Dorfweiler mit ihren breit hingelagerten schönen Paarhöfen des Gosauer Typs. Viel Wald umschließt das Gosautal, und unter der Bezeichnung „Mutter des Waldes", wie dies den Urkunden des kaiserlich-königlichen Salzamtes zu entnehmen ist, bildete der Wald über Jahrhunderte hinweg die Lebensgrundlage für die Bevölkerung.

Mit der Anlieferung des Holzes als wertvollem Gut und Voraussetzung für die bergbaumäßige Gewinnung des Salzes wurden auch die Haus- und Dorflandschaft geprägt. Nicht allein die Bauern mit ihren schönen Paarhöfen, sondern auch die Holzknechte und Handwerker hatten ihren Haustyp, kleine Blockholzbauten auf Bruchsteinsockeln. Als zur Jahrhundertwende die kaiserliche Familie urlaubte und die „Sommerfrische" aktuell wurde, errichtete man auch in der Gosau villenähnliche Gebäude, und der „Gosauschmied", damals das erste Hotel am Platz, hatte mit den historisierenden Fassaden eines imitierten Fachwerkbaues nicht unbedingt bäuerlichen „Charakter"; heute ist er ein modernes Hotel.

Alter Hof mit Donnerkögel im Hintergrund

Blick auf Gosau

Altes Holzknechtshaus

Der Gosauer Paarhof besticht durch das breite gemauerte Erdgeschoß mit giebelseitigen Rundbogentoren, darauf aufgesetzt ein aus Kantholz gezimmertes Obergeschoß, äußerst schlicht in der Ausführung, mit einem Gangl (Balkon) im Giebeldreieck. Stallstadel, Schupfen und Speicherbauten kommen noch dazu und bilden einen Haufenhofcharakter.

Das Faszinierendste am gesamten Gosautal ist der Blick vom Vorderen Gosausee auf den Dachsteingletscher. Im Tal wurden in letzter Zeit große Tourismusbauten errichtet, die jedoch ihrem Stil nach annähernd den traditionsgemäßen Elementen der Gosauer Hauslandschaft entsprechen. Heute ist der Fremdenverkehr maßgebendster Wirtschaftsfaktor des Tales.

Die Agrarstruktur wird von der Grünland- und Forstwirtschaft sowie von der Viehzucht bestimmt; dazu kommen im gewerblichen Bereich die Gosauer Schleifsteinherstellung und Ammoniten-Steindrechslerei u.v.a.m. Bei den Gosauer Ammonitenkulturwochen können Interessierte mehr über dieses uralte Gosauer Gewerbe erfahren.

Vorderer und Hinterer Gosausee wurden der prachtvollen Landschaft wegen zum UNESCO-Weltkulturerbe erhoben.

Wandern, Paragleiten, Bogenschießen, Rafting, Kajakfahrten, Radfahren, Mountainbiking, 65 km Schiabfahrten, 40 km Loipen, beleuchtete Rodelbahn, Pferdeschlittenfahrten.

Info: Tourismusverband Inneres Salzkammergut, A-4824 Gosau 547, Tel.: 0043/(0)61368295, Fax: 0043/(0)61368255, E-Mail: tourismus@gosau.gv.at, Internet: www.tiscover.com/gosau

Salzkammergut

Hallstatt, Ansicht vom Parkplatz aus

69 Hallstatt

Am Fuß zwischen dem 810 m hohen Salzberg im Norden und dem Hallstätter See im Süden liegt einer der schönsten und auch romantischesten Orte des Salzkammergutes – Hallstatt.

Der Ort verdankt seine Entstehung den reichen Salzvorkommen am Salzberg. Vor rund 3.000 Jahren begannen Bergleute, das „weiße Gold" mühevoll aus dem Berginneren zu gewinnen. Von der Hochblüte dieser Bergbaukul-

Ortskern

tur zeugen aufsehenerregende reiche Funde, die schließlich der „Hallstattkultur" (von ca. 750–450 v. Chr.) den Namen gaben. Wegen seiner weltweit historischen Bedeutung und der unvergleichlichen Schönheit der umgebenden Kulturlandschaft wurde Hallstatt 1997 in die „Liste des Weltkulturerbes" der UNESCO unter „Hallstatt-Dachstein/Salzkammergut" aufgenommen.

Gleichgültig, ob man vom Salzberg oder vom Parkplatz beim Umgehungstunnel auf den Ort hinabsieht bzw. sich über den See nähert – immer ist man vom kulissenhaft ineinanderverschachtelten Aufbau des Ortszentrums überwältigt. Kaskaden ähnlich, steigt Hallstatt von den Bootshäusern am Ufer des Sees stufenartig steil die felsigen begrünten Hänge hinauf. Trotz Raummangels gibt es in der Ortsmitte einen kleinen, fast ebenen Platz in Form eines Dreieckes mit einer Dreifaltigkeitssäule in der Mitte, einerseits begrenzt von der evangelischen Christuskirche, andererseits von Häusern aus dem 15. und 16. Jhdt.

Freilich prägt der Fremdenverkehr den Ort durch Geschäftslokale und Gaststätten, doch die Obergeschoße der Häuser mit ihren durch Zierschnittbretter versehenen Balkonen und überschwenglichem Blumenschmuck, geschützt durch weit vorkragende Viertel- bis Halbwalmdächer, ergeben eine erlesene Ensemblewirkung.

Von einem eigenen „Ortsstil" der Häuser läßt sich kaum sprechen, es handelt sich vielmehr um ein Gemisch verschiedener architektonischer Elemente – sowohl Bürgerhäuser, Wohnstätten der im Bergbau Tätigen, wie auch Handwerkshäuser, Mühlen, ferner Häuser, die sich an einem schmalen Streifen am See entlang sowie hangwärts erstrecken. Mitunter sind viele typische Details aus den bäuerlichen Hauslandschaften des Salzkammerguts zu erkennen. Auch Bauten des „Historismus" mit drei Stock hohen Balkonvorbauten, verglaste Veranden, verziert mit Sägeschnittmustern, zeigen die Vielgestaltigkeit, aber auch einen gewissen Traditionswillen der Hallstätter, die ihr Ortsbild nicht willkürlich zerstören wollen. – Bis 1875 war Hallstatt nur über den See oder auf einem Saumweg erreichbar.

An Sehenswürdigkeiten ist vor allem die katholische Pfarrkirche mit spätgotischen Fresken (um 1500) und beherrschenden spätromanisch-spätgotischen Bauelementen sowie drei besonders sehenswerten Schnitz- und Flügelaltären aus dem Mittelalter hervorzuheben. Hinter der Kirche befindet sich im romanischen Untergeschoß der Michaelskapelle das Beinhaus, wo exhumiertes und bemaltes Totengebein, darunter 1.800 Schädel, aufbewahrt wird.

Blick vom Rudolfsturm

Als Ausflugsziele sind zu erwähnen der Salzberg mit ehemaligen Knappenhäusern, das Salzbergwerk, die berühmten Gräberfelder mit zweieinhalbtausend Gräbern inkl. Grabbeigaben sowie ein Wehrturm, der sogenannte Rudolfsturm, vollendet 1284 zum Schutz der Hallstätter Salzanlagen – heute ein herrlicher Aussichtspunkt mit Restaurant.

Der Wanderweg entlang der Soleleitung bis zum Sudwerk in Ebensee am Traunsee ist ebenfalls zu empfehlen, ferner ein Besuch des Vorderen und Hinteren Gosausees mit Dachsteinblick, die Dachsteineishöhlen sowie diverse hochinteressante Museen in und um Hallstatt, nicht zu vergessen die jährliche Fronleichnamsprozession in Booten am See.

Hier merkt man den Platzmangel!

Ortsführungen, Schiffahrt auf dem Hallstätter See, Tauchpark Dachstein – Salzkammergut, Wanderungen zu den Waldbachstrub-Wasserfällen und zum Gletschergarten im romantischen Echerntal.

Info: Tourismusinformation,
A-4830 Hallstatt, Tel.: 0043/(0)61348208,
Fax: 0043/(0)61348352,
E-Mail: hallstatt.info@eunet.at,
Internet: www.tiscover.at/hallstatt, www.hallstatt.net

Pyhrn-Priel-Gebiet

Vorderstoder mit Großem (links) und Kleinem Priel

70 Vorderstoder

Von Windischgarsten zweigt eine sehr schöne Straße über Roßleithen nach Vorderstoder ab. Überraschend ist das Kirchdorf nach kurvenreicher Fahrt durch Wiesen und Hochwälder auf einer Kuppe zu sehen – ganz besonders idyllisch gelegen, für „Urlaub am Bauernhof" besonders empfehlenswert.

Auf der Kuppe stehen in 800 m Seehöhe die spätgotische Kirche, der Pfarrhof sowie nur einige Bürger- und Bau-

Hauptstraße

ernhäuser samt Beherbergungsbetrieben und Gastwirtschaften, die vor allem Spezialitäten aus eigenem Anbau anbieten. Man kann sich jedoch am Bauernmarkt mit landwirtschaftlichen Produkten auch selbst versorgen.

Beim letzten Haus an der Straße eröffnet sich ein grandioser Blick. Das Stodertal mit Warscheneck, der bizarren Spitzmauer und dem Großen Priel bilden eine fantastische Kulisse. Angesichts dieses Gipfelpanoramas und seiner bevorzugten Lage kann sich Vorderstoder zu den schönsten Dörfern Oberösterreichs zählen – eine kleingliedrige Streusiedlungslandschaft mit alpinen Haufenhöfen, meist mit eingeschoßigen gemauerten Häusern, umgeben von Streuobstwiesen und kleinen Feldern; ein Ferienort mit liebevoll erhaltenem Erscheinungsbild, ohne Massentourismus und Bettenburgen.

Wegen der zentralen Lage des Ortes ergeben sich reichlich Wandermöglichkeiten bis weit hinein nach Hinterstoder zum Fuß der steilen Wände der Spitzmauer, zum Quellgebiet der ins Tal stürzenden jungen wilden Steyr. Die Berge des Toten Gebirges sind ein Zentrum des Alpinismus im Sommer und Winter und auch durch Aufstiegshilfen gut erschlossen.

Blick aufs Tote Gebirge

Am Weg zurück nach Windischgarsten bietet sich der Gleinkersee als sehr lohnendes Ausflugsziel an.

60 km markierte Wanderwege, markierte Steige auf elf Zweitausender, Klettersteige, Angeln, Reiten, Wild- und Freizeitpark, Mountainbiking, Rafting, Kajakfahrten, Schipisten, Langlauf, Rodeln, Eisstockschießen, Pferdeschlittenfahrten.

Info: Tourismusverband, A-4574 Vorderstoder, Tel.: 0043/(0)75648255, Fax: 0043/(0)7564825520, Internet: www.tiscover.com/vorderstoder

Pyhrn-Priel-Gebiet

Windischgarsten mit Kleinem und Großem Pyhrgas

71 Windischgarsten

Schon die alten Römer schätzten nach einer gebirgigen Fahrt über den Pyhrnpaß die Ausweitung des Teichelbaches und gründeten hier eine Straßenstation. Im 16. Jhdt. trug die Eisenindustrie sehr zur Entwicklung des Marktes bei.

Dorferneuerung wird in Windischgarsten groß geschrieben. An den zum Platz führenden Straßen liegen zweistöckige Bürgerhäuser dicht nebeneinander, meist mit der Traufseite zur Straße gewandt. Am Platz selbst fällt das

Marktplatz

Schmucke Bürgerhäuser

Auffahrt zur Kalvarienbergkapelle

Wandern, Bergsteigen, Klettern, Reiten, Paragleiten, Drachenfliegen, Sommerrodelbahn, Mountainbiking, Rafting, Wildpark (Enghagen), Schipisten, Langlauf, Rodeln, Schlittenfahrten.

Info: Pyhrn-Priel Information Windischgarstner Tal, A-4580 Windischgarsten, Hauptstr. 56 a, Tel.: 0043/(0)75625266, Fax: 0043/(0)75627101, E-Mail: info@egoland.at, Internet: www.egoland.co.at

Haus Nr. 17 aus dem 17. Jhdt. mit Runderkern besonders auf. Im Hof des Hauses Nr. 36 befindet sich ein auf allen vier Seiten geschmückter, von toskanischen Säulen gestützter Arkadenhof, welcher nunmehr als Kulturzentrum dient. Einige Häuser weisen bemalte Eckquaderung und Kratzputzornamente auf. An jedem historisch wichtigen Haus befindet sich überdies eine Informationstafel. So manches trägt schmiedeeiserne Fensterkörbe, ein Hinweis auf die seinerzeitige Eisenindustrie, zählt doch Windischgarsten in weiterem Sinn zur Region Pyhrn – Priel. Die Gasthöfe sind mit schönen Hauszeichen versehen. Von der Kalvarienbergkapelle eröffnet sich im Westen das prächtige Panorama des Toten Gebirges; auch der Blick hinunter in den Markt ist nicht weniger reizvoll.

Windischgarsten hat Sommer- und Wintersaison, wie z.B. eine Sommer- und Winterrodelbahn, dazu recht nahe gelegene Aufstiegshilfen, auch Wildbachraften ist möglich. Ein gut ausgebautes Wanderwegenetz bietet sich für Erkundungen der Umgebung an.

Wer sich mit Lederhosen „eindecken" will, möge sich geeignete Modelle beim Internationalen Lederhosentreffen am ersten Augustwochenende ansehen; den übertriebenen Zwang zu folkloristischen „actions" wird man gerne vermissen, wie überhaupt das Traditionsbewußtsein hinsichtlich Trachtenbekleidung stark ausgeprägt ist. Gemischte Wiesen- und Grünlandwirtschaft, Ackerbau und Forstwirtschaft werden bis nach Spital am Pyhrn in der Ebene betrieben.

Steyrtal

Steinbach, von Grünburg aus gesehen

72 Steinbach an der Steyr

Den nachhaltigsten Eindruck von dem so malerisch an den Ufern der Steyr gelegenen Ort erhält man vom gegenüberliegenden Ufer, vor allem wenn er sich bei strahlendem Sonnenschein in der gestauten Steyr beim Wehr spiegelt. Wie in Stufen baut sich Steinbach vom Flußufer bis hinauf zur spätbarocken Kirche auf.

Das Dorf war einst Mittelpunkt der Messererzeugung; als das Eisengewerbe noch florierte, sprach man vom „goldenen Steinbach".

Der unermüdlichen Tätigkeit eines sehr tüchtigen Dorferneuerungsforums ist es zu verdanken, daß durch Restaurierung der alten Bausubstanzen und Schaffung bäuerlicher Musterbetriebe sowie durch das Messerermuseum in den alten Anlagen Steinbach wieder in den Blickpunkt der Öffentlichkeit gerückt wurde. Als Anerkennung dafür sowie für die Bemühungen um die Erhaltung von Natur und Landschaft wurde der Ort mit dem internationalen „Europäischen Dorferneuerungspreis" ausgezeichnet.

Lokomotive der Steyrtalbahn

Die Hochgasse hinauf ist wegen der bemalten Fassaden, der erneuerten Stuckarbeiten an den Bürgerhäusern, des neuen Brunnens, der Häuser Nr. 2 und Nr. 9, des alten Pfarrhofs mit Mansardendach – ein Bau spätbarocker Landarchitektur – besonders sehenswert.

Das Umfeld von Steinbach liegt am Rand der Hauslandschaften zwischen inneralpinen Haufenhöfen und der nach Süden vordringenden Vierkanter mit sehr verschiedener Mauergestaltung. – Rund um die Höfe finden sich Streuobstwiesen; die Landwirtschaft konzentriert sich vornehmlich auf Gründlandwirtschaft und Viehzucht.

Ortszentrum

Für Freunde der Volkskunde sind vor allem der Advent und die Krippenausstellung erwähnenswert. – Will man mit der ältesten Dampfschmalspurlokomotive der Museumsbahn von Steyr-Lokalbahnhof nach Grünburg und Steinbach fahren,, so empfehlen sich dafür die Monate Juni bis September. Radfahrern bietet sich einer der schönsten Radwege entlang der Steyr von Steinbach bis Klaus auf der ehemaligen Trasse der Steyrtalbahn an; zurück kann man den Weg über Molln wählen. – Für Wanderungen ist der Nationalpark Kalkalpen bestens geeignet.

Wandern, Steyrtal-Radweg, Mountainbiking, Reiten, Angeln, Schifahren, Langlaufen, Eisstockschießen.

Info: Tourismusverband Steyrtal, A-4594 Steinbach a. d. Steyr, Pfarrhofstr. 1, Tel.: 0043/(0)7257841113, Fax: 0043/(0)7257841120, E-Mail: steyrtal@oberoesterreich.at

Teilansicht der Promenade

73 Aschach an der Donau

Eine der schönsten Zeilensiedlungen am Rande des agrarisch bedeutenden Eferdinger Beckens am rechten Donauufer ist Aschach. Sommerfrische, Schiffsanlegestelle, Donaustaustufe, eine große Donaubrücke und eine sehr maßgebliche Agrarindustrie kennzeichnen die Bedeutung dieses Marktes mit seinem rein dörflichen Umfeld.

Gedenktafel zur Hochwasserkatastrophe von 1789

Aschach an der Donau

Einstmals war Aschach ein Schiffermarkt am Jahrtausende alten Verkehrsweg Donau.

Die Schönheit Aschachs läßt sich am besten von der Donaubrücke oder vom gegenüberliegenden Flußufer erfassen, vor allem die fast 1 km lange Reihe der prächtigen Bürgerhäuser aus dem 16.–18. Jhdt. mit den vielen unterschiedlichen Dachformen und Haushöhen. Direkt von der Uferpromenade aus können die einzelnen architektonischen und kunsthistorischen Details aus der Nähe in Muße betrachtet werden. Die Erker, Stuckverzierungen, die unterschiedliche Farbgebung der Schauseite der Häuser und die teils mit Arkaden versehenen Innenhöfe sowie die kleinen Gassen im Ortskern sind es wert, längere Zeit zu verweilen.

Im unteren Drittel von Aschach, donauabwärts, steht die aus der Blütezeit des 16. Jhdt.s stammende Pfarrkirche, die durch den berühmten Architekten Clemens Holzmeister (1886-1983) gefühlvoll renoviert wurde. Auch das Schloß Harrach, mit einem Park im englischen Stil, soll nicht unerwähnt bleiben.

Die immer mehr zunehmende Radtouristik entlang der Donau bringt viele Gäste in den Ort. Die schönen alten Gasthöfe laden zu geruhsamer Rast mit anschließender Besichtigung der Häuserfront, kleinen Gäßchen und Arkadenhöfe ein.

Die Dorflandschaft südlich von Aschach in Richtung Eferding – ein ebenso großer Markt mit schönem Marktplatz – wird geprägt durch den Gemüseanbau. Die Bauern hier haben den größten österreichischen Gemüsekonservenproduzenten als Abnehmer ihrer Produkte. In den Dörfern Pupping und Karling etwa lagern im Herbst vor den Toren der großen Vierkanthöfe Kürbisse, Gurken, ferner Zierkürbisse, auch zum Direktverkauf. Die alle meist restaurierten Vierkanthöfe strahlen eine Gediegenheit aus, die auf die hierorts guten wirtschaftlichen Verhältnisse zurückzuführen ist.

Vierkanter in Pupping

Motiv aus Pupping zur Erntezeit

Reizende Ausflugsmöglichkeiten auf bewaldete Höhen mit Burgruinen wie auch ins angrenzende Mühlviertel. Tradition, Brauchtum und Unterhaltung ziehen die Gäste zu jeder Jahreszeit in ihren Bann.

Info: Tourismusverband, A-4082 Aschach/Donau, Tel.: 0043/(0)7273635510, Fax: 0043/(0)7273635517, Internet: www.aschach.at

Innviertel

Ortsbild von Großpiesenham, rechts das Stelzhamer-Haus

74 Pramet · Großpiesenham

An der Durchgangsstraße von Vöcklamarkt nach Ried im Innkreis liegt Pramet; von dort sind es nur wenige Kilometer in Richtung Osten zum kleinen Dorf Großpiesenham. Hier fallen besonders die schönen, in ihrem ursprünglichen Erscheinungsbild erhaltenen Innviertler Vierseithöfe auf – fast durchwegs noch Holzblockbauten, mit Schindeln vertäfelt. Im Sommer stehen die von Sonne und Wetter gebräunten Schindeln zu den überreich mit

Blumenkästchen geschmückten Fenstern in besonders reizvollem Kontrast. Auch die kleinen Vorgärten an der Giebelseite, zum Teil mit Brunnen, tragen viel zum gefälligen Eindruck bei. Prächtige Holztore mit Sonnenmustern im Sägeschnitt verbinden die Gehöftteile. Die Bewohner dieses Dorfes sind sich der Erhaltung traditioneller Baukultur durchaus bewußt.

Auf einer kleinen Anhöhe oberhalb der Dorfstraße steht ein besonders erhabener Hof, das Elternhaus des über die Grenzen Österreichs hinaus bekannten Mundartdichters Franz Stelzhamer (1802–1874), allgemein als „Stelzhamerhaus" bekannt. Darin befinden sich auch eine Gedenkstätte und ein kleines Museum.

Alte Bauernhöfe, Großpiesenham

Sonnentor

Bäuerlicher Blumenschmuck

Wandern, Radfahren; Imkereimuseum (Pramet).

Info: Gemeindeamt, A-4925 Pramet 35, Tel. 0043/(0)77548450, Fax: 0043/(0)77548191, E-Mail: gemeinde@pramet.ooe.gv.at

Innviertel

Ortsdurchfahrt Leithen

75 St. Roman · Kopfing im Innkreis

Die Dorflandschaft östlich von Münzkirchen an der Südwestabdachung des Sauwaldes wird von vielen Weilern mit Vierseithöfen geprägt. Diese Höfe setzen sich aus Wohnhaus, Stall, Schuppen und Scheune zusammen; sie werden untereinander durch vier Tormauern mit Holztoren verbunden. Viele von ihnen weisen gerade in der Umgebung von St. Roman und Kopfing, u.a. vor allem in Wollmannsdorf, Schießdorf, Ratzing, Oberndorf und Leithen, einige Besonderheiten auf, die leider viel zu wenig Beachtung finden.

Tor eines Innviertler Vierseithofes

Detailansicht eines Hofes in Schießdorf

Bemalte Staubläden und Pfetten

Unterseite des Dachvorsprungs und Pfetten

Das Wohnhaus des Hofes in dieser Gegend ist meist ein Blockbau mit verschindelten Wänden und weit auskragendem Walmdach. Dies lud kunstsinnige, der Tradition verbundene Bauern und Zimmererleute ein, die dachtragenden geschnitzten Pfetten und die Flächen der Unterseiten des Daches, auch Staubläden genannt, sowie die Dachsäume durch Malereien zu verschönern. Die Details, vorwiegend symbolhafte Blumenmuster, Name des Besitzers, Segenssprüche, Zimmermannswerkzeuge und Jahreszahlen, sind in roten, weißen und blauen Farben gehalten. Auch die Holztore in den Tormauern, versehen mit Sonnenmustern in der oberen Hälfte der Rundbogen, sind durchaus sehenswert.

Leider schreitet – wie überall – auch in dieser Gegend des Sauwaldes die Zersiedlung mit nicht immer passenden Bauten fort, aber in den etwas abseits gelegenen Weilern mit den blau oder grün umrahmten Fenstern und viel Blumenschmuck im Sommer ist die schöne alte Dorfkultur noch zu verspüren…

Wandern, Radfahren, Langlaufen, Eisstockschießen.

Info: Gemeindeamt, A-4793 Altendorf 11, Tel.: 0043/(0)77167359, Fax: 0043/(0)771673594, E-Mail: gemeinde-st.roman@netway.at

Donautal

Blick auf Engelhartszell

76 Engelhartszell

Am rechten Donauufer, an der Nibelungenstraße, liegt das romantische, 1194 erstmals urkundlich erwähnte Engelhartszell, ein sehr lebendiger Ort mit Schiffsstation und Hauptstützpunkt am Donau-Radweg.

Wenn man von dem 726 m hoch gelegenen Ort Stadl, der zur Gemeinde Engelhartszell gehört, von Nordwesten kommend ins Donautal abwärts fährt, genießt man einen sehr schönen Blick auf Engelhartszell und auf das ehem. Stift Engelszell. Von diesem Aussichtspunkt können der gesamte, sehr umfangreiche Gebäudekomplex des heutigen Klosters sowie die Lage des Ortes im engen Donautal optimal überblickt werden. Der Ort, ein reines Straßendorf, erstreckt sich entlang der Donau, in seinem Kern finden sich etliche Bürgerhäuser, jedes mit einer Tafel mit interessanten historischen Daten versehen. Unter anderem sieht man auch das ehemalige Kaiserliche Mauthaus aus dem 15. Jhdt., weiters die gotische, später barockisierte Pfarrkirche, eine Pestsäule, das Hufschmiedemuseum und, am Donauufer, die Engelhartszeller Donau-Welt – eine Dauerausstellung nächst dem Schiffsanlegeplatz. Das Hufschmiedemuseum ist insofern für den Ort sehr interessant, als ja über Jahrhunderte die Kähne mittels Pferdekraft donauaufwärts gezogen wurden und hier ein wichtiger Stützpunkt für die Behufung der Pferde eingerichtet war.

Trappistenkloster Engelszell

Renovierte Bürgerhäuser in Engelhartszell

Ganz wesentlich trägt Engelszell, ein ehemaliges Zisterzienserstift, zum Ortsbild bei. Heute ist es das einzige Trappistenkloster Österreichs. Die Stiftskirche mit ihrem 74 m hohen Turm ist einer der eindruckvollsten, stilistisch reinsten Rokokobauten Österreichs, erbaut in den Jahren 1754-1763. Berühmt sind die Fresken von Bartholomäus Altomonte im Chor und Vorchor, auch die Altarbilder stammen von ihm.

Im Hinblick auf die Agrarstruktur ist nur das Umfeld der Höhensiedlungen Stadl, Maierhof und Oberranna mit Vieh- und Grünlandwirtschaft von Bedeutung. Die Innviertler Vierseithöfe reichen hier herauf bis zum Sauwald, den höchstgelegenen Dorflandschaften des Innviertels, bevor der steile Abfall ins Donautal beginnt. Sehenswert ist auch das 1956 eröffnete, seinerzeit größte europäische Flußkraftwerk Jochenstein, ca. 3 km von Engelshartszell donauaufwärts gelegen. Das linksseitige Ufer der Donau, genau gegenüber Engelhartszell, ist schon bayrisch.

Blick ins Donautal

Radfahren, 60 km markierte Wanderwege, Reiten, Angeln, Schotterinseln mit Grillplätzen in der Donau, Schiffahrt Richtung Passau und Linz, Wasserschi.

Info: Tourismusverband, A-4090 Engelhartszell, Marktpl. 61, Tel.: 0043/(0)7717805516, Fax: 0043/(0)7717805522, E-Mail: engelhartszell@netway.at, Internet: www.engelhartszell.at

Mühlviertel

Ortsbild von Putzleinsdorf

77 Putzleinsdorf

Ein derart schönes, geschlossenes Ortsbild wie in Putzleinsdorf ist leider selten geworden!

Putzleinsdorf liegt auf einer sanften Bodenwelle in der Mühlviertler Ferienregion „Donau – Ameisberg" an der Straße zur bayrischen Grenze in Oberkappel.

Typisch für das Obere Mühlviertel ist der Flachsanbau

Hauptplatz mit Brunnen

Statue des hl. Nepomuk

Den Ortskern bilden der besonders reizvolle Marktplatz mit einem Standbild des hl. Nepomuk am Marktbrunnen und eine achteckige Prangersäule in zentraler Lage. Umrahmt wird der Platz von ganz besonders ansprechenden Bürgerhäusern in dezenter Färbelung, mit stuckverzierten Fenstern und Fassaden, nach oben hin mit Dreiecks- und geschweiften Giebeln abschließend. Die Blumenkistchen an den Häusern mit ihren kleinen Fenstern in Nischen – „Spione" oder Neugierguckerln – sowie die Bäume vor den Fronten ergeben einen äußerst freundlichen Gesamteindruck.

In nächster Nähe von Putzleinsdorf liegt das Dorf Neundling mit fünf Höfen, die sich zu einer Bio-Bauerngemeinschaft zusammengeschlossen haben.

Wandern, Radfahren.

**Info: Gemeindeamt, A-4134 Putzleinsdorf 7,
Tel.: 0043/(0)7286827610, Fax: 0043/(0) 728682769,
E-Mail: marktgemeinde@putzleinsdorf.at,
Internet: www.putzleinsdorf.at**

Mühlviertel

Ortskern von Rudolfing

78 Rudolfing

In nächster Nähe von Aigen im Mühlviertel fallen zwei Orte durch erfolgreiche Dorferneuerungsaktionen besonders auf. Eines davon ist Rudolfing, ein Straßendorf nördlich von Aigen, das durch einen Brand sehr stark in Mitleidenschaft gezogen wurde. Im Rahmen der Dorferneuerung ist es gelungen, die Hakenhöfe – sie werden auch Ackerbürgerhäuser genannt – durch Beständigkeit in der Materialstruktur, Fassadengestaltung und einheitlichen Dachausbau in besonders erfreulicher Geschlossenheit wiedererstehen zu lassen.

Gesamtansicht

Der Ort macht einen überaus sauberen, netten Eindruck, vor allem durch seine Grünflächen vor den Häuserfronten, die mit Blumenkörben geschmückten Fenster sowie durch die dezenten Farben der Mauerflächen.

Die zweigeschoßige Giebelfront weist pro Stock vier Fenster auf; mit einer Tormauer samt großem Tor und kleinem Gehtürl schließt ein Haus an das nächste an. Ein wenig betrüblich sind die zum Teil spantenlosen Kippfenster. Der Innenhof endet mit einem querstehenden Scheunen-Stalltrakt und anschließendem kleinem Streuobstgarten sowie den üblichen Nebengebäuden. – Besonders erfreulich ist, daß im Umkreis des Dorfes keine Zersiedlungstendenzen festzustellen sind.

Im Weiler Unterneudorf hat man, ebenfalls im Sinne der Dorferneuerung, einen Dreiseithof mit farbiger Eckquadermalerei versehen und hierdurch samt Blumenschmuck, Baum- und Vorgartl ein kleines Idyll geschaffen, das die anderen Hofbesitzer hoffentlich zu ähnlichen Vorhaben anregen wird.

Im Umkreis von Aigen/Schlögl und Berg bei Rohrbach sind noch viele weitere Beispiele schöner Weiler zu finden.

Hof in Unterneudorf

Wandern, Radfahren, Langlaufen, Rodeln.

Info: Gemeindeamt, A-4160 Aigen im Mühlkreis, Marktpl. 17,
Tel.: 0043/(0)72816252, Fax: 0043/(0)728162529,
E-Mail: gemeinde@aigen.ooe.gv.at

Mühlviertel

Einer der schönsten Märkte Oberösterreichs

79 Schenkenfelden

Schenkenfelden – an der europäischen Wasserscheide zwischen Nordsee und Schwarzem Meer – kann sich rühmen, einer der schönsten Märkte Oberösterreichs mit einem sehr harmonischen Kern zu sein. Aus der Vogelperspektive präsentiert er sich in seiner Geschlossenheit ohne Zersiedlungstendenzen, was in Österreich leider selten ist. Die Felder reichen bis an den Ortsrand, und die Bauern können vom Feld direkt zum Marktplatz fahren.

Inmitten des großen quadratischen Marktplatzes stehen die spätgotische Kirche, ein hl. Nepomuk, umrahmt von hohen alten Bäumen, der Pfarrhof, zwei Brunnen sowie ein alter Pranger. Den Platz umgeben – nach einer Brandkatastrophe – die revitalisierten Bürger- und Bauernhäuser: Man hat es verstanden, vor allem mit der Farbgebung der Fassaden dieser Häuser sehr vorsichtig umzugehen und keine „knalligen" Farbtöne zu verwenden. Sehr bescheidene Stuckverzierungen an den Giebelfronten beleben den Gesamteindruck.

Sehr fortschrittlich ist man in Schenkenfelden nicht nur hinsichtlich der Ortsbilderneuerung, sondern auch im Umweltbereich. Eine Hackschnitzelverbrennungsanlage liefert Nahwärme, eine Photovoltaikanlage und Windpark sorgen für Energie.

Für die Freizeitgestaltung stehen viele Einrichtungen zur Verfügung, z.B. ein Märchen-Waldwanderweg für Kinder. Die erholsame klare Luft und der schmucke Markt mit seiner Umgebung tragen viel zum Ansteigen des Fremdenverkehrs bei.

Liebevoll renovierte Fenster

Ortsmitte

Wandern, Radfahren, Angeln, Reiten, Pferdekutschenfahrten, Beach-Volleyball, Kreuzweg zur Kalvarienbergkirche mit Grabkapelle, Einsiedlerhöhle am Thierberg, Langlaufloipen.

Info:
Tourismusverband Schenkenfelden,
A-4192 Schenkenfelden,
Markt 1
Tel.: 0043/(0)72147005,
Fax: 0043/(0)721470059,
E-Mail:
mgde.schenkenfelden@utanet.at

Mühlviertel

Ortsbildgestaltung in Ottenschlag

80 Ottenschlag im Mühlkreis

Was gut durchdachte Ortsbilderneuerungsaktionen zustande bringen können, läßt sich mit Erstaunen am schönen, ganz eigenartigen Dorfbild von Ottenschlag feststellen. In diesem Angerdorf ist eine Konzentration von Mühlviertler Dreiseithöfen ganz besonderer Prägung zu sehen. Der Granit des Mühlviertels wurde für den Mauerbau vor allem im Bereich von Ottenschlag bei fast jedem Hof verwendet. Die Fugen zwischen den Granit-

Drei Beispiele für typisches „Steinbloßmauerwerk"

bruchsteinen wurden mit Mörtel verputzt, weiß gestrichen und ergeben ein unregelmäßig gegliedertes Mauerwerk, das auch als „Steinbloßmauerwerk" bezeichnet wird und dem Gehöfttyp ein eindrucksvolles Erscheinungsbild verleiht.

Die mächtige Gehöftform ist gekennzeichnet durch einen langgestreckten Innenhof, der zur Straße hin mit einer Tormauer und Gehtürl abgeschlossen wird. Zu beiden Seiten der Tormauer befinden sich die in der Regel zwei-

stöckigen Giebelfronten. Die rechte Giebelfront ist meist die des Wohnhauses, die linke des Austragstüberls. Die ursprünglichen Strohdächer sind fast ganz verschwunden; heute herrscht das Ziegeldach mit Viertelwalm an der Giebelfront vor. Mit Ausnahme der am Ende des Hofes querstehenden Scheune ist der Hof durchgehend gemauert.

Das Wohnhaus wird traufseitig vom Hof her betreten und umfaßt zur Straßenfront hin eine Stube und eine Kammer; geradeaus liegt die Küche, die ehemals „schwarze Kuchl". Zum Stallteil hin befinden sich meist noch zwei Kammern. Die Schlafräume sind im Obergeschoß. In der Ausnehmerwohnung ist – in etwas bescheidenerer Ausführung – dieselbe Einteilung anzutreffen.

Man hat sich auch bemüht, besonders die Holztore zu erneuern, und vor die Fenster wurden Blumenkistchen gestellt. Bei einigen Bauten ist dem Haus ein Kräutergartl mit Holzzaun vorgeschoben.

Die bäuerliche Struktur, alte Traditionen und das Naturbewußtsein der Bevölkerung haben Ottenschlag so erhalten, wie man nur mehr selten eine Dorflandschaft findet. Man nennt Ottenschlag auch die „Stein-Gartl-Gemeinde", abgeleitet von den Heiden- oder Opfersteinen vergangener Kulturen im nahen Naturschutzpark. Auch die Volksmusik mit der „Ottenschlager Saitenmusi" und der Lederhosenklub haben bereits großen Bekanntheitsgrad erlangt.

Wegen der Seehöhe von 650 bis 924 m sind nur die Grünland- und Forstwirtschaft rentabel. Das Landschaftsschutzgebiet am Roadlberg sowie das Naturschutzgebiet Stadlerwiese sind neben dem Heidenstein beliebte Ausflugsziele. Der Aussichtsturm am Roadlberg bietet einen weiten Blick über die südlichen Kalkalpen.

Wandern, Radfahren, Naturschutzgebiet „Stadlerwiese" mit seltener Tier- und Pflanzenwelt (Rundwanderweg mit Schautafeln), Rundwanderweg Roadlberg, Langlauf, Eisstockschießen.

Info: Gemeindeamt Ottenschlag i. M., A-4204 Reichenau i. M., Tel.: 0043 / (0)721182550, Fax: 0043 / (0)721182555, E-Mail: gemeindeamt@ottenschlag.at, Internet: www.ottenschlag.at

Mühlviertel

Dreikanthof nächst Wienau

81 Wienau

Etwa 5 km nördlich von Weitersfelden liegt das kleine Straßendorf Wienau mit ganz urtümlichem Charakter und fast unversehrtem Ortsbild, vornehmlich mit mächtigen Mühlviertler Dreikanthöfen, die mit ihren Giebelfronten und Tormauern fast ausschließlich zur Dorfstraße zeigen. In den Tormauern, die die beiden Giebel miteinander verbinden, befinden sich große, meist sehr schöne Holztore, oft auch ein kleineres Gehtürl. Die Höfe sind aus Granitbruchsteinen aufgemauert, die Fugen zwischen ihnen werden weiß verputzt – der Granit bleibt „bloß". Daher nennt man diese Art des Mauerwerkes „Steinbloßmauerwerk"; es trägt zur Belebung des Erscheinungsbildes der Höfe sehr viel bei.

Vor den Höfen stehen kleine Obstbäume auf schmalen Rasenflächen, ab und zu grenzt ein kleinerer Lattenzaun den Hausgarten ab und schützt ihn gegen allzu gefräßiges Federvieh. Insgesamt bietet das Grün vor den Häuserfronten einen sehr idyllischen Anblick.

Eine kleine Kapelle am Südrand von Wienau fällt besonders auf. Sie ist ebenfalls aus Steinbloßmauerwerk errichtet – soweit bekannt, die einzige im Mühlviertel –, in etwas ungewohnt volkstümlicher anonymer Ausformung, mit hohem Glockenturm,

Kapelle aus Steinbloßmauerwerk

aber unproportional schmalem Schiff. In ihrem Inneren befinden sich grob behauene Köpfe, die vermutlich die zwölf Apostel darstellen. Eine Weltkugel krönt die schöne Tormauer des Hofes gleich neben der Kapelle, dessen ursprünglicher Besitzer sie von den Steinmetzbrüdern Sturm im vergangenen Jahrhundert erbauen ließ.

Ein romantischer, noch unverfälschter Blick in das Dorfleben bietet sich, wenn im Sommer das Vieh am Abend, durch die einzige Straße, von der Weide ins Dorf getrieben wird und die Tiere genau wissen, zu welchem Hof sie gehören. Dorf in Reinkultur!

Dorfidylle

Altes Holztor

Wandern, Radfahren.

Info: Gemeindeamt, A-4272 Weitersfelden 11, Tel.: 0043/(0)79526255,
Fax: 0043/(0)795262559,
E-Mail: gemeinde@weitersfelden.ooe.gv.at, Internet: www.weitersfelden.at

Hausformen in Niederösterreich

Weinviertler Streck- und Haken-hof (Trettn oder Arkaden)

Waldviertler Drei- und Vierseithof

Vierkanter

Donau

Wachauer Winzerhof

WIEN

Dreiseithof in Wien

● ST. PÖLTEN

Ybbstaler Doppel-T-Hof

Gassenfront-häuser Marchfeld

Dreiseithof Bucklige Welt

Vierseithof Bucklige Welt

Inneralpiner Haufenhof

Niederösterreich

Niederösterreich ist flächenmäßig das größte Bundesland Österreichs. Es erstreckt sich von der Europäischen Wasserscheide an seiner Nordgrenze südwärts über die Donau und die nördlichen Kalkalpen bis zu den Ausläufern der Zentralalpen wie Semmering und Wechsel. Bezüglich seiner Dorflandschaften ist Niederösterreich äußerst vielgestaltig. Geprägt wurden sie durch die unterschiedliche Landschaft, Geschichte und vor allem auch von den wirtschaftlichen Schwerpunkten der jeweiligen Region: Eisenindustrie – Weinbau und intensive, großflächige Landwirtschaften im Osten.

Waldviertel

Blick auf Traunstein im Waldviertel

82 Traunstein

Etwa 25 km südlich der Bezirkshauptstadt Zwettl liegt die 1968 zum Markt erhobene Gemeinde Traunstein in etwa 900 m Seehöhe. Der Ort ist durch einen steil ansteigenden Straßenplatz gekennzeichnet, mit beiderseits nur zweigeschoßigen Drei- und Vierkanthöfen, die allerdings nicht mehr ganz der typischen Waldviertler Hausland-schaft entsprechen. An seinem Ende steht die neue, aus Waldviertler Granit errichtete Kirche mit Pfarramt. Den-

Windmühle

Granitblöcke dominieren das Landschaftsbild

noch zeigt der Straßenplatz ein geschlossenes Dorfbild, was schon sehr selten geworden ist.

Eine Besonderheit von Traunstein sind granitene, sogenannte Wackelsteine, wie der Wiegen-, Opfer- und Franzosenstein in der unmittelbaren Umgebung, ferner eine hölzerne Windmühle. Sie steht unter Denkmalschutz und ist ihrer Bauart nach als Blockmühle betriebsfähig. Erst 1949 wurde in Traunstein der elektrische Strom eingeleitet. Bis dahin war die Mühle zum Schrotmahlen unentbehrlich.

Traunstein hat durch Eigeninitiative ein Kunst- und Kulturzentrum als Ort der Begegnung eingerichtet. Überdies entstand hier das Bildhauerzentrum „Josef Elter". Prof. Josef Elter war Bildhauer und Pfarrer zugleich. Er wirkte von 1958–1996 und formte Skulpturen aus Holz und Stein.

Nahe von Traunstein befinden sich ein bedeutendes Heilmoorvorkommen sowie ein Freizeitgelände mit Badeteich, außerdem gibt es etliche Radwege. Ackerbau, Grünlandwirtschaft, Viehzucht sowie Forstwirtschaft sind vorherrschend.

Waldviertler Mohn

20 km markierte Wanderwege, Radfahren, Mountainbiking, Kräuterwanderweg, Countryfest, Schifahren, Langlaufen, Rodeln.

**Info: Gemeindeamt, A-3632 Traunstein 111,
Tel.: 0043/(0)28786077, Fax: 0043(0)287860774,
E-Mail: gemeinde.traunstein@wvnet.at,
Internet: www.wvnet.at/kunden/gemeinden/traunstein**

Wachau

Gesamtansicht

83 Weißenkirchen in der Wachau

Von Melk bis Krems wurde das 30 km lange und enge Donautal – eine der schönsten Kulturlandschaften Österreichs – im Jahre 2000 zum Welt-Kulturerbe der UNESCO erhoben, ein uraltes Siedlungsgebiet, wie der Fund der kleinen, fast 30.000 Jahre alten Kalksteinskulptur der „Venus von Willendorf" bewiesen hat.

Entlang der Donau verlief seit Urzeiten der bedeutendste Handelsweg des gesamten Raumes; er bedurfte naturgemäß eines Schutzes, daher auch der wehrhafte Charakter seiner Dörfer und Märkte. Etwa in der Mitte dieses Handelsweges weitet sich das Donautal und bot Platz für den alten Weinbauort Weißenkirchen sowie den zugehörenden Dörfern Joching, Wösendorf und dem Weiler St. Michael.

2000 Jahre Geschichte haben in diesem Gebiet ihre Spuren hinterlassen – alles überragend die weithin sichtbare gotische Wehrkirche aus dem Jahre 1190, umgeben von den Resten einer spätmittelalterlichen Wehrmauer und dem Markt. Am Fuß dieser Kirchenburg liegt der wunderschöne Ortskern, geprägt durch viele prächtige Bürger- und Weinbauernhäuser aus dem 16. Jhdt., darunter zweigeschoßige Giebel- wie traufständige Lesehöfe, zum Teil mit Innenhöfen. Lesehöfe waren seinerzeit die Unterkünfte für die Hilfskräfte der Stifte während der Weinlese. Direkt unter dem gedeckten Stiegenaufgang zur Wehrkirche liegt der geschlossen verbaute Marktplatz mit einer Nepomukstatue. Ein markanter Renaissancebau sei hier besonders hervorgehoben: der von 1439-1468 erbaute „Teisenhofer-Hof", der im Innen-

Alte Trichterkirche

hof zweigeschoßige Arkadengänge aufweist und in dem sich heute das Wachaumuseum und die Weinakademie befinden. Es ist hier nicht möglich, alle weiteren historischen Baulichkeiten anzuführen, dennoch seien u.a. genannt: der Heimingerhof, das ehemalige Mautschifferhaus, der Turnhof, der Manghof und der Zelckingerhof, alle von architektonisch und historisch wertvoller Substanz. Skurill am Rathaus eine alte Trichterküche mit einem Kamin mit Schwalbenschwanz-Zinnen und, am Donauufer, drei revitalisierte eindrucksvolle ehemalige Salzspeicher mit verbretterten Schopfwalmdächern. In den verwinkelten Gäßchen sind Nischenbildstöcke, herausgebaute Erker, Rundbogentore u.v.a.m. zu sehen.

Die rund 1.600 Einwohner Weißenkirchens leben zum größten Teil vom Wein- und Marillenanbau sowie vom Fremdenverkehr, darunter viele Radtouristen.

Weingärten vor Weißenkirchen

Altes Rathaus

Teisenhofer-Hof

Weingut in Joching (Prandtauerhof)

Jedem Besucher von Weißenkirchen sei empfohlen, ein Stück die Seiberberg-straße hinaufzufahren und einen Blick hinunter zur Donau, über die weitläufigen Weinterrassen und den Ort selbst, zu werfen. Von dieser Anhöhe aus sind donauaufwärts auch die zur Gemeinde gehörenden Winzerdörfer Joching, Wösendorf und St. Michael zu sehen, die ebenfalls viel Interessantes zu bieten haben. Überall gibt es Heurigenschenken, aber auch sehr berühmte Weingüter mit erstklassigen Restaurants laden zum Verweilen ein. Im Weinbaugebiet von Weißenkirchen finden sich wegen der geologischen Formation keine Kellergassen wie im östlich angrenzenden Weinviertel; Preßstuben und Keller sind vielmehr in die Lesehöfe integriert.

Weißenkirchen ist Bahn-, Schiffs- und Rollfährenstation.

Donaupromenade, 20 km Wanderwege durch Wein- und Waldgebiet, Schiffsreisen, Radwandern, Beach-Volleyball, Sportfischen.

Info: Gemeindeamt, A-3610 Weißenkirchen 32,
Tel.: 0043/(0)27152232, Fax: 0043/(0)2715223222,
E-Mail: gem.weissenkirchen@wvnet.at,
Internet: www.weissenkirchen-wachau.at

Weinviertel

Zu einer schönen Landschaft gehört auch ein schönes Dorf

84 Großriedenthal

In Niederösterreich ist öfters der Spruch „Dort, wo der Wein wächst, sind die schönsten Landschaften" zu hören – und zur Landschaft gehört meist auch ein schönes Dorf. Von den vielen Dörfern im Weinviertel, nicht weit nordwestlich von Kirchberg am Wagram, bestätigt Großriedenthal diese alte Weisheit.

Ein kleines, kompaktes, sogenanntes Linsenangerdorf, im Norden am Abhang Weingärten, im Süden zur Donau hin wohlbestellte Äcker und zwei Kellergassen. Im Dorf in der Mitte des Angers steht die frühklassizistische Pfarrkirche zum hl. Lorenz (1768–1771), umgeben vom Pfarrhaus und einigen zweigeschoßigen Bürgerhäusern. An den Randstraßen findet sich eine Mischung von bäuerlichen farbenfrohen Gassenfronthäusern, Dreiseit- und Zwerchhöfen, zur Straße hin mit sehr gepflegten Vorgärten. Durch schöne rundbogige Hofportale gelangt man bei manchen Höfen zu Arkaden. – Einige Stadel in der Hintergasse wurden unter Denkmalschutz gestellt. Besonders schöne Pfeilerbildstöcke beleben das Ortsbild aus dem 17. Jhdt.

Pfeilerbildstock

Typische denkmalgeschützte Scheunenreihe

Wegkreuz in den Weingärten

Wandern, Radfahren.

Info: Gemeindeamt, A-3471 Großriedenthal 23, Tel.: 0043/(0)22797246, Fax: 0043/(0)22797208, E-Mail: gem.grossriedenthal@utanet.at, Internet: www.grossriedenthal.at

Weinviertel

Aspersdorf mit Kellerviertel

85 Aspersdorf

Im westlichen Weinviertel, unweit von Hollabrunn, liegt das Doppelzeilendorf Aspersdorf mit einem sehr interessanten Kirchhügel. Die Dorfgassen zeigen noch eine Reihe alter Hakenhöfe, allerdings haben in den vergangenen Jahren Umbauten die klassischen Formen der Dorfgassen und Scheunenzeilen etwas verändert.

Um so mehr ist der alte Pfarrhof mit seinen Wohntrakten, einem Innenhof mit Arkadengang mit toskanischen

Preßhäuser am Kirchhügel

Sonnenblumen, so weit das Auge reicht...

Schüttkasten

Säulen, einem dreigeschoßigen Schüttkasten (zur Lagerung von Feldfrüchten) und Stallungen architektonisch recht interessant. Eine Reihe von Bildstöcken, etwa vom Ende des 17. bis in die zweite Hälfte des 19. Jhdt.s, findet sich an den Ortsausgängen.

Einmalig ist jedoch ein Denkmal anonymer und elementarer Architektur: das am Kirchhügel befindliche Kellerviertel hinter der Pfarrkirche zum hl. Georg. Einzeln stehende, eingeschoßige „geweißte" Preßhäuser mit Dreiecksgiebeln und ziegelgedeckten Schopfwalmdächern strahlen eine Ursprünglichkeit von hohem kulturgeschichtlichem Wert aus – ein selten schönes Ensemble!

Ein Wäldchen im Südosten am Rand des Hügels mit einer alten Weinpresse als „Markenzeichen" des Viertels bietet einen weiten Blick in das Umfeld.

Wandern, Radfahren.

Info: Gemeindeamt, A-2020 Hollabrunn, Tel.: 0043/(0)295221020, Fax: 0043/(0)2952210259, E-Mail: stadtgemeinde@hollabrunn.noe.gv.at, Internet: www.hollabrunn.noe.gv.at

Weinviertel

Falkenstein mit seiner Burgruine

86 Falkenstein

Zwischen der weithin sichtbaren Burgruine auf einer Kalkklippe und dem Galgenberg liegt in einer Talsenke Falkenstein, ein bedeutender Weinbauort im nördlichen Weinviertel. Die Burg wurde im 11. Jhdt. als Grenzfeste gegen den Norden errichtet. Im Jahre 1513 wurde Falkenstein durch Kaiser Maximilian I. das Marktrecht verliehen.

Der ältere Teil von Falkenstein ist ein Kirchort, haufenhofartig umgeben die Häuser die höher liegende Wehrkirche zum hl. Jakobus. Die im Südosten erfolgte spätere Siedlungserweiterung hat die Form eines Straßendorfes mit einem schönen Marktplatz und Zwerch- wie auch Straßenfronthäusern; zum Teil sind in den Höfen noch Laubentrettn

Kellergasse

vorzufinden. Die Wehrkirche am Hang des Burgberges ist ein langgestreckter Saalbau mit Baustufen aus der Romanik, Gotik und dem Frühbarock. Der Kirche angebaut ist ein beachtenswerter mittelalterlicher Wehrturm = Kirchturm. Am Fuß des Kirchberges befindet sich der Friedhof mit dem Pfarrhof, der gleichzeitig mit der Burg entstand und zu einer Wehranlage ausgebaut wurde. Der Spitalsbau aus dem 14. Jhdt. zählt zu den ältesten Bauwerken des Weinviertels. Das Rathaus im Zentrum des Ortes ist ein später Renaissancebau, zweistöckig mit einem dreistöckigen Volutengiebel. Vom Kalvarienberg aus genießt man einen besonders schönen Ausblick auf Ort und Umgebung.

Das „Markenzeichen" von Falkenstein ist jedoch das weit über das nördliche Weinviertel hinaus bekannte, schöne und gepflegte Kellerviertel im Süden des Ortes. Die leicht ansteigende Kellergasse ist beidseitig sowohl mit giebel- als auch traufständigen Preßhäusern versehen, z.T. mit Schopfwalmdächern, bunt gestrichenen Brettertoren, vielfach mit schmiedeeisernen Türbändern und Lüftungsluken beidseitig der Kellertüren. Das gesamte Ensemble präsentiert sich als ein Musterbeispiel für Ortsbildpflege, und Falkenstein erfreut sich deshalb eines regen Besucherzustroms, zu dem der sehr gute Qualitätswein und die romantisch dörfliche Atmosphäre des gesamten Umfeldes nicht unwesentlich beitragen. Weitergehende Informationen bietet das in der Kellergasse befindliche Museum.

Kellergassen sind weltweit einzigartig. Ihre Erhaltung sollte besonders dort, wo sie die Dorflandschaft prägen und kunsthistorisch wertvoll sind, außerhalb jeglicher Diskussion stehen.

Kellertür aus 1864

Wanderungen durch die Falkensteiner Berge; befestigte Siedlung „Schanzboden" (um 4.500 v. Chr.) mit noch heute erkennbarer Wallanlage.

Info: Marktgemeinde, A-2162 Falkenstein, Tel.: 0043 / (0)255485340, Fax: 0043 / (0)255488621, E-Mail: falkenstein@aon.at

Rathaus mit Volutengiebel

Thermenregion

Eingang zu einem Heurigen

87 Perchtoldsdorf

Obwohl Perchtoldsdorf die zweitgrößte Marktgemeinde Österreichs ist, weist dieser wunderschöne Ort im Weichbild von Wien in seinen Heurigengassen ein überaus dörfliches Erscheinungsbild auf. Allein die Agrarstruktur bringt es mit sich, daß die Weingärten, die unmittelbar an den Ort anschließen, das Umfeld zu einer Dorflandschaft werden lassen. Auch im Ortskern weisen viele Details der mittelalterlichen Bürgerhäuser auf die Wohlhabenheit der Bewohner, u.a. auf ihre Beziehung zum Weinbau und -handel und die damit verbundenen Gewerbe hin. – Heute bestehen für die Ortsbildgestaltung sehr strenge Vorschriften.

Wahrzeichen von Perchtoldsdorf ist der nördlich des rechteckigen Marktplatzes auf einer sanften föhrenbestandenen Anhöhe einzel stehende mächtige Wehrturm samt Mauern, daneben die gotische Kirche St. Augustinus (14./15. Jhdt.), die Reste der Herzogsburg, heute zu einem Veranstaltungszentrum ausgebaut, und die Martinikapelle mit Karner – ein selten schönes Ensemble! Beachtung sollte auch den spätmittelalterlichen Bürger- und Weinbauernhäusern am Marktplatz geschenkt werden, vor allem dem Rathaus mit gotischem Erker und „Al secco"-Malerei. Die wichtigsten Bauten sind mit Hinweisschildchen versehen, die über Baustil, Besitzer und Baualter informieren. In der Brunnerstraße ist noch das Hugo Wolf-Haus, ein typisches Weinhauerhaus aus dem 16. Jhdt., unter vielen anderen erwähnenswert.

Blick auf Perchtoldsdorf

Die Winzerhäuser außerhalb des Ortskerns sind bezüglich der niederösterreichischen Hauslandschaften und Siedlungsformen zum größten Teil Hakenhöfe oder Gassenfronthäuser mit großen Einfahrtstoren und kleinen Gehtürln, als gutes Beispiel das fränkische Bauernhaus in der Hochstraße 34 mit einem neben dem Tor befindlichen steinumfaßten gotischen Türl. Durch die Tore betritt man dann die langgezogenen Höfe, ausgestattet mit hölzernen Tischen und Bänken im Schatten von Obstbäumen

Rathaus

oder Weinranken, wo man in der wärmeren Jahreszeit im Freien den „Heurigen" oder „Alten" verkosten kann – beliebte Treffpunkte sowohl für Einheimische wie auch Gäste. Auch die umfangreichen Innenräume der Heurigen sind mit viel Gefühl für die alten Traditionen im Sinn der Dorferneuerungsvorhaben eingerichtet.

Mehrmalige Belagerungen und Zerstörungen, u.a. durch Ungarn und Türken, haben dem Ort stark zugesetzt. 1683 wurde die gesamte Bevölkerung niedergemetzelt. – Die Umgebung der einstmaligen Sommerfrische ist heute eines der beliebtesten Wandergebiete der

Bürgerhäuser

Wiener, und die Perchtoldsdorfer Heide bis hinauf zu den Föhrenbeständen des Wienerwaldes bietet eine besonders beachtenswerte pannonische Steppenvegetation mit seltenen Blumen, u.a. Adonisröschen, Diptam, Orchideen und Küchenschelle.

Straßenfront in Perchtoldsdorf

Wandern, Reiten, Naturpark „Föhrenberge" mit Schutzhütten, im Winter Rodelparadies, Eisstockschießen.

Info: InfoCenter der Marktgemeinde Perchtoldsdorf, A-2380 Perchtoldsdorf, Marktpl. 10, Tel.: 0043/(01)86683400, Fax: 0043/(01)86683133, E-Mail: gemeinde@markt-perchtoldsdorf.at, Internet: www.markt-perchtoldsdorf.at

Weinlesefest

Thermenregion

Weingärten um Gumpoldskirchen

88 Gumpoldskirchen · Thallern

Unterhalb der waldigen Hänge des Anningers liegt der alte Weinbauort Gumpoldskirchen. Die Altsiedlung ist ein Gassengruppendorf, West – Ost gerichtet, mit grabenartigem Charakter. Noch heute plätschert ein kleiner Bach die Wienergasse zur Südbahn hinunter. Hier und in vielen Parallelgassen sind sowohl Dreiseithöfe mit großen Toren als auch Gassenfronthäuser anzutreffen, fast alles Weinhauerhäuser mit gepflegten Fassaden, die in ihren Höfen Buschenschenken eingerichtet haben.

Platz mit Pranger

Gumpoldskirchen, Wienergasse

Den Kern des Ortes bildet das Rathaus aus dem 16. Jhdt., ein mächtiges Gebäude mit Laubengängen in zwei Geschoßen und einem viergeschoßigen Eckturm. Vor dem Turm steht ein wuchtiger Pranger, und etwas unterhalb befindet sich ein Brunnen mit einem alten römischen Sarkophag als Bassin. Rund um den Platz sind ebenfalls mehrstöckige Häuser aus dem 16. Jhdt. mit schönen alten Rundbogentoren erhalten. Begibt man sich vom Rathausplatz nach Norden in Richtung Wienerwald – Annninger, kommt man über einen leider zum Teil verschütteten Burggraben zur Ortspfarre, die dem mächtigen, den oberen Ort beherrschenden Schloß des Deutschen Ritterordens (18. Jhdt.) angebaut ist. Bei Schönwetter ist es sehr empfehlenswert, links hinter dem Schloß den mitten durch die Terrassenkulturen führenden Weinwanderweg einzuschlagen, der einen umfassenden Blick über das Wiener Becken bis hinüber zum Leithagebirge bietet.

Freigut Thallern

Als weiteres Ausflugsziel ist das in Richtung Mödling liegende „Freigut Thallern" (berühmte „Backhendlstation"!) des Stiftes Heiligenkreuz mit der wunderschönen Johanniskapelle zu empfehlen; es liegt unmittelbar unterhalb eines Naturschutzgebietes, dem „Eichkogel", mit selten schönem Schwarzföhrenbestand, reicher pannonischer Flora und Trockenrasenflächen.

Freigut Thallern

Rad-, Wander- und Spazierwege.

Info: Marktgemeinde Gumpoldskirchen, A-2352 Gumpoldskirchen, Schrannenpl. 1, Tel.: 0043/(0)225262101, Fax: 0043/(0)22526210133, E-Mail: office@gumpoldskirchen.at

Eisenwurzen

Das „Naturdorf an der Ybbs"

89 Göstling an der Ybbs

Das „Naturdorf an der Ybbs", wie Göstling im Prospekt „Dorfurlaub in Österreich" bezeichnet wird, liegt im Bereich der niederösterreichischen Eisenwurzen am Rand zweier Bergmassive, dem Dürrenstein (1.878 m) und dem Hochkar (1.808 m). An der Kreuzung dreier wichtiger Straßen nach Waidhofen/Ybbs, Lunz am See und ins steirische Ennstal war Göstling einst ein bedeutender, von der Ybbs abhängiger Ort. Für die Eisenverarbeitung

Bauernhof „Fahrnberger" in Lassing mit Sgrafitti

war Holzkohle eine wichtige Voraussetzung, und Holz gab und gibt es in den umliegenden Forsten zur Genüge. Das Wasser betrieb die Hammerwerke und Mühlen und diente auch als Transportweg.

Leider haben sich die wirtschaftlichen Verhältnisse geändert, aber in den Bauten im Ortskern von Göstling spiegelt sich doch die seinerzeitige Wohlhabenheit der Bürger und Hammerherrn wider.

In Richtung Süden, nach Lassing, stehen an der Straße und an den Hängen oft kleine Häuser, die noch an die Zeit der verstärkten Forstarbeit und Eisenverarbeitung erinnern, aber auch typisch inneralösterreichische Haufenhöfe, ein- bis zweigeschoßige Wohnhäuser mit steilem Giebel und Viertelwalmdach, umgeben von unregelmäßig ver-

Schmiedeeisernes Fenstergitter

Ortskern von Göstling

teilten Wirtschaftsgebäuden und gemauerten Speichern. Ein besonders erwähnenswertes gepflegtes Ensemble in Lassing ist der Bauernhof Fahrenberger mit Sgraffitischmuck an Wänden, Ecken und um die Fenster.

„Urlaub am Bauernhof" und Produkte aus ökologischem Landbau werden auf traditionell sehr gepflegten Höfen angeboten. Überdies spielt Göstling bezüglich Energieversorgung mit einem Biomasse-Fernheizwerk eine Vorreiterrolle an der Eisenstraße.

Ein interessantes Ausflugsziel in die Vergangenheit kurz vor der steirischen Grenze ist die Holztriftanlage in der Schlucht des Mendlingbaches, eine Wassermühle sowie eine alte Holzknechtsiedlung und ein Hammerherrenhaus. Diese „Erlebniswelt Mendlingtal" mit einem zweieinhalb Kilometer langen Themenweg, welcher mit Schautafeln versehen ist, zählt zu den jüngsten Freilichtmuseen in der Eisenwurzen; mehrmals im Jahr finden auch Schautriften statt.

Pfarrhof von Göstling

Fischen, Ponyreiten, Rad- und Wanderwege, Bogen- und Armbrustschießen, Mountainbiking, Rafting, Paddeln, Flußwandern, Themenwege, Schmalspurbahn, Naturrodelbahnen, Schigebiet Hochkar, Langlaufloipen, Eisstockschießen.

Info: Verkehrsverein Göstlinger Alpen, A-3345 Göstling/Ybbs 1, Tel.: 0043/(0)7484502019, Fax: 0043/(0)7484502018, E-Mail: goestling.hochkar@aon.at, info@goestling-hochkar.at, Internet:
www.tiscover.com/goestling-hochkar, www.goestling-hochkar.at

Bucklige Welt

Zöbern mit Hochwechsel

90 Zöbern

Inmitten der Buckligen Welt, dem „Land der tausend Hügel", liegt in einer Senke das Dorf Zöbern, fern vom Massentourismus, 8 km von der Autobahn Wien – Graz entfernt. Besonders auffällig sind die gepflegte Dorfkultur und das landwirtschaftliche Umfeld. Weit verstreut, in Senken oder auf Hügeln, stehen Drei- und Vierseithöfe mit gemauerten Häusern und Wirtschaftsgebäuden aus Holz, die durch schöne Tormauern mit „Gehtürln" betreten werden.

Zöbern selbst ist ein typisches Haufendorf, in der Ortsmitte liegen die gotisch-barocke Pfarrkirche aus dem 15. Jhdt. sowie der barocke Pfarrhof, umgeben von schmucken Bürger- und Bauernhäusern. Im Pfarrhof ist noch ein gut erhaltener zweistöckiger Schüttkasten (Getreidespeicher) im Holzblockbau zu sehen – eine Rarität für Volkskundler! Unweit davon steht der besonders schöne, renovierte Dreiseithof „Seebacher" mit Tormauer, ein Holzblockbau mit den üblichen kleinen Fenstern an der Giebelfront und einem Laubengang mit geschnitzten Brettern unter einem Viertel-Walmdach. So sollen nach Aussage eines alten Bauern früher viele Bauernhäuser in

Dreiseithof „Seebacher"

der Buckligen Welt ausgesehen haben. Etliche dieser Holzblockbauten brannten während der Kampfhandlungen 1945 nieder oder wurden nach dem Krieg durch Unverstand, dem Modernisierungstrend folgend, abgerissen.

Erst jetzt besinnt man sich wieder der alten Bautradition. Auch ein altes Austragsstübl, das „Wagner-Häusl", erfreut das Auge des Besuchers.

Etliche Bauern in der Gegend von Zöbern und Krumbach halten noch auf Tradition und verwenden vielfach den Hofnamen und nicht den Namen des Besitzers (siehe das örtliche Telefonbuch, dort findet man beide). Kunsthistorisch ist Zöbern noch durch die Ruine und den Gutsherrensitz Ziegersberg interessant.

In der Buckligen Welt zwischen Aspang und Kirchschlag haben sich die Bauern zum Großteil dem biologischen Landbau verschrieben. Bauernmärkte in den größeren Orten, dazu Ab-Hof-Verkauf sowie ein großes Angebot von „Urlaub am Bauernhof" sind für die Wiener gewiß interessant – nur eine Stunde Fahrzeit auf der Autobahn! Vom Massentourismus verschont, ist die Gegend für den „sanften Tourismus" ideal geeignet. Außerdem werden Touren zu den ehemaligen Wehrkirchen der Buckligen Welt angeboten.

Alter Schüttkasten beim Pfarrhof

Wandern, Radfahren, Mountainbiking, Golf, Fischen, Reiten, Eisstockschießen, Langlaufloipen.

Info: Tourismusverband Bucklige Welt, A-2813 Lichtenegg, Ransdorf 20, Tel.: 0043/(0)2643701019, Fax: 0043/(0)2643701032, E-Mail: buckligewelt@eunet.at, Internet: www.buckligewelt.at

Bucklige Welt

Blick auf Krumbach

91 Krumbach

Zwischen den gebirgigen, sehr waldreichen Hängen des Hochwechsels im Westen und der Landesgrenze zum Burgenland im Osten wird die Landschaft durch sanfte Hügel, Riegel und Täler geprägt.

Die Vielgestaltigkeit mit Höhenunterschieden von 530 m Seehöhe in Krumbach und 872 m am Waldbauernriegel führte zur Bezeichnung „Bucklige Welt" – eine sehr reizvolle Urgesteinslandschaft. In ihrer Mitte liegt das

Wehrkirche

Krumbacher Becken mit dem gleichnamigen Ort und einer schönen Marktstraße, gesäumt von den gepflegten Fassaden der Bürgerhäuser. Im Kern überragt und bestimmt die gotische Wehrkirche, umgeben von einer hohen Mauer, das Ortsbild.

Die Grenzlage zum Burgenland, zur Steiermark und, unweit im Südosten, zu Ungarn war immer Aufmarschgebiet für einfallende Heerscharen, wie z.B. Kuruzen und Türken. Die damit verbundenen Wirren führten zum Bau einer Reihe von Wehrkirchen für die schutzsuchende Bevölkerung in der Buckligen Welt.

Seinerzeit war die Krumbacher Kirche der einzige Steinbau neben den vielfach noch im Holzblockbau errichteten Gehöften, von denen manche in ihrer Grundsubstanz erhalten blieben. Einige der alten Gebäude und eine Mühle wurden abgerissen und im Museumsdorf am Ortsrand wiederaufgebaut. Das alte Bürgerspital wurde an Ort und Stelle im Museumsareal belassen.

Architektonisch bemerkenswert sind der nördlich der Pfarrkirche gelegene barocke Pfarrhof und die Kaplanei mit schönen Volutengiebeln aus dem 18. Jhdt. Dicht daneben steht die spätgotische Friedhofskirche St. Erasmus (1530).

Im Ortsbereich befindet sich auch ein schöner Teich, der ein gutes Fotomotiv bietet. Eine Verhüttelung am Ortsrand muß man leider hinnehmen, doch werden oft alte Gehöfte für Zweitwohnungen erworben und liebevoll im alten Erscheinungsbild revitalisiert.

Nächst Purgstall bei Krumbach ist sogar ein „Stübl" (Ausgedinge) mit Strohdach und dem seinerzeit in dieser Gegend üblichen Giebelkreuz (Markenzeichen der Raiffeisengenossenschaften) erhalten geblieben.

Bestimmende Gehöftform in der Buckligen Welt sind die Dreiseithöfe, einstmals Blockholzbauten, mit der Zeit aber alle in gemauerte Höfe mit Ausnahme so mancher Stadls umgewandelt. Bei einigen Blockholzspeicherbauten wurde das Obergeschoß mit kleinem Balkon, über eine Außenstiege erreichbar, fallweise zur Sommerwohnung umgewandelt. Zu ebener Erde sind wie eh und je die landwirtschaftlichen Geräte untergebracht.

Die Agrarstruktur wird derzeit von der Grünlandwirtschaft bestimmt, der Ackerbau ist etwas zurückgedrängt. Die Forstwirtschaft repräsentiert sich in mehreren holzverarbeitenden Betrieben.

Der Fremdenverkehr wird durch den Ballungsraum der Bundeshauptstadt Wien sowie durch die nahe gelege-

Pfarrhof mit Volutengiebel

Ausgedinge mit Strohdach bei Purgstall

ne Südautobahn begünstigt. Das Dorfleben wird von sehr aktiven kulturbeflissenen Bewohnern auf Trab gebracht.

In unmittelbarer Nähe oberhalb des Ortes befindet sich das Schloß Krumbach, zu einem Hotel gehobener Klasse ausgebaut.

Stübl mit Giebelkreuz
nächst Lichtenegg

Wandern, Radfahren, Mountainbike-Marathon, Abenteuerferien für Kinder, Freilichtmuseum „Museumsdorf mit Most im Dorf", Eisstockschießen.

Info: Tourismusverein Krumbach,
A-2851 Krumbach, Marktstr. 17,
Tel.: 0043/(0)264742238,
Fax: 0043/(0)26474223822,
E-Mail: gemeinde@krumbach-noe.gv.at

Hausformen im Burgenland

Nordburgenländischer Streckhof

Nordburgenländische Streckhofgasse

EISENSTADT

Mittelburgenländischer Hakenhof mit Arkaden

Mittelburgenländischer Dreiseithof

Oberirdischer Weinkeller mit Stübl, Heiligenbrunn

Burgenland

Das jüngste Bundesland Österreichs stellt wegen seines gänzlich
eigenständigen Erscheinungsbildes eine wertvolle Bereicherung
unserer Kulturlandschaften dar.
Es wird durch langgezogene
Straßendörfer mit Hakenhöfen
und schmalen Giebelfronten sowie durch so manche verträumte
Kellergasse geprägt.

Südburgenland

Zwerchhakenhof

92 Unterschützen

In dem kleinen Dreiecksangerdorf unweit von Oberwart gibt es noch interessante Denkmäler vergangener bäuerlicher Volkskultur – Speicherbauten, sogenannte „Kittinge". Noch vor Jahren standen diese Kittinge in den Obstgärten der Bauernhöfe, viele aber sind dem Verfall preisgegeben. Diese Kittinge sind gezimmerte Blockwerkspeicher mit Spitztonnengewölbe, über dem sich ein locker aufgesetztes Strohdach befindet, das bei Brandgefahr abgeworfen werden kann. Die Speicher sind lehmverputzt und geweißt. Am südlichen Dorfende, gleich neben der Straße, steht ein renovierter Speicher mit einem altartigen Flechtzaun rundherum, wie man ihn schon seit Jahrzehnten im Burgenland nicht mehr sieht.

Die Bauernhöfe in Unterschützen sind Zwerchhöfe mit der Traufseite zur Straße; sehr sauber gefärbelt, meist blendendweiß, weisen sie im Hof noch einige typische Laubengänge auf.

Flechtzaun

Gezimmerter Blockwerkspeicher (Kitting)

Wandern, Radfahren, Heimatmuseum.

Info: Gemeindeamt, A-7432 Oberschützen, Hauptplatz 1, Tel.: 0043/(0)33537524, Fax: 0043/(0)3353752430, E-Mail: post@ober-schuetzen.bgld.gv.at, Internet: www.burgenland.at/oberschuetzen

Südburgenland

Heiligenbrunn

93 Heiligenbrunn · Luising

Eine Besonderheit des Südburgenlandes sind das Weinbaudorf Heiligenbrunn unweit der ungarischen Grenze am Ostrand des Güssinger Hügellandes sowie sein unter Denkmalschutz stehendes Kellerviertel. Es ist ein einzeiliges Straßendorf mit Streckhöfen und zum Teil typischen Laubengängen, von denen aber nur mehr Fragmente zu sehen sind. Die Giebelfronten zeigen, wie im Burgenland üblich, größtenteils zur Straße. Leider hat sich der Charakter

Motiv aus dem Kellerviertel

von Heiligenbrunn durch zahlreiche Umbauten im Kern sehr verändert, aber das Kellerviertel ist durch fachgerechte Renovierungen der letzten Jahre um so schöner und sehenswerter geworden. Die Kirche, ein spätbarocker Saalbau, liegt am steil abfallenden Hang zum Dorfrand. Früher war Heiligenbrunn wegen seiner „heiligen Quelle" ein Wallfahrtsort. Am Fuß der Kirche befindet sich heute über der Quelle die 1926 erbaute Ulrichskapelle.

Die Sehenswürdigkeit schlechthin ist das 2 km lange, denkmalgeschützte Kellerviertel. Hier befinden sich 80 strohgedeckte ebenerdige Weinkeller zwischen Obstbäumen, alle noch in Funktion. Es handelt sich um alte Holzblockbauten, errichtet aus übereinanderliegenden Hartholzstämmen; die Fugen zwischen den Stämmen sind mit Lehm verputzt und vielfach geweißt. Ein tief herabgezogenes Strohdach bedeckt den Blockbau wie eine Pelzmütze. Besonders beachtenswert sind die Eichenpfostentüren und, diesen vorgelagert, aus Stroh geflochtene Türen zur Lüftung des Lagerraumes, während der Wein gärt. Meist setzt sich das Kellerhäuschen aus einem Lagerraum für die Weinfässer, einem Raum für die Weinpresse mit mächtigem Preßbaum und einem kleinen Stübl als Aufenthaltsraum zusammen. Das Strohdach schützt vor Kälte und Hitze; der Aufenthaltsraum dient auch als Verkaufsraum, wo der „Uhudler", aber auch Edelweine ausgeschenkt werden. Der Uhudler wird aus Rebsorten, die aus Amerika eingeführt wurden, gekeltert. Der urige Zustand dieses Kellerdorfes ist ein echtes Erlebnis.

Schachblume

Da sich die Gemeinde Heiligenbrunn aus mehreren Orten zusammensetzt, ist es empfehlenswert, auch Reinersdorf und Deutsch Bieling sowie die Dörfer Hagensdorf und besonders Luising in das Besuchsprogramm einzubeziehen.

Die Agrarstruktur ist mehrgestaltig, nicht nur Weinbau herrscht in diesem äußersten Winkel des Burgenlandes vor, sondern auch Obstbau, Viehzucht, Ackerbau und Forstwirtschaft.

Luising

Nur wenige Kilometer von Heiligenbrunn entfernt, liegt ein Straßendorf sehr burgenländischer Prägung mit einem gut erhaltenen Dorfkern samt Streck- und Hakenhöfen. Das Besondere an Luising ist der Erhaltungszustand der typischen burgenländischen Arkadengänge: an der Traufseite mit Pfeilern und gedrungenen Säulen, teils von der Traufe bis zum Boden reichend, teils nur von Mauerbänken bis zur Traufe. Diese Säulen haben eine zweifache Funktion: Sie sollen dem weit vorkragenden Dach als Stütze dienen und einen trockenen Weg zum Wirtschaftsteil, also zu Stall und Scheune, ermöglichen. Selbstverständlich sind auch diese gestaltenden Elemente meist nicht mehr als 150 Jahre alt; als Vorbild galten wahrscheinlich die

Strohtüre

vornehmen Hofarkaden der Schlösser. Bei Neubauten sieht man wieder ähnliche Säulen und „Säulchen", aber nicht mit der ursprünglichen Funktion.

In Luising werden diese Arkadenhöfe besonders reizvoll durch Blumen zwischen den Säulen und auf den Mauerbänken geschmückt, fallweise verwendet man auch schön geformte Keramiktöpfe. Die blendend weiß getünchten Wandteile und Säulen tragen wesentlich zum Gesamteindruck bei.

Vor den zur Straße gerichteten Steilgiebeln der Hakenhöfe, in der Regel mit zwei Fenstern versehen, befinden sich ein Rasenstreifen oder Vorgarten mit Blumenbeeten, meist von einem hohen Holzzaun umgeben. Es ist oft nicht möglich, in den Hof zu sehen und Einblick in die Arkadengänge zu nehmen.

Was den Ort Luising selbst betrifft, so ist noch ein interessantes Detail anzumerken: Luising ist das „jüngste"

Arkadengang in Luising

Kind des Burgenlandes, es wurde erst am 10. Januar 1923 diesem Bundesland angegliedert (durch Abänderung des Friedensvertrages von St. Germain), während die übrigen Teile des Burgenlandes schon 1921 von Ungarn an Österreich kamen. – Überdies ist Luising ein Dorf schwäbischer Ansiedler, die nach den Verwüstungen durch Türken und Kuruzen hierher gelangten.

Um Luising herum breitet sich eine prächtige sonnige Landschaft mit einer sehr interessanten Flora aus; im nahe gelegenen Vollnaturschutzgebiet wächst auf den Wiesen die sehr seltene Schachblume.

Kellerstöckl

Wandern, Reiten, Radfahren, Feuchtbiotop.

Info: Gemeindeamt,
A-7522 Heiligenbrunn 33,
Tel.: 0043/(0)33247281, Fax: 0043/(0)33246180,
E-Mail: post@heiligenbrunn.bgld.gv.at,
Internet: www.kellerviertel-heiligenbrunn.at
www.naturpark.at/naturpark,
www.tiscover.com/heiligenbrunn

Südburgenland

Kellerstöckl am Csaterberg

94 Kohfidisch

Kohfidisch ist ein typisches burgenländisches Straßendorf mit Haken- und Streckhöfen, deren Giebelfronten zur Straße zeigen. Einige Höfe sind noch mit Laubengängen versehen.

Am südlichen Ende befindet sich das in Renovierung begriffene Schloß aus dem 17. Jhdt. mit Park im Besitz der Familie Kottwitz-Erdödy. Durch Kriegseinwirkung wurde es arg zerstört, wird aber in Kürze wieder zugänglich sein.

Ortskern von Kohfidisch

Zweigt man in der Mitte des Ortes nach Osten ab, erreicht man nach 5 km Fahrt durch den Wald den Csaterberg – einen kleinen, wenig bekannten, aber sicher überraschenden Geheimtip für einen Abstecher in das südliche Burgenland.

Am Fuß des Csaterberges liegt, umgeben von Wäldern, ein idyllisches Weinbaugebiet von besonders ausdrucksvoller Ursprünglichkeit. Am Ende jeder relativ schmalen Weingartenflur, die vom Berg herunterreicht, steht das dazugehörige Weingartenstöckl. Es ist ebenerdig zum Teil in den Hang hineingebaut, mit Keller und Preßhaus und darüber im Blockholzbau aufgezimmert und hat einen meist traufseitigen Eingang in einen kleinen Aufenthaltsraum. Die Giebelfront weist zum Weg und wird durch zwei Fenster mit Klappläden zur freundlichen Fassade. Vereinzelt haben diese Häuschen zeitweilig auch Schankbetrieb. Das gesamte Viertel macht einen überraschend verträumten, romantischen Eindruck abseits der Durchgangsstraßen – Dorfnatur pur!

Hinzuzufügen wäre eine geologische Besonderheit: In den Weingartenfurchen und am Abhang des Csaterberges am Waldrand kommen Opalit- und Serpentinfelsen an die Oberfläche, und man kann bunte Opale oder versteinerte Hölzer einsammeln. Australische Opale sind es aber nicht!

Das Weinangebot umfaßt sehr gute fruchtige Rebensäfte, aber die Mengen sind angesichts der kleinen Weingartenflächen relativ gering.

Typischer Arkadenhof

Kapelle in Csaterberg

Wandern, Radfahren, Reiten, Beach-Volleyball, Freilichtmuseum „Ensemble Gerersdorf".

Info: Marktgemeinde, A-7512 Kohfidisch,
Tel.: 0043/(0)336677203, Fax: 0043/(0) 3366772034,
E-Mail: post@kohfidisch.bgld.gv.at

Mittelburgenland

Streckhöfe in Dörfl

95 Steinberg-Dörfl

Die Gemeinde Steinberg-Dörfl nächst Oberpullendorf liegt direkt an der Straße nach Köszeg (ehem. Güns) in Ungarn. Steinberg ist eine Mehrstraßensiedlung ausgesprochen dörflichen Charakters; an der langgestreckten Hauptstraße sind noch durchgehend Giebelfronten von unverfälschten Streckhöfen erhalten geblieben. Sie zeigen um die Fenster schlichtes Putzdekor und im Giebeldreieck unter dem Ziegeldach Medaillons mit dem Datum der Erbauung dieser Höfe, etwa um 1870–1880.

Vor allem in den Höfen sind noch die typischen Segmentbogen-Arkaden mit Säulen auf einer gemauerten Brüstung zu finden; sie gewährleisten einen überdachten trockenen Weg im Hof von der Wohnung zum Wirtschaftsteil. Neben dem Hausgiebel, der meist mit zwei Fenstern zur Straße gekehrt ist, befindet sich ein Gehtürl, das zu dem überdachten Gang führt. An dieses schließt das große Tor zum Hof an. Vor der Giebelfront, aber auch im Hof befinden sich häufig noch die Rad- oder Leierbrunnen. Mittels einer Seilwinde werden Schöpfeimer in den Brunnen hinuntergelassen, um das nötige Wasser „hochzuleiern". Heute allerdings sind fast alle Häuser in den Ortschaften des Burgenlandes an ein Wasserversorgungsnetz angeschlossen. Aber der Wille zur Tradition und zur

Erhaltung der typischen Dorfbilder des Burgenlandes läßt die alten Leier,- Schöpf-, Rad- und mitunter auch Pumpbrunnen durch Dorferneuerungskonzepte wieder renovieren, und man setzt sogar schützende Dächer darüber. Die meist weiß getünchten Häuser mit dem Giebel zur Straße werden noch nicht durch stillose Überbauungen und Aufstockungen verunziert. Arkaden in den Höfen, stilvolle Tore und Rad- bzw. Leierbrunnen vermitteln den Eindruck eines typisch burgenländischen Dorfes.

Im oberen Teil der Straße, die durch Steinberg führt, sind auch traufseitig zur Straße stehende Höfe zu sehen; hier dürfte das Platzangebot für breitere Hausfronten besser gewesen sein, vor allem im Ortsteil Dörfl.

Die Pfarrkirche zum hl. Wenzel, zeitweise evangelisch, wurde zwischen 1647 und 1651 errichtet.

Hofarkaden in Steinberg mit Leierbrunnen

Radbrunnen

Wandern, Radfahren.

**Info: Gemeindeamt,
A-7453 Steinberg-Dörfl,
Untere Hauptstr. 10,
Tel.: 0043/(0) 26128466,
Fax: 0043/(0)261284666,
E-Mail:
post@steinberg-doerfl.bgld.gv.at**

Nordburgenland

Loipersbach, Blick vom Edelkastanienwald

96 Loipersbach

Am Nordrand des Ödenburger Gebirges, nahe der ungarischen Grenze, liegt eines der wenigen Dörfer, in denen das Erscheinungsbild eines Schmalangerdorfes alter Prägung nicht beeinträchtigt ist. Hier reihen sich noch teilweise schöne Streckhöfe bzw. auch Streckhofgassen aneinander, mit Häusern mit schmaler Giebelfront und zwei zur Straße zeigenden Fenstern.

Neben dem Haus befindet sich meist ein größeres Tor, durch das man in den langgestreckten Hof bis zu den zugehörenden Stadeln gelangt, die durchwegs aus Holz in Ständerbauweise errichtet sind und auch von der rückwärts verlaufenden „Hintenausgasse" betreten werden können. Auffällig sind im Streckhof viele Dachgauben, die als Zugang zu den Bergeräumen im Dachgeschoß dienen, meist nur über angelehnte Leitern erreichbar. Fast in jedem Streckhof befindet sich ein Pumpbrunnen.

Während mancher Besitzer diese altartige Streckhoffront durch Revitalisierung sehr gefällig gestaltet, sind einige Höfe leider dem Verfall preisgegeben. Viele Besitzer sterben aus, und die Jugend baut sich am Dorfrand ein bequemes Haus. Etliche Bauern aus dem Dorf gehen einem Nebenerwerb nach. Die meisten Höfe stammen aus den Jahren 1870–1880. Als Detail sind die schmiedeeisernen Fensterläden mit Putzfaschen um die Fenster beachtenswert; ab und zu finden sich auch ein Medaillon in einer Stuckumrahmung oder eine Jahreszahl im Giebeldreieck.

Das Dorf verfügt über zwei Kirchen, da – wie auch in anderen nordburgenländischen Dörfern – sowohl die evangelische wie auch die katholische Konfession vertreten sind. Die Bevölkerung beschäftigt sich vornehmlich mit Wein- und Ackerbau sowie mit Viehwirtschaft. Als Besonderheit ist in Loipersdorf auf Grund des pannonischen Klimas der größte unter Naturschutz stehende Edelkastanienwald Österreichs erwähnenswert, der allerdings nicht mehr profitwürdige Ernten abwirft. Einstmals wurden die Kastanien – „Maroni" – auf den Wiener Neustädter Markt gebracht und ergaben einen beachtlichen Zuverdienst.

Streckhofgasse

Schmiedeeiserne Fensterläden

Wandern, Radfahren, Reiten, Kutschenfahrten, Beach-Volleyball.

Info: Gemeindeamt, A-7022 Loipersbach, Badstr. 1, Tel. und Fax: 0043/(0)26867200, E-Mail: post@loipersbach.bgld.gv.at

Hauptstraße mit Giebelfronten

Nordburgenland

Ortszentrum

97 Mörbisch am See

Mörbisch am Westufer des Neusiedler Sees, hart an der Grenze zu Ungarn, ist hinsichtlich seines Ortsbildes wegen der Streckhofzeilen eine der orginellsten Weinbaugemeinden des Nordburgenlandes. Wie so viele andere Gemeinden im Burgenland, wurde es mehrmals von Türken und Kuruzen gebrandschatzt. Nach den Überfällen kamen deutsche Kolonisten protestantischen Glaubens zur Wiederbesiedlung ins Land und erhielten Glaubensfreiheit. Daher findet sich auch eine evangelische Kirche, 1792 erbaut, mit neugotischer Fassade, 1853/54 durch einen Turm erweitert. Von der älteren katholischen Kirche ist nur mehr der Turm erhalten.

Das Dorf durchziehen zwei maßgebende Straßenzüge, die Hauptstraße und die Hauergasse, früher sehr regelmäßig durch Streckhöfe verbaut, heute aber durch nicht der Bautradition entsprechende Um- oder Überbauten sehr verändert. Dennoch ist das dörfliche Erscheinungsbild durch die von der Hauptstraße nach Nord und Süd führenden Streckhofzeilen, auch „Wohngäßchen" genannt, erhalten geblieben. Diese „Wohngäßchen", die man in keinem anderen Dorf im nördlichen Burgenland so ausgeprägt antrifft, sind das „Markenzeichen" von Mörbisch.

Durch Erbteilung bedingt, sind hier 4-5 Streckhöfe traufseitig hintereinander gereiht und verhinderten hierdurch die Verbauung landwirtschaftlicher Nutzflächen – ehemals positive Gedankengänge, die heute gegen die Zersiedlung wieder gut anzuwenden wären.

„Wohngäßchen"

Jede dieser Wohneinheiten – Stube, Vorhaus mit Küche und Kammer – liegt in Halbstockhöhe. In das Vorhaus gelangt man über ein- oder zweiläufig herausgebaute Stiegenaufgänge, und diese sind mit einem säulengestützten Vordach, auch „Eingangslaube" genannt, versehen. Im Untergeschoß, wenige Stufen hinunter, befinden sich der Weinkeller und die Preßstube.

Der Eingang zum Keller weist meist eine Konsolenverdachung auf. An den Enden der Gäßchen befinden sich jeweils die Scheunen, besonders schöne in der Hauergasse. – Ein Streckhof ist zu einem Heimatmuseum ausgebaut worden.

Das gesamte „Wohngäßchen"-Ensemble bringt durch seinen Blumenschmuck, die aufgehängten getrockneten Paprika und goldgelben Maiskolben schon ein wenig ungarische Atmosphäre. Zu beachten sind

Schmiedeeiserne Fensterläden

Das „burgenländische Wahrzeichen"

auch die mit Eisen beschlagenen Flügel der relativ kleinen Fenster in den Wohngassen – ehemalige Maßnahmen gegen Türkeneinfälle und Brandschatzungen.

Einzelne Streckhöfe werden auch vermietet, besonders in der Zeit der Mörbischer Seefestspiele. Der Ort lebt einerseits von der Weinwirtschaft, andererseits vom Fremdenverkehr, hier besonders durch Radfahrer, die die Schiffe von Mörbisch an das andere Seeufer nach Illmitz und zum Naturschutzreservat im Seewinkel nützen. Der Grenzübergang nach Ungarn auf dem Landweg von Mörbisch nach Kroisbach (Fertörakos) ist nur für Fußgänger und Radfahrer geöffnet.

Landwirtschaftlich interessant ist auch die Nutzung des Schilfs an den Seerändern (Schilfgürtel), welches zum Trocknen zeltartig aufgestellt wird, bevor es eine gewerbliche Nutzung erfährt.

Wandern, Radfahren, Pferdekutschenfahrten, Beach-Volleyball, Surf- und Segelschule, Reiten, Weinverkostungen, Seefestspiele, Eissegeln, Eislaufen.

Info: Tourismusverband Mörbisch am See, A-7072 Mörbisch am See, Hauptstr. 23, Tel.: 0043/(0)26858856, Fax: 0043/(0)268584309, E-Mail: tourismus@ moerbisch.com, Internet: www.moerbisch.com

Stadelreihe

Nordburgenland

Kellergasse

98 Purbach am Neusiedler See

Unter dem Slogan „Die kleine Stadt am Lande – natürlich, freundlich" 1997 zur Stadt erhoben, bewahrt der Wein-
bauernort Purbach dennoch seinen ländlich-dörflichen Charakter. Der Ort innerhalb der Burgmauern wird auch
durch bäuerliche Gehöftformen, wie Streck- und Dreiseithöfe, geprägt – außerhalb durch ein Kellerviertel sowie
ausgedehnte Weingärten bis zum Rand des nordwärts gelegenen Leithagebirges.

Der wehrhafte Charakter von Purbach ist beeindruckend: eine 1630–34 errichtete Wehrmauer mit Bastionen, Schießscharten und drei mächtigen Toren umschließt den Ort. Das alte ursprüngliche Breitangerdorf mit Dorfbach, den man heute allerdings vermißt, besteht nicht mehr. Der Anger wurde schon im 17. Jhdt. wegen Platzmangels verbaut. Bei und nach der Verbauung wurden viele der Straßenfronten der Häuser modernisiert, leider nicht immer der nordburgenländischen Hauslandschaft, dem einstmaligen traditionellen Ortsbild, entsprechend.

1270 wurde Purbach als „Castrum" erwähnt; Türkeneinfälle mit Brandschatzungen zerstörten das Ortsbild nachhaltig, und auch die katholische Pfarrkirche zum hl. Nikolaus (zeitweise evangelisch) hat darunter gelitten. 1973 wurde der Barockbau mit viergeschoßigem Turm und umlaufendem Balkon im obersten Geschoß sowie einem gemauerten Spitzgiebelhelm das letzte Mal restauriert. Jedem Besucher des Burgenlandes wird auffallen, daß besonders im Gebiet des Neusiedler Sees viele Dorfkirchen mit gemauerten Kirchturmspitzen zum Schutz vor Brandpfeilen bei den seinerzeitigen Überfällen versehen sind.

Streckhofgasse

Die Nikolauszeche

Im Ortskern ist die renovierte Nikolauszeche, ein zweigeschoßiges ehemaliges Verwalterstöckel oder Bethaus aus dem 16. Jhdt., besonders bemerkenswert. Durch ein Rundbogentor betritt man den schönen Innenhof. Über dem Tor befindet sich in einer Nische eine „schöne Madonna", ferner sind eine Nischenskulptur des hl. Nikolaus sowie, an der Giebelfront, Fensterumrahmungen mit Engelsköpfen von Interesse. Das Ensemble wurde im Inneren mit viel Sachverständnis revitalisiert und dient heute als Restaurant der Spitzenklasse. – Gegenüber der Nikolauszeche hat man einen schönen Blick in einen gut erhaltenen Hakenhof, der zu einer Heurigenschenke umgestaltet wurde. Gleich ums Eck befinden sich noch weitere interessante Höfe. Ein Kulturdenkmal,

Tor durch die Wehrmauer

Der „Purbacher Türke"

eigentlich das Wahrzeichen von Purbach, ist der „Türkenkeller", ein zweistöckiges Weinbauernhaus, im Kern 16. Jhdt. Aus dem Schornstein der ehemaligen Rauchküche ragt die steinerne Büste eines Türken; man erzählt, daß es sich um den letzten Türken handelt, der den Abzug seiner Mitstreiter im Jahre 1532 versäumt hat.

Nähert man sich Purbach vom Westen, so fällt eine ununterbrochene Giebelreihe weiß getünchter Scheunen aus Bruchsteinmauerwerk auf, die ebenfalls Verteidigungszwecken dienten. Bei näherem Hinsehen erblickt man beiderseits der großen Scheunentore Schießscharten – in dieser Geschlossenheit ebenfalls ein Kulturdenkmal der besonderen Art. Ebenso außerhalb des Burgringes, im Norden gelegen, befindet sich die Kellergasse; hier ragt eine Reihe von Kellern mit Preßstuben halbhoch aus aufgeschütteten Erdhügeln, mit Kellerfronten aus Quadersteinblöcken, von den Kellergassen in Niederösterreich völlig verschieden.

Haupteinnahmequellen der Purbacher sind vornehmlich Weinbau und Fremdenverkehr. Oberhalb des Kellerviertels, bis zum Rand des Leithagebirges, schließen die ausgedehnten Weingärten an. Purbach ist Bahnstation. Von einem großen Erholungszentrum direkt am See besteht die Möglichkeit, sich mit Schiffen auf die andere Seeseite, in den Seewinkel, übersetzen zu lassen, was besonders bei Radtouristen sehr beliebt ist.

Wandern, Reiten, Radfahrerparadies („Kirschblütenradweg"), Segelhafen, Segel- und Surfschule, Bootsvermietung, Golf, Eislaufen, Eissegeln.

**Info: Tourismusverband,
A-7083 Purbach am Neusiedler See,
Hauptg. 38, Tel.: 0043/(0)26835920,
Fax: 0043/(0)268359204,
E-Mail: info@purbach.com,
Internet: www.purbach.at**

Scheunenreihe

Seewinkel

Wohlverdiente Rast

99 Apetlon · Illmitz

Um eine der eigenartigsten Kultur- und Dorflandschaften im Osten von Österreich kennenzulernen, sollte man dem Seewinkel, besonders den Dörfern Apetlon und Illmitz, Aufmerksamkeit schenken.

Apetlon ist eine sehr bekannte Weinbaugemeinde im südlichen Seewinkel an der Kleinen Pußta. Wegen des nahe gelegenen Naturschutzgebietes „Lange Lacke" mit seiner seltenen Flora und Fauna sowie dem Vogelparadies hat das Dorf großen Aufschwung genommen. Auf den wenigen verbliebenen Hutweiden, vor allem im Naturschutzgebiet, sind ab und zu die für den Seewinkel typischen Ziehbrunnen, weidende Kühe und Viehhüterhäuschen zu sehen.

Nach den Verwüstungen durch die Türken wurde Apetlon 1683 neu aufgebaut. Ursprünglich war es ein Dorf mit einem 160 m breiten Anger, der später umgebaut wurde. Die den Anger heute begrenzenden Straßen weisen nur mehr wenige typische Giebelfronten der üblichen nordburgenländischen Hausform der Streck- und Hakenhöfe auf. Dennoch kann man im Dorfkern, in der Kirchengasse sowie am Raiffeisenplatz Nr. 3 und 5, alte Höfe und auch ein schönes Haus mit geschwungenem Valutengiebel mit Schilfdach samt einem meist bewohnten Storchennest, davor ein Ziehbrunnen, entdecken. In der Ortsmitte befindet sich die evangelische Pfarrkirche zur hl. Margarita.

Tschardaken (Maisspeicher)

Auch in den anliegenden Gassen, wie Quer-, Hintenaus-, Urbarial- und Akaziengasse, sind noch Relikte des alten Dorfbildes erhalten geblieben. Besonders typisch sind die den Gassen entlang gepflanzten Akazienbäume, in Kugelform gestutzt. Ab und zu sind auch die zur Maistrocknung verwendeten Tschardaken (Maisspeicher) in der Hintenausgasse erhalten geblieben, zusammengebaut aus urigen Hartholzstämmen. Die typischen Schilfscheunen, seinerzeit Wahrzeichen von Apetlon, sind leider alle abgebaut worden oder verfallen, nur eine neu errichtete dient heute als Heurigenschenke.

Steppenrinder

Illmitz

Das nahe gelegene Illmitz, Sitz der Verwaltung und eines Informationsbüros des „Nationalparks Neusiedler See – Seewinkel", hat ähnlichen Dorfcharakter, vor allem durch die reizvollen Ensembles privat revitalisierter Bauernhäuser in regional typischem altem Erscheinungsbild. Wegen der Zunahme des Radtourismus im gesamten Seewinkel und vor allem als Ausgangspunkt für Exkursionen mittels pferdebespannter Kutschen in den Nationalpark sind auch die

Unterbringungsmöglichkeiten sehr erweitert worden. Im Nationalpark-Informationsbüro erhält man alle notwendigen Unterlagen über die verschiedenen Bereiche des Parks, Organisation von Exkursionen, Kutschenfahrten, außerdem befinden sich nächst dem Büro ein Beobachtungsturm sowie eine Ausstellung über die verschiedensten, den Park betreffenden Angelegenheiten. – Der Nationalpark darf nur auf den markierten Wegen und Straßen betreten werden.

Ab Illmitz kann man mit dem Schiff an das Nordufer des Sees nach Rust und Mörbisch übersetzen.

Streckhof mit Volutengiebel und Schilfdach

Wandern, Radfahren, Eislaufen, Eissegeln, Nationalparkgebiet Lange Lacke (Vogelparadies und Salzflora), Nationalpark „Neusiedler See – Seewinkel", Ausflugsmöglichkeiten: Schloß Halbturn (ehem. Jagdschloß der Habsburger; im Sommer Konzerte, jährlich wechselnde Ausstellungen), Basilika Frauenkirchen (eine der schönsten barocken Wallfahrtskirchen Österreichs), Windmühle Podersdorf/See, Schloß Esterházy (Eisenstadt), Dorfmuseum Mönchhof.

Info: Neusiedler See – Tourismus, A-7100 Neusiedl am See, Obere Hauptstr. 24, Tel.: 0043/(0)21678600, Fax: 0043/(0)2167860020, E-Mail: info@neusiedlersee.com, Internet: www.neusiedlersee.com

Wien

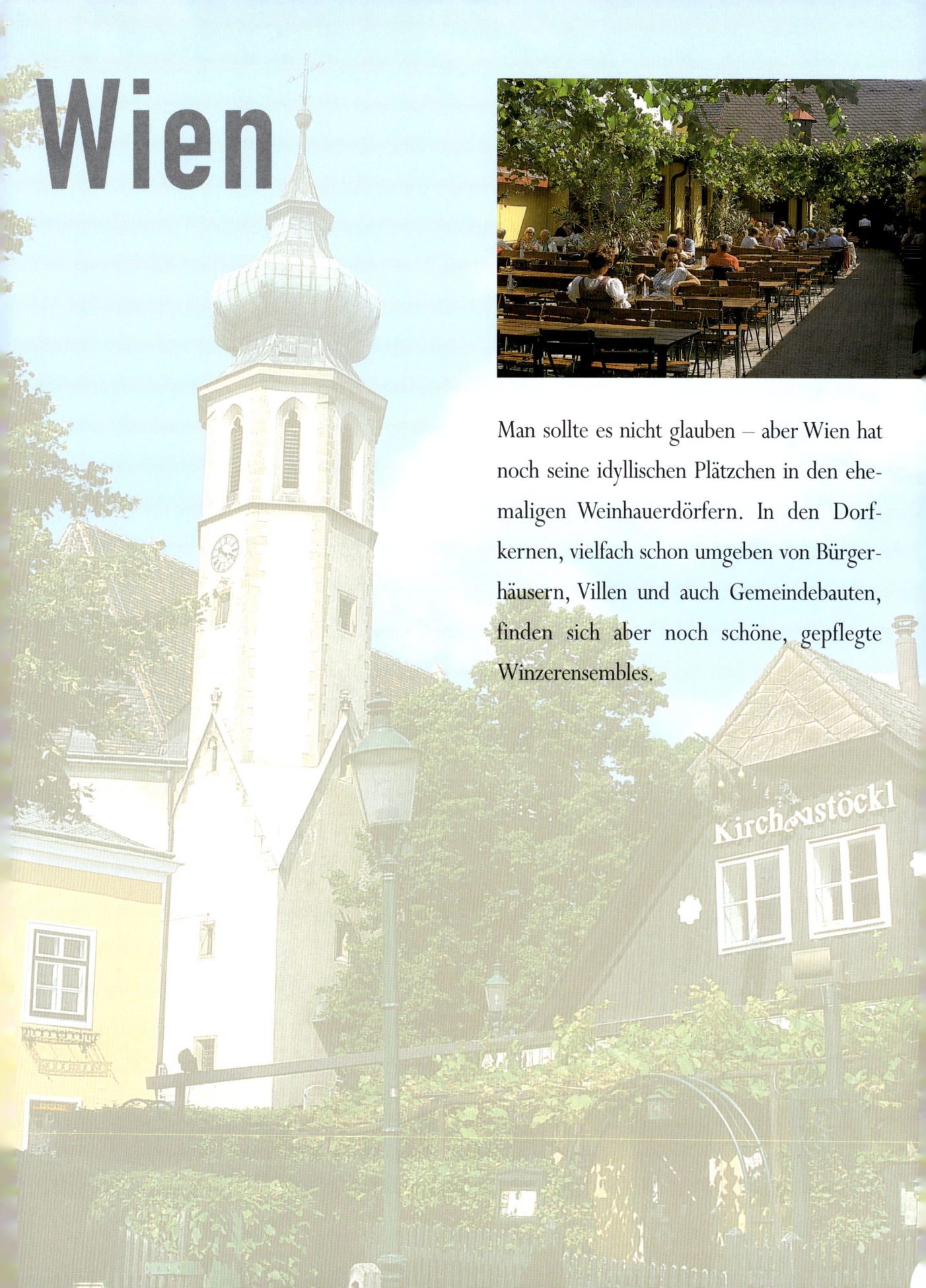

Man sollte es nicht glauben – aber Wien hat noch seine idyllischen Plätzchen in den ehemaligen Weinhauerdörfern. In den Dorfkernen, vielfach schon umgeben von Bürgerhäusern, Villen und auch Gemeindebauten, finden sich aber noch schöne, gepflegte Winzerensembles.

Das „Grinzinger Kircherl"

100 Weinhauerdörfer in Wien

Auch wenn man die Dorfidyllen in den Stadtrandgebieten von Wien selten wahrnimmt, wird doch Döbling mit den Bezirksteilen Grinzing, Sievering, Neustift am Walde, Heiligenstadt, Nußdorf und Kahlenbergerdorf als „zweitschönstes Dorf" Österreichs bezeichnet. In diesen uralten Weinbauerndörfern, deren urkundliche Erwähnung sich bis in das 11. Jhdt. zurückverfolgen läßt, sind heute noch Restbestände dörflicher Kultur erhalten geblieben; daher sollen sie hier dargestellt werden. Die noch vorhandenen Ensembles – Pfarrkirche, Pfarrhof, Kirchplatz, Kulturdenkmäler, alte Weinbauernhöfe – sind nach wie vor gegenwärtig, auch wenn manchmal als Folge von Bausünden und hineingepferchter Neubauten das Gesamtbild leidet.

Die Weinbauern wissen anläßlich von Revitalisierungen sehr genau, wie sich das Erscheinungsbild des Heurigen mit dem grünen ausgesteckten „Föhrenbuschen" in Einklang bringen läßt. Die alten Höfe gehören zu den Typen der niederösterreichischen Hauslandschaften wie im Weinviertel; es sind meist Haken-, Zwerch- und sogar Dreiseithöfe zu finden. Große Einfahrtstore einschließlich kleiner Gehtürln führen hinein zu den Gastgärten, im Sommer mit vielen grünen Tischen und Bänken unter schattenspendenden Weinranken versehen. Oft schließen an diese Höfe gleich die Weingärten an. Kellergassen wird man allerdings keine finden, mit Ausnahme jenseits der Donau in Stammersdorf, am Fuß des Bisamberges.

Die Wiener Stadtverwaltung hat die einzelnen Ensembles unter Denkmalschutz gestellt.

Grinzing

Beachtenswert sind hier die spätgotische Landkirche mit barockem Turm und Pfarramt, beide 1783 dem Chorherrenstift Klosterneuburg inkorporiert, davor das Grinzinger Platzl, kleine ebenerdige Heurige in der Cobenzlstraße und der Sandgasse sowie mehrstöckige Winzerhöfe in der Himmelstraße und ein besonders schöner Arkadenhof mit altem Brunnen samt schmiedeeisernem Gitter aus dem 16. Jhdt. nächst der Kirche, ferner etliche Tabernakelpfeiler und Bildstöcke.

Sievering

In Sievering selbst gibt es keine Bauten mehr, die noch dörflichen Charakter aufweisen, sehr wohl aber in Obersievering. An einer Engstelle der Straße in den Wienerwald findet sich eine Reihe von Streckhöfen mit Viertelwalmdächern, die Giebel-

Malerwinkel, Sievering

Heurigeneingang in Neustift am Walde

fronten zur Straße. Die Häuser sind kürzlich wieder mit Holzschindeln gedeckt worden und zeigen am Giebel das fränkische Weinhauerzeichen – eine Besonderheit, die in Österreich auf Winzerhäusern noch nicht anzutreffen war. Ansonsten befinden sich weitere sehr schöne Buschenschenken beiderseits der in den Wienerwald führenden Straße. Über die Hauerhäuser in Obersievering steht in einem Heimatkundebuch aus dem Jahre 1922: „Es war im Sinne des Heimatschutzes, daß Neubauten in diesem Bezirksteil nur im Landhausstil errichtet werden, damit nicht das ländliche Aussehen von Obersievering durch geschmacklose Neubauten verunziert wird."

Neustift am Walde

In der Rathstraße sind stadteinwärts beidseitig eine große Anzahl alter Heurigenlokale zu finden, jedoch auch revitalisierte und in Annäherung an die alten traditionellen Hausformen neu errichtete Häuser mit abgewalmten Schindeldächern, unter fachkundiger Erneuerung der alten kleinen Fenster und Tore. Was besonders ins Auge fällt, sind die unmittelbar hinter den nordseitig gelegenen Winzerhöfen und Buschenschenken beginnenden Weingärten – man sitzt dort fast

Häuserfront in Neustift

inmitten der Rebstöcke, und das in einer Großstadt!

Nußdorf

In der Kahlenbergerstraße mit dem alten Rathaus reiht sich ein Winzerhaus an das andere, im Kern noch manche Fassade aus dem 16. Jhdt. bis ins Rokoko reichend. Hier wandelt man noch so richtig wie in einem Weinhauerdorf auf einer mit Kopfsteinpflaster versehenen Straße, und das nicht mehr als 5 km vom Stadtzentrum entfernt.

Nußdorf, Kahlenbergerstraße

Heiligenstadt

In Heiligenstadt ist der Pfarrplatz mit dem alten Dreiseithof und einem mächtigen Tor mit Zugang zum Heurigengarten besonders bemerkenswert. Der „Mayer am Pfarrplatz", so kennt man ihn in Wien, ist zum Markenzeichen der Heiligenstädter Heurigen geworden. Im Jahre 1817 wohnte Beethoven in diesem Haus.

Kahlenbergerdorf

Keine 9 km vom Zentrum der Stadt entfernt, liegt, unter dem Leopoldsberg, direkt an der Donau, das Kahlenbergerdorf – ein Haufendorf, umgeben von Weingärten mit etlichen Buschenschenken in Streckhofform, sehr eng verbaut, so daß die Höfe hintereinander angeordnet werden mußten. Ferner gibt es hier ein mittelalterliches Haus mit Steinlaibungen und Sgraffitdekor aus dem 16. Jhdt. Beachtenswert sind auch der ehemalige Lesehof des Stiftes Klosterneuburg mit leider vermauerten gotischen Fenstern (Ende 15. Jhdt.). Bei der Pfarrkirche zum hl. Georg etwas oberhalb des Ortes steht ein großer spätgotischer Bildstock.

Vom Dorf aus führen zwei Wege auf den Leopoldsberg: ein steiler Anstieg über die „Nase" und einer durch die Weingärten. Neben der Kirche an der höchsten Erhebung des Leopoldsberges genießt man von der vorgelagerten Terrasse einen der schönsten Blicke auf die Donau und die Stadt Wien.

Blick auf Kahlenbergerdorf und Donau

In Kahlenbergerdorf

Stammersdorf

Ein gänzlich anderes Dorfbild zeigt sich in Stammersdorf. Es handelt sich um ein Reihendorf wie im Weinviertel, mit geschlossener Häuserfront; diese Bauart wird auch Gassenfronthäuser genannt. Die Traufseite liegt parallel zum Straßenrand. In letzter Zeit hat man den westlichen Teil der Dorfstraße revitalisiert; ein Heuriger reiht sich an den anderen. Die Hauerhäuser weisen vielfach klassizistische Stuckarbeiten an ihren Fronten auf. Meist sind zwei Tore vorhanden. Das eine dient als Zugang zur Wohnung; das zweite, größere, ist die Einfahrt in den Hof und führt meist auch in den Gastgarten. Daran schließen bei den nordseitigen Höfen oft ein Obst- und Weingarten an.

Im Unterschied zu den Hauerhäusern in Döbling sind in Stammersdorf zwei Kellergassen in Richtung Bisamberg erhalten geblieben, wo sich in den Lößwänden Preßhäuser und Keller befinden. Leider hat man die Eingänge zu

Altes Weinhauerzeichen auf einem Schindeldach in Sievering

Dreiseithof „Mayer am Pfarrplatz", Heiligenstadt

den Kellern oft mit phantasielosen Gastgärten überbaut und dadurch der Romantik und Tradition dieser Kellergassen schweren Schaden zugefügt. Von Ensembleschutz ist hier, im Gegensatz zu Grinzing oder Sievering, keine Rede mehr.

Ortsbild in Stammersdorf

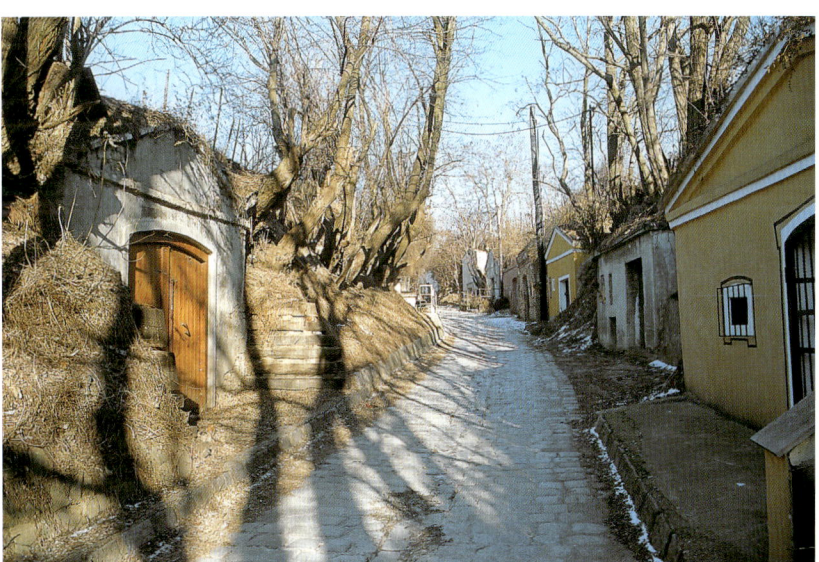

Stammersdorf, Kellergasse

Info: Wiener Tourismusverband, A-1025 Wien,
Tel.: 0043/(01)211140, Fax: 0043/(01)2168492,
E-Mail: wtv@info.wien.at

Österreich Werbung, A-1040 Wien, Margarethenstraße 1,
Tel.: 0043/(1)588660, Fax: 0043/(1)5886620,
E-Mail: oeinfo@austria.info, Internet: www.austria-tourismus.at

Nachwort

Für die Hilfe bei der Texterfassung dankt der Autor besonders seiner Frau Helga Milan, Frau Ingrid Haffner und seinem Enkelsohn Philipp Milan sowie, für die Kopierarbeiten, der Raiffeisenakademie Wien. Ganz besonderen Dank spricht er auch der Zentrale der „Österreich Werbung" für die freundliche Zurverfügungstellung speziellen Prospektmaterials über die einzelnen Regionen und Dörfer aus.

Wolfgang Milan, geb. 1924 in Knittelfeld (Stmk.), studierte Werbewissenschaften und Fremdenverkehr an der Hochschule für Welthandel in Wien. Er hatte als Lehrbeauftragter der Raiffeisenakademie für die Sachgebiete „Agrarmarketing" und „Öffentlichkeitsarbeit" Gelegenheit, im Rahmen seiner umfangreichen Reisetätigkeit Kontakte mit der bäuerlichen Bevölkerung in ganz Österreich zu pflegen. Seither beschäftigte er sich sehr intensiv mit der graphischen und bildmäßigen Erfassung des Erscheinungsbildes der Dorflandschaften, der traditionellen Volksarchitektur und der bäuerlichen Holzbaukunst. – Seminare als UN-Experte in der Volksrepublik China, der ehemaligen UdSSR, Griechenland und Ungarn vertieften u.a. seine Kenntnisse auf diesen Fachgebieten.

Für seine besonderen Leistungen auf dem Bildungssektor wurde Wolfgang Milan 1993 der Hans Kudlich-Preis verliehen.

Fachausdrücke

Abfasen – Abschrägen scharfer Kanten bei der äußeren Fensterlaibung

Abgewalmtes Dach – (siehe *Walmdach*): Satteldach, welches an einer oder beiden Schmalseiten eines Gebäudes eine Abschrägung der Dachflächen aufweist

al fresco – Bemalung von Mauern auf feuchtem Verputz

Ansatzlücke – dreieckige Öffnung unter dem First beim Schopfdach in Mittelkärnten (Nockalmgebiet)

Anschübling – am unteren Sparrenende angebrachter keilförmiger Balken, der einen flacheren Dachauslauf über die Traufe bewirkt, z.B. Vierplattlerdach im Hausruck oder bei Rheintalhäusern (Röthis)

Äugl – Dachluke zur Einbringung von Bergegut, speziell bei Anbauhöfen im Nordburgenland

Aufdoppeln – Aufsetzen einer zweiten Lage von Holz (Zierzwecke bei Türen und Balkonen)

Auskragung – Vorspringen von Laubengängen, Hervorragen von Decken- und Wandbalken, Klebdächer

Ausnahm – Altenteil eines Bauernhofes (siehe *Austragsstübl*)

Austragsstübl, Austragshaus, Altenteil – kleine Nebenwohnung für den Altbauern nach der Hofübergabe, auch Ausgedinge genannt. Meist im Hof integriert, aber auch als kleines Einzelhaus

Außentreppe – Stiege an der Außenseite von Blockbauten

Badstube – kleiner einzelstehender Bau, vornehmlich bei alpinen Haufenhöfen, für Dampf- und Schwitzbäder; Brechelstube (Haarbadstube) zum Flachsdörren, Obstdörren

Bildstock – (Flurdenkmal); alte Wegzeichen und Wegweiser

Blinder Erker – aus einer Hausmauer eines Bauernhauses herausragender Backofen

Blockbau (Holzbautechnik) – aus runden oder kantig bearbeiteten Balken wird durch Aufeinanderlegen von Balkenkränzen das Haus gebildet. An den Kanten werden die Balken durch oft sehr kunstvoll gestaltete Eckverbindungen zusammengefügt

Brunnenstock – Brunnensäule, hölzernes Standrohr, teils roh belassen, teils mit gedrechselten Aufsätzen

Brunnentrog – aus einem großen Baumstamm ausgehackter Trog, z.T. mit Zierschnitzereien versehen

Brückl – kleines Vorhaus, Windfang vor dem traufseitigen Eingang, von dem auch eine Veranda hochgezogen wird (Ausseerland)

Bundwerk – fachwerkartige, von außen sichtbare, kunstvoll gezimmerte Holzkonstruktion an Stadeln und im Giebeldreieck von Bauernhäusern

Dachlandschaft – das einheitliche Erscheinungsbild der Dächer einer Siedlung

Dachreiter – siehe *Eßglocke*

Dorf – Synonym für eine ländlich geprägte Siedlung samt aller dazugehörenden, mitunter abseits liegenden Einzelhöfe oder Weiler (siehe *Weiler*)

Dörre – kleine Hütte mit von außen beheizbaren Öfen zum Dörren von Obst (Brechelstube)

Dreiseithof – in Hufeisenform gruppierte Hofanlage, Wohnhaus – Stall – Stadel, die vierte Seite schließt meist eine Tormauer

Dübel – zugespitzter Nagel aus Hartholz, der Bauteile gegen seitliches Verschieben schützt

Durchfahrthof – durch den Wohnteil – großes Tor in der Giebelfront – gelangt man zum Stall und zur Tenne (Fiss)

Einhof – Bauernhof, bei dem Wohnhaus, Stall sowie Scheune unter einem Dach angeordnet sind

Eßglocke (Brotzeitglocke) – besonders im Unterinntal, Pinzgau und Ennstal anzutreffender kleiner mehrarmiger Dachreiter aus Holz mit Glocke

Fachwerkbau – hochentwickelte Form des Ständerbaues mit festgezimmertem Holzrahmenwerk

Feldheinze – siehe *Hainzen*

Feldscheune, Futterschupfen – außerhalb des Hofverbandes liegender Bergeraum: „Zuahäusl", Lesachtal; „Schupfn", Drautal, Mölltal

Figurenschrot, Malschrot – Hirnhölzer (quer zur Faser geschnittene Hölzer mit Jahresringen) in verschiedenen Motiven und Ausformungen bei Zwischenwänden im Blockverbund

Firstbretter – giebelseitige Abschlußbretter des Daches, manchmal geschnitzt (Giebelkreuz – Markenzeichen von Raiffeisen)

Firstpfette – oberste Pfette (siehe diese), den Dachfirst bildender Längsbalken

Flechtzaun – in den Boden gerammte Stangen werden mit einer Querstange mittels Fichtenäste, Weidenruten verflochten (Unterschützen, Bgld.)

Flodermühle – Wassermühle mit senkrecht stehendem turbinenartigem Schaufelrad (Apriach, Mölltal)

Fürkopf – vorstehendes Balkenende beim Blockbau (Wettkopf: auch Kopfschrot oder Schrotkopf)

Futterstadel, Sommerstall, Stallstadel – auf bergigen Wiesen abseits des Hofes errichteter Heubergeraum mit darunterliegendem Stall

Gangbrüstung – Geländer eines Balkons mit Balkonbrettern, oft mit Sägeschnittmustern

Gang, Gangl – langer Balkon, immer vom Dach überdeckt

Gaube – Dachfenster

Gefache – der Fachwerkbau ist ein Skelett aus Holzbalken, dessen Zwischenräume, das „Gefache", mit verschiedenem Material ausgefüllt werden müssen – Lehmhäcksel, Ziegel, Bruchsteine oder Rutengeflecht (Rheintalhäuser)

Geklobene Balken – mit dem Beil zugerichtete Holzstämme

Gesatztes Haus – (Lehmmauer): ein Gemisch aus Lehm und Strohhäcksel wird schichtweise zwischen Brettern eingestampft. Nach dem Trocknen werden die Bretter entfernt und die Außen- und Innenwände mit Lehmbrei verputzt und geweißt (sehr selten im Burgenland)

Getreidespeicher (Troadkasten) – Vorratsgebäude im bäuerlichen Hofbestand, meist etwas abseits stehend

Giebellaube (siehe *Hochlaube*) – Holzgang, nur auf das Giebeldreieck beschränkt

Girschtenzaun (Girschte = gespaltenes Holz) – Stecken werden kreuzweise mit Girschten verschränkt und bilden einen dichten Zaun

Hag – eine einfache Umfriedung für kürzere Zeit im Sommer, die nach der Beweidung wieder abgebaut wird (Stuben am Arlberg)

Hainzen (Hoanzen) – temporär auf Feld und Wiesen in den Boden gerammte naturbelassene Pfähle (Wipfelstangen), auch Hüfler, Hiefler, Stiefler, Stangen genannt, zur Heutrocknung; „aufhiefeln"

Hakenhof – Wohnhaus und Wirtschaftsteil bilden ein L oder einen Haken (vornehmlich Hauslandschaften östl. Bundesländer – Reihendörfer)

Halbwalmdach – der Walm reicht nicht bis zur Traufkante, sondern bis zur Hälfte – auch als „Krüppelwalm" bezeichnet

Harfe (Hilge, auch Harpfe genannt) – relativ große, hölzerne leiterartige Trockengerüste zum Nachtrocknen von Getreide, Heu, Maisstroh etc. „Hilge" in Osttirol; „Köse" im Gail- und Lesachtal; auch doppelte Harfen unter einem Dach als Hofharfen

Hauslandschaften – das Verbreitungsgebiet gleichartiger, durch ein ganz bestimmtes Erscheinungsbild geprägter Hofformen im ländlichen Raum

Heustadel – einzeln auf Wiesen und Hängen stehende Heubergeräume (vornehmlich in Grünlandgebieten)

Hoanznhütte – Aufbewahrungsort für Hoanzen (Hainzen)

Hochlaube – bei Blockhausbauten auf entsprechend hervorragenden Balken auflagernde Holzgänge: Tirol: Söller, Solder, Labn; Salzburg: Hausgang, Gang; Oberösterreich: Schrot, Schreb (Innviertel), Gang; Steiermark: Bodengang, Gwandgang, Ortgang – zum Plumpsklo; auch allenfalls als „Balkon" bezeichnet

Kast'n (siehe *Troadkasten*) – Getreidespeicher

Kellerstöckl – schmales zweistöckiges kleines Haus mit meist gemauerter Unterkellerung (Weingartenstöckl: Weststeiermark, Burgenland)

Kerbschnitzerei – Holzschnitztechnik, Dekor an Pfetten, First- und Türbalken sowie Brunnentrögen, an nicht verschindelten Blockbauten im Bregenzer Wald

Kitting – Speicherbau im Burgenland. Die Holzblockwände gehen in ein Rundgewölbe über. Über diesem sitzt ein leicht abwerfbares Strohdach (Vorsorge bei Bränden). Der Kitting ist meist mit Lehm verputzt

Klapotetz – eine Windmühle bewegt kleine Hämmerchen, die auf ein Holzbrett klopfen, Lärm erzeugen und so aus den Weingärten Vögel verscheuchen sollen

Klingschrot – die in der Blockbautechnik übliche Bezeichnung der kunstvollen geschweiften Eckverbindungen

Kopfschrot – Eckverband im Blockbau mit verkragenden Hölzern

Kreuzhag – drei bis sechs Steckenpaare werden kreuzweise in den Boden geschlagen, über die Kreuzungspunkte werden Stangen gelegt

Kreuzscheune – Mischform zwischen Quer- und Längsscheune. An die längsgerichtete Haupttenne ist meist quer dazu beidseitig eine etwas kürzere Tenne angebaut (Pongau)

Kugelschrot – kunstvoller Eckverband im Blockbau mit halbkugelförmigen Ausschnitten durch Zirkelarbeit der Zimmererleute

Längsscheune – Befahrung vom Scheunengiebel her, parallel zum First. Allenfalls über Tennbrücke, wenn der Stall im Erdgeschoß liegt

Laube (Lab'n): durchgängiger Hausflur; Balkon an der Giebelfront (Söller); an den Traufseiten verlaufende Gänge (Balkone); Längslaube – Schopf, Bregenzerwaldhaus; Tanz-Spiellaube, stadelartiger Holzbau für dörfliche Unterhaltung

Legschindeldach – Holzschindeln, geklobene (gespaltene) Brettchen ohne Nägel, am Dach verlegt, meist mit Bruchsteinen auf Stangen lagernd beschwert

Lesehof – in Weinbaugebieten seinerzeitige Unterkünfte für Hilfskräfte während der Weinlese (meist aus Klöstern und Stiften)

Mausladen – bei Blockbauspeichern vorkragende Geschoßschwellen, die gegen Mäuse schützen sollen

Malschrot – Ausformung von Balkenköpfen in Zierformen und Figuren beim Einbau von Zwischenwänden im Blockbau

Mittertenneinhof – Einhof, bei dem zwischen Wohnteil und Stall die Tenne liegt

Paarhof – Wohnhaus und Wirtschaftsgebäude liegen getrennt, meist firstparallel

Pfeilerstadel – Mischbauweise; über den gemauerten Stall hinaus werden Pfeiler aus Bruchsteinmauerwerk hochgezogen, die dazwischenliegenden Felder werden mit Brettern in Ständerbauweise verschalt

Pfetten – Pfettendachstühle sind Dachkonstruktionen, bei denen die Sparren durch waagrecht angeordnete, oft bemalte Holzträger (Pfetten) unterstützt werden

Pultdach – aus einer einzigen Schrägfläche bestehendes Dach, meist an ein anderes Gebäude angefügt

Putzfasche – Umrahmung von Türen und Fenstern mit plastisch hervorstehendem Putz

Querscheune – Befahren der Scheune von der Traufseite quer zum First, allenfalls über eine Tennbrücke, wenn die Scheune an einem Hang bzw. darunter der Stall liegt

Rauchhaus (Almhütten) – Wohnhaus mit offener Feuerstelle ohne Kamin; der Rauch entweicht durch das meist mit Schindeln gedeckte Dach

Ringzaun – zwei in den Boden geschlagene Stecken werden durch „Ringe" aus Fichten- oder Weidenruten zusammengehalten, darüber werden Stangen gelegt

Rofen – an der Firstpfette aufgehängte Schräghölzer, die den Lattenrost tragen. An diesem werden die Schindeln und Bretter befestigt

Samerstall – Raststätte für die Pferde der Säumer (Leogang)

Säumer – Saumtiertreiber oder Fuhrwerker

Satteldach – zwei gleichgeneigte Dachflächen schließen einen Giebel ein

Scharschindeldach – Holzschindeldach, bei dem die Schindeln angenagelt werden

Scheune = „Scheuer" – Wirtschaftsgebäude zur Lagerung von Viehfutter und Getreide. Stallscheune – Bergeraum inkl. Stall

Schopf – Bezeichnung für ein Viertel- oder Halbwalmdach. Im Bregenzerwaldhaus ausgebaute Längs- oder Seitenlaube entlang der Traufseite (Tschopf)

Schrotkopf – vorstehendes Balkenende im Eckverband

Schrotgang (siehe *Hochlaube*)

Schrotwand = Blockwand

Schwalbenschwanzverzinkung – Eckverband im Trapez; schwalbenschwanzartige Form

Schwardach – Legschindeldach, mit Feld- und Bruchsteinen beschwert

Schwarstangen (Streckhölzer, Spannhölzer) – diese Hölzer dienen zum Niederhalten der Schindeln als Auflage der Beschwerungssteine

Schwelle – horizontal liegende Hölzer als Basis (Auflage) für den Ständerbau, in den die Ständer eingezapft sind

Sgraffito – Kratzputz

Söller (lat. Solarium) – über dem Erdgeschoß gelegene Trockenlaube an Wohn- und Wirtschaftsgebäuden

Sparren – Sparrendächer sind Dachkonstruktionen, die mittels ca. 80 cm zueinander senkrecht zur Traufe angeordneter Sparren die Schneelasten etc. von der Mauer ableiten

Stadlluken – ausgesägte Zierschnittöffnungen an Stadelwänden

Stallstadl – Bergeraum abseits des Gehöfteverbandes mit darunterliegendem Stall (Sommerstall, gebirgige Gegenden)

Steinbloßmauerwerk – Mauerwerk, bei dem einzelne Bruchsteine der Mauer unverputzt bleiben, nur die Fugen ausgefüllt und geweißt werden und so ein lebhaft geschecktes Muster ergeben (besonders im Mühlviertel)

Steingaden – gemauerter Teil des Vorhauses des Montafonerhauses

Steinplattl'n – Dachdeck-Material auf Wehrkirchen und Bildstöcken im Saualmgebiet (Kärnten)

Streckhofzeile – drei bis vier Streckhöfe traufseitig aneinandergereiht (Wohngäßchen in Mörbisch, Bgld.)

Stirnbrett – Pfettenbretter zum Schutz des Hirnholzes der Pfettenköpfe

Strick – alemannische Bezeichnung für Blockbau (Vorarlberg)

Taubenschlag – neben freistehenden Schlägen, auch in Scheunen eingebaute Holzkästen mit Fluglöchern

Tennbrücke – Auffahrt zum Tennboden

Tenne (Dreschtenne) – von Bergegut freigehaltener Raum zum Abladen des Erntegutes; seinerzeit Arbeitsraum zum Dreschen. Heute ist vielfach der gesamte Wirtschaftstrakt gemeint

Torggel – Preßhaus im Vorarlberger Weinbaugebiet

Traufe – untere Dachkante an der Längsfront eines Hauses. Beim Vierkanter überall in gleicher Höhe umlaufend

Troadkasten (Getreidespeicher, Kastn, „Kaschtn", Kornkästen, Kitting) – Vorratshaus innerhalb eines bäuerlichen Gehöftes, sowohl im Blockbau wie auch gemauert ausgeführt, letztere oft bemalt

Tschardake – luftdurchlässiger Bretterverschlag zur Maistrocknung (Burgenland)

Umadum-Stall (Umlaufstall) – Tiere können sich innerhalb von Balkenwänden oder mit Planken abgegrenzten Verschlägen frei bewegen (in der Regel je zwei Rinder); Obdacher Sattel

Venezianer-Gatter – Bezeichnung von Sägegattern (Sägewerken), die seinerzeit Holzbretter nach Venetien lieferten

Vierplattlerdach – Vollwalmdach mit kurzem First

Vierseithof – in sich auf allen vier Seiten geschlossene Hofanlage mit vier Toren zwischen den Gebäuden

Vollwalmdach – nach allen vier Seiten eines Gebäudes abgeschrägte Dachflächen. Ohne First – auch Zeltdach (Kärnten, Krappfeld). Mit kurzem First – Vierplattlerdach (Hausruckdach, Oberösterreich)

Vorsäß, auch Mai(en)säß – Almhütten, die nur zeitweise während des Frühjahrs und Herbstes benützt werden

Walmdach – auf allen vier Seiten geneigtes Dach

Weiler – Hofgruppe, aus mehreren Gehöften bestehend. Mit Kirche = Kirchweiler

Wettkopf – vorstehende Balkenköpfe im Blockbau

Windbrett (Windladen) – Schutzbretter an der Giebelkante, oft mit Giebelzier versehen, wurden bei Strohdächern gegen störenden Einfluß des Windes angebracht

Zeltdach – ein nach allen vier Seiten gleichmäßig abgeschrägtes Dach. Setzt in der Regel einen quadratischen Grundriß voraus (Krappfeld, Kärnten)

Ziegelgitter – aus Ziegeln oft kunstvoll gestaltete Lüftungsöffnungen an gemauerten Stadeln

Beispiele typischer Dorf- und Siedlungsstrukturen in Österreich

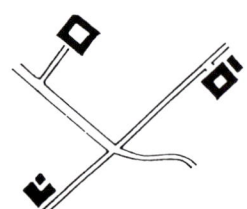

Streusiedlung:
Höfe regellos in großen
Abständen verstreut

Sammelsiedlung:
Höfe nahe beisammen
nach einer Straße,
einem Platz, einem Bachufer
oder einem Riegel orientiert

Bachuferdorf

Breitangerdorf

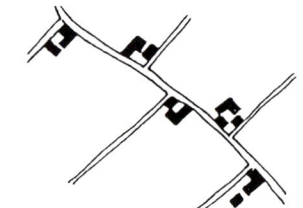

Waldhufen

Straßendorf

Haufenweiler

Kirchweiler

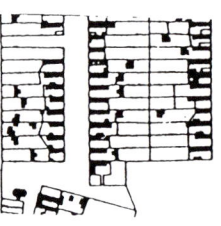

Ingenieurdorf

Literaturverzeichnis

Brandstätter, Christian / Hans Schaumberger: Tore, Giebel, Fenster, Wien 1980

Conrad, Kurt: Führer durch das Salzburger Freilichtmuseum, Salzburg 1984

Dachs, Herbert: Das gefährdete Dorf, Salzburg – Wien 1992

Danninger, Wolfgang: Grün ins Dorf, Schriftenreihe OÖ Landesregierung, 1999

Danninger – Kienesberger: Das Dorf, Schriftenreihe OÖ Landesregierung, 1987

Deininger, Johann: Das Bauernhaus in Tirol und Vorarlberg , München 1979

Dehio: Handbücher der Kunstdenkmäler Österreichs; Wien, Burgenland, Kärnten, Niederösterreich-Nord, Oberösterreich, Salzburg, Steiermark, Tirol, Vorarlberg; Wien 1980 – 2000

Eberhart, H. / V. H. Pöttler: Bewährtes bewahren, Neues gestalten, Festschrift für V. H. Pöttler, Liezen 1994

Eppel, Franz: Die Eisenwurzen, Salzburg 1968

Fischer, Gustav: Österreichs Landwirtschaft im Einklang mit der Natur, Wien 1999

Eppel, Franz: Die Eisenwurzen, Salzburg 1968

Forcher, Sepp: „I mog die Leut!", St. Pölten 2000

Frick, Anton / Michael Haberl / Holger Neuwirt: Steiermark. „Alte Bauernhöfe", Innsbruck 1992

Groth, Erika / Alfons Kleiner: Bergbauern, Donauwörth 1991

Haid, Hans: Vom alten Leben, Wien 1986

Handbuch der Sach- und Fachbegriffe, Kärntner Freilichtmuseum, Maria Saal 1985

Heckl, Rudolf: Oberösterreichische Baufibel, Salzburg 1949

Hiesmayr, Ernst: Eine neue Tradition, Dornbirn 1995

Hubmann, Franz: Land und Leute. Bäuerliche Baukunst, Brauchtum und Tracht in Österreich, Wien 1979

Jerney, Winfried: Alte Salzburger Bauernhäuser, Berwang 1987

Jeschke, Hans Peter, Projektgruppe Raumordnung: Bauernhöfe erhalten, neu gestalten, Oberösterreichische Raiffeisenzentralkasse; Serie von 10 Heften ab 1984

Kislinger, Max: Alte bäuerliche Kunst, Linz 1963

Klaar, Adalbert: Die Siedlungs- und Hausformen des Wienerwaldes, Stuttgart 1936

Klöckner, Karl: Der Blockbau, 1982

Kräftner, Johann: Österreichs Bauernhöfe, Innsbruck 1984

Langschwert, G.: Wohnen im ländlichen Raum, LTS Nr. 195, ÖKL-Eigenverlag, Wien 1994

Luger, Ilse: Lebende Tradition. Das bäuerliche Wohnhaus in Linz; 1981

Lukas, Elfi: Heimatliches Bauen – Fachwörterbuch, St. Peter / Judenburg, 1993

Luschin, Berta und Hans: Kärntens schönste Wehrkirchen, Klagenfurt 1985

Mehling, Marianne, Knaurs Kulturführer, München 1984

Miglbauer, Ernst / Fellner, Franz: Freizeitführer Mühlviertel, Linz 1998

Milan, Wolfgang / Günther Schickhofer: Bauernhäuser in Österreich, Graz 1992

–,   Ländliche Holzbaukunst, 2. Aufl., Graz 2000

–,   Niederösterreichischer Bauernbundkalender: Troadkasten, Speicher, Wien 1988; Zeitlose Schönheit, Holz als Baustoff im Bauernhaus, Wien 1989; Über die Zerstörung der Bauernhäuser, Wien 1987; Kellergassen, Preßhäuser, Stöckl, Wien 1990 und weitere

–,   Österreichische Bauernhöfe, Wien 1986

Milan – Schickhofer – Spiegler, Dorflandschaft, Klosterneuburg 1997

–,   ÖKL-ALR Studienblatt Nr. 3: Der Holzzaun in der österreichischen Kulturlandschaft, Wien 1993

–,   ÖKL-ALR-Studienblatt Nr. 4: Elemente traditioneller bäuerlicher Holzarchitektur in Österreich, Wien 1995

Moser, Oskar: Das Bauernhaus, Klagenfurt 1974

„Niederösterreich schön erhalten – schöner gestalten", Broschürenserie des Amtes der NÖ Landesregierung, St. Pölten, 6 x jährlich

Pöttler, Viktor H.: Volksarchitektur der Oststeiermark, Gleisdorf 1982

–,   Alte Volksarchitektur, Graz 1975

Pohler, Alfred: Alte Bauernhöfe in Österreich, Augsburg 1997

Retler – Sotriffer: Ein Dorf bei Wien – Kahlenbergerdorf, Wien 1981

Röthis Gemeinde: Geschichte und Gegenwart, Dornbirn 1982

Schachel, Roland / Kräftner Johann: Baugesinnung in Niederösterreich, Wien 1977

Schickhofer, G. und Mitarbeiter: Dorfentwicklung, Dorfgestaltung, ÖKL Wien 1984

–,   ÖKL – Wohnbauforschungsreihe „Umgebaute Bauernhäuser", Band 1-5 (Beispiele aus allen Bundesländern), ÖKL – Eigenverlag, Wien 1983

Schickhofer, G. / Gaisrucker, H. und Mitarbeiter: ÖKL – Plakatserie „Unser Dorf", ÖKL Wien

Schickhofer, Günther: Alte und Neue Holzhäuser, Graz 2002

Schmeller, Alfred: Das Burgenland, Salzburg 1974

Senft, Hilde und Willi: Wanderführer Oberes Murtal, Graz 1994

–,   Wanderführer Mürztaler Berge – Hochschwab, Graz 1999

–,   Wandern entlang Enns und Steyr, Graz 1999

–,   Die schönsten Almen Österreichs, 6. Aufl., Graz 2001

Sotriffer, Kristian: Domus Alpina. Bauformen und Hauslandschaften im Alpenbereich, Wien 1981

–,   Das Salzkammergut, Linz 1969

–,   Das Mühlviertel, Linz 1968

Spiegler, Arthur / Lammerhuber / Westermann / Metthis: Kulturlandschaft – Das begehbare Buch, Klosterneuburg – Wien 1995

Spielhofer, Herrad: In alten Bauernhäusern leben, Graz 1980

Stabentheiner, Gabriel: Lesachtal, Kärnten, Zell am See 1995

–,   Tiroler Gailtal, Zell am See 1995

Stenzl, Gerhard: Das Dorf in Österreich, Wien 1985

Strohmeir, Fred / Mayer, Kurt: Die Erde lebt, ORF-Universum, Graz 1993

Swoboda, Otto: Alte Holzbaukunst in Österreich, 3 Bde., Salzburg 1975-1986

Tötschinger, Gerhard / Schmölzer, Hilde: Österreich, Wien 1983

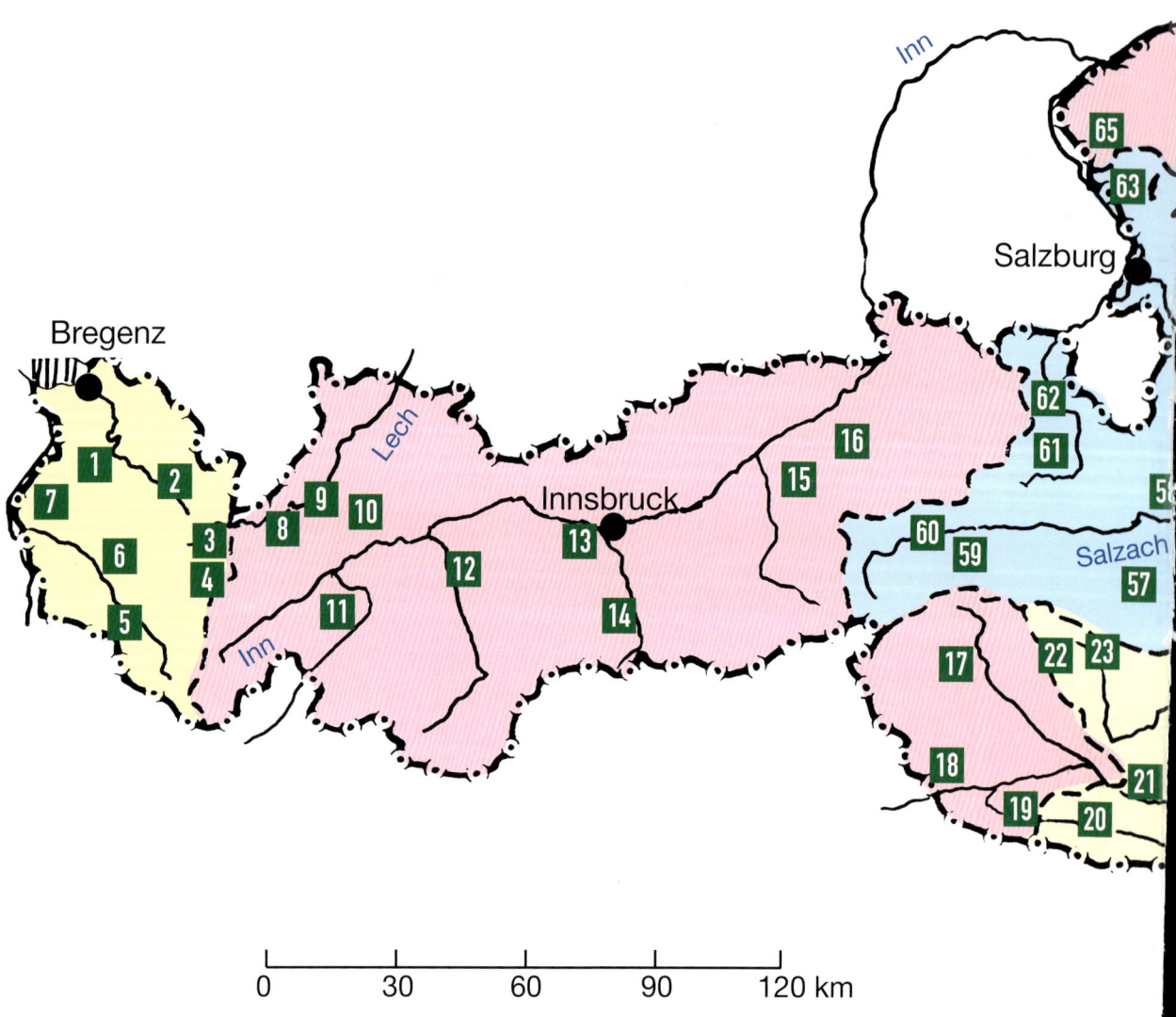

Lagekarte

Die Zahlenverweise beziehen sich
auf die jeweiligen Orte im Text

HÄKELN
EINFACH ERKLÄRT

Hast du Lust, häkeln zu lernen? Es ist ganz leicht, und es macht super viel Spaß, etwas mit seinen eigenen Händen zu machen! Und du kannst mit einfachen Mustern ganz tolle Dinge zaubern. Hier zeigen wir dir, wie es geht:

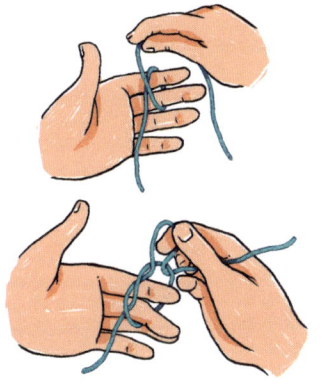

Anfangsschlaufe

1 Lege das Garn wie eine Schlinge um Zeigefinger und Mittelfinger deiner linken Hand. Das Fadenende sollte etwa 10 cm lang sein.

2 Ziehe mit dem Garn, das zum Knäuel führt, eine Schlaufe durch die Schlinge – die Finger ziehst du jetzt natürlich raus.

3 Schiebe die Nadel durch die zweite Schlaufe und ziehe sie anschließend fest um die Nadel.

Luftmasche

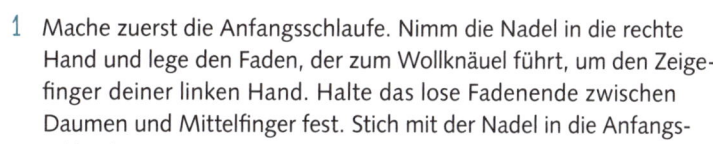

Alle Arbeiten beginnen mit einer oder mehreren Luftmaschen.

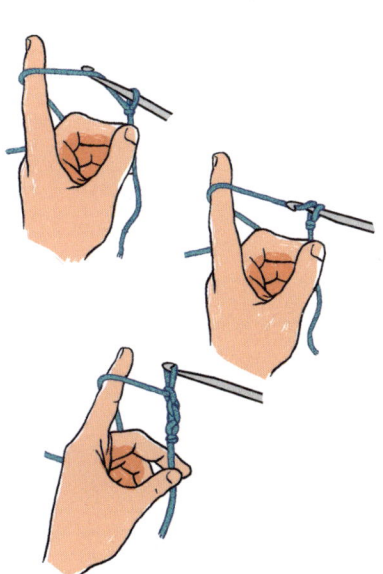

1 Mache zuerst die Anfangsschlaufe. Nimm die Nadel in die rechte Hand und lege den Faden, der zum Wollknäuel führt, um den Zeigefinger deiner linken Hand. Halte das lose Fadenende zwischen Daumen und Mittelfinger fest. Stich mit der Nadel in die Anfangsschlaufe.

2 Führe die Nadel hinter den Faden auf deinem Zeigefinger und hake den Faden an der Nadelspitze ein.

3 Ziehe den Faden durch die Schlaufe auf der Nadel. Fertig!

4 Wiederhole Schritt 2 und 3, um eine Kette aus Luftmaschen zu häkeln.

Zum Üben aller Maschenarten häkelst du zuerst immer eine Kette aus 15 Luftmaschen. Nun kannst du je 14-mal die neue Maschenart ausprobieren. Die erste Luftmasche wird Wendemasche genannt und wird nie mitgehäkelt. In jeder der anderen Luftmaschen häkelst du je eine neue Masche der jeweiligen Maschenart.

Feste Masche

1 Führe die Häkelnadel vor dem Faden entlang und stich von vorne nach hinten in die nächste Luftmasche. Auf deiner Nadel liegen nun 2 Schlaufen.

2 Führe die Nadel nun hinter den Faden und hake ihn an der Nadelspitze ein.

3 Ziehe den Faden durch die erste Schlaufe auf der Nadel. Es liegen wieder 2 Schlaufen auf der Nadel.

4 Führe die Nadel erneut hinter den Faden und greife ihn mit der Nadelspitze.

5 Nun ziehst du den Faden durch beide Schlaufen auf der Nadel. Fertig!

Halbes Stäbchen

1 Halte die Nadel vor den Faden, der zum Knäuel läuft, und lege ihn dann von hinten nach vorn um die Nadel. Auf der Nadel sind nun die Schlinge der letzten Luftmasche und der Umschlag des Fadens.

2 Stich mit der Nadel von vorn nach hinten durch die nächste Masche.

3 Greife mit der Nadelspitze den Faden und ziehe ihn durch die erste Masche. Nun sind 3 Schlaufen auf der Nadel.

4 Greife mit der Nadel den Faden und ziehe ihn durch alle 3 Schlaufen.

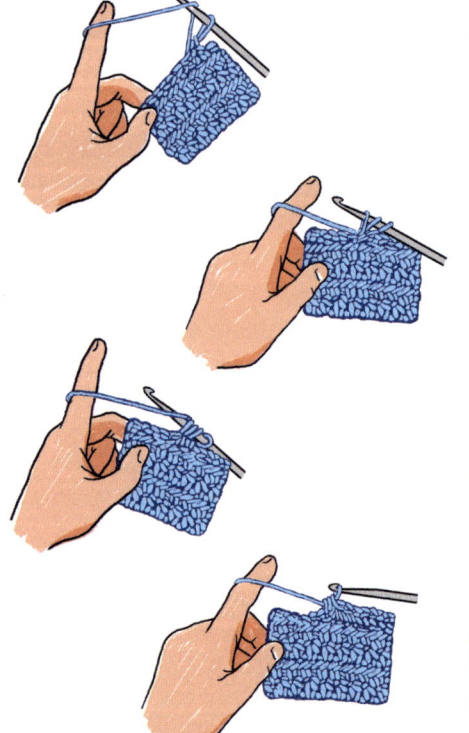

Hinweis: *Was ist eigentlich „die nächste Masche"? Die Maschen bestehen aus drei Fäden: die Schlinge, die zuerst auf deiner Nadel lag, plus die Schlaufe, die du dann für die nächste Masche hindurchgezogen hast. Die Schlinge, die zuvor auf deiner Nadel lag, sieht nun aus wie ein „V". Die Nadel sollte unter den beiden Fäden des Vs und über dem dritten Faden der neuen Masche hindurchgeführt werden.*

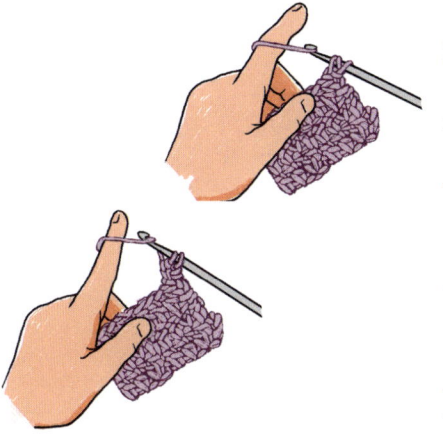

Stäbchen

Schritt  wie bei halben Stäbchen.

4 Greife mit der Nadel den Faden und ziehe ihn durch die ersten 2 Schlaufen. Nun sind noch 2 Schlaufen auf deiner Nadel.

5 Greife mit der Nadel den Faden und ziehe ihn durch beide Schlaufen auf der Nadel.

Kettmasche

Eine Kettmasche benötigst du, um eine Runde sauber zu beenden. Zum Üben kannst du deine Luftmaschenkette zu einem Ring schließen:

1 Stich mit der Nadel von vorne nach hinten durch die allererste Luftmasche.

2 Greife den Faden mit der Nadelspitze und ziehe ihn durch die Masche und durch die Schlaufe auf der Nadel.

> **Hinweis:** *Achte immer gut darauf, ob in Runden oder in Reihen gehäkelt werden soll. In Reihen häkeln bedeutet, dass du immer eine Reihe hin und die zweite Reihe zurück häkelst. Bei Runden häkelst du immer im Kreis herum. Eine Runde entsteht dabei auf der vorherigen. Dabei häkelst du im Prinzip immer im Kreis von unten nach oben.*
>
>

Maschenzunahme

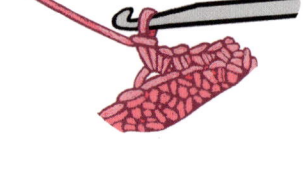

1 Häkle eine Masche wie gehabt.

2 Stich die Nadel noch einmal in dieselbe Masche, in die du bereits die erste neue Masche gehäkelt hast.

3 Häkle eine zweite Masche hinein.

Maschenabnahme

1 Schiebe die Nadel durch die nächste Masche.

2 Greife den Faden und ziehe ihn durch die Masche. Nun hast du 2 Schlaufen auf der Nadel.

3 Schiebe die Nadel durch die nächste Masche, greife den Faden und ziehe ihn durch die Masche. Nun sind 3 Schlaufen auf der Nadel.

4 Greife den Faden und ziehe ihn durch alle 3 Schlaufen.

Tipp: *Überprüfe immer wieder, ob die Maschen gleichmäßig groß sind. Jeder häkelt unterschiedlich stramme Maschen – das ist in Ordnung. Wichtig ist nur, sie innerhalb eines Projektes möglichst gleichmäßig zu arbeiten. Und ziehe die Schlaufe nicht zu fest, damit du die folgenden Maschen gut hindurchziehen kannst.*

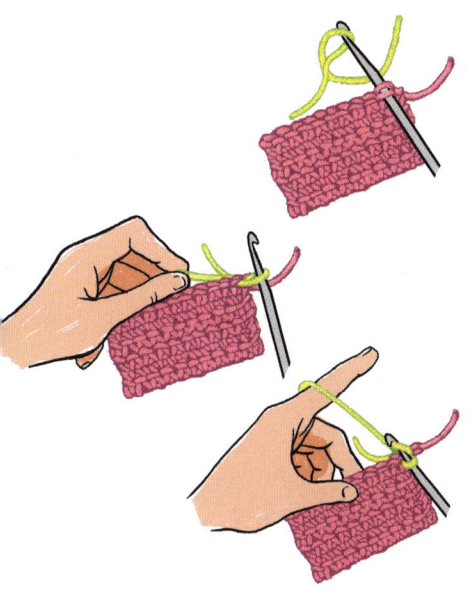

Farbwechsel

Farbwechsel bei Reihen: Am Ende der Reihe die Wolle der neuen Farbe durch die Wendemasche aufnehmen und weiterhäkeln.

Farbwechsel bei Runden: Für eine Kettmasche am Ende der Runde einfach die Wolle der neuen Farbe durch die Schlaufe der Kettmasche ziehen und damit weiterhäkeln.

Abnähen

1 Ziehe die Schlaufe der letzten Masche nach oben, damit sie größer wird.

2 Schneide den Faden in einer Länge von ca. 10 cm ab und ziehe ihn durch die Schlaufe.

3 Ziehe die Schlaufe fest und vernähe dann den restlichen Faden mit einer Stopfnadel.

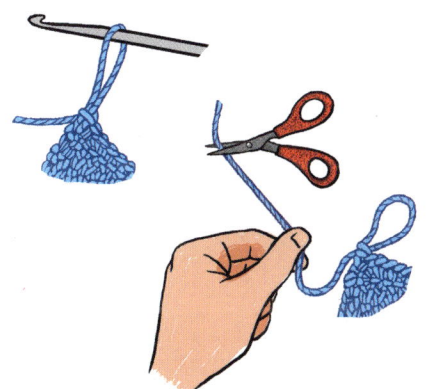

Viel Spaß beim Häkeln!

Tipp: *Zum Vernähen fädelst du das Ende des Fadens in die Öse deiner Stopfnadel und ziehst ihn den Maschen folgend durch dein Projekt. Damit auch beim Waschen nichts aufribbelt, ziehst du den Faden am besten mindestens einmal durch die Schlaufe des vorherigen Stiches.*

Hinweis: *Alle Projekte in diesem Buch wurden mit der Wolle Eskimo der Marke Drops gehäkelt und mit einer Häkelnadel mit 8 mm Durchmesser.*

HÜBSCHES STIRNBAND

Stirnbänder sind klasse! Sie sind schneller gehäkelt als Mützen und daher kannst du dir zu jedem Outfit ganz einfach ein Stirnband in der passenden Farbe häkeln. Verziere deine Stirnbänder doch mit einer Schleife (siehe Seite 16).

Du brauchst:

★ Wolle

★ Häkelnadel (Nr. 8)

★ Stopfnadel zum Vernähen

So wird's gemacht:

1 Häkle eine Luftmaschenkette, die so lang ist, dass sie so gerade um deinen Kopf passt (im Beispiel 52 Maschen). Schließe sie mit einer Kettmasche zu einem Ring. Achtung: Pass auf, dass die Kette nicht in sich verdreht ist!

2 Nun häkelst du 5 Runden: Pro Masche ein halbes Stäbchen häkeln, jede Runde mit 2 Luftmaschen beginnen und mit einer Kettmasche schließen.

3 Zum Abschluss häkelst du eine Runde feste Maschen. Dann schneidest du den Faden in einer Länge von ca. 10 cm ab, ziehst ihn durch die Schlaufe und vernähst ihn.

> Tipp: *Du hast dich verhäkelt? Gar kein Problem: Ziehe einfach am Ende des Fadens und löse so Masche für Masche wieder auf, bis du die fehlerhafte Stelle erreicht hast. Nun kannst du den Fehler beheben und danach einfach weiterhäkeln.*

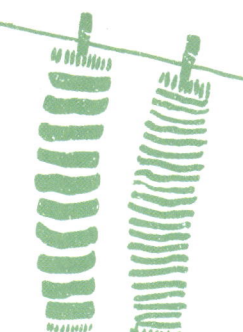

LUSTIGE
RINGEL-STULPEN

Stulpen halten deine Beine nicht nur warm, sondern geben deinem Outfit auch noch einen super Farbakzent! Deiner Kreativität sind keine Grenzen gesetzt: entweder mit zwei gleichen Stulpen oder wie bei Pipi Langstrumpf mit zwei unterschiedlichen Mustern.

Du brauchst:

★ Wolle

★ Häkelnadel (Nr. 8)

★ Stopfnadel zum Vernähen

So wird's gemacht:

1 Häkle 25 Luftmaschen und schließe diese mit einer Kettmasche zum Ring.

2 Beginne jede Runde mit einer Luftmasche. Häkle in jede Masche ein halbes Stäbchen und schließe die Runde mit einer Kettmasche.

3 Häkle insgesamt 14 Runden. Dann schneidest du den Faden in einer Länge von ca. 10 cm ab, ziehst ihn durch die Schlaufe und vernähst ihn.

Tipp: Zwischendurch kannst du einfach die Farbe wechseln. Wie du das machst, wird dir auf Seite 7 erklärt. Beim Beispiel auf dem Foto wurde nach 4 Runden eine neue Farbe gewählt.

EINFACHER LOOP-SCHAL

Der bunte Loop-Schal ist das perfekte Projekt, um häkeln zu üben. Er ist besonders einfach und wird mit dicker Wolle schnell fertig. Zunächst kannst du ihn einfarbig häkeln – das ist unkomplizierter und du hast nicht so viel Arbeit mit dem Vernähen der Fäden!

Du brauchst:

- ★ Wolle
- ★ Häkelnadel (Nr. 8)
- ★ Stopfnadel zum Vernähen

So wird's gemacht:

1 Häkle eine Kette aus 50 Luftmaschen, schließe sie mit einer Kettmasche zum Ring und achte dabei gut darauf, dass die Kette nicht in sich verdreht ist.

2 Beginne jede neue Runde mit 2 Luftmaschen und häkle dann in jede Masche ein Stäbchen.

3 Nach der neunten Runde häkle eine abschließende Runde mit festen Maschen.

4 Nähe die letzte Masche ab und vernähe den Faden.

Tipp: *Einen Farbwechsel machst du am besten an der letzten Masche einer Runde: Nimm für die Kettmasche das Garn der neuen Farbe. Achte darauf, dass du die Kettmasche am Ende der Runde in die oberste Masche häkelst und nicht in die Luftmasche darunter.*

Variante: *Möchtest du deinen Loop-Schal doppelt um den Hals legen, verdopple die Maschen einfach: Beginne mit 100 Luftmaschen!*

WARME MÜTZE

Keine Lust auf kalte Ohren? Dann häkle dir doch eine warme Mütze. Du kannst dir selbst aussuchen, wie viele Farben du benutzen möchtest und wie viele Streifen die Mütze haben soll. Und natürlich kannst du deine Mütze auch noch mit einem Bommel oder einer Schleife verzieren.

Du brauchst:

★ Wolle
★ Häkelnadel (Nr. 8)
★ Stopfnadel zum Vernähen

Tipp: Die Farbwechsel sehen am schönsten aus, wenn du das neue Garn aufnimmst, um die Kettmasche am Ende der Runde zu häkeln.

So wird's gemacht:

1 Häkle eine Kette aus 4 Luftmaschen. Schließe diese mit einer Kettmasche zu einem Ring.

2 Jetzt häkelst du wieder in Runden. Beginne jede Runde mit einer Luftmasche. Runde 1: Häkle 10 halbe Stäbchen gleichmäßig verteilt in deinen Luftmaschenring. Schließe die Runde mit einer Kettmasche.

3 Runde 2: Häkle nun in jede Masche 2 halbe Stäbchen, schließe die Runde mit einer Kettmasche (20 Maschen).

4 Runde 3: Häkle immer abwechselnd ein halbes Stäbchen und in jede zweite Masche 2 halbe Stäbchen. Schließe die Runde mit einer Kettmasche. (30 Maschen)

5 Runde 4: Häkle in jede dritte Masche zwei halbe Stäbchen. Schließe die Runde mit einer Kettmasche (40 Maschen).

6 Runde 5: Häkle in jede sechste Masche 2 halbe Stäbchen. Schließe mit einer Kettmasche (46 Maschen).

7 Runden 6–16: In jede Masche ein halbes Stäbchen häkeln – ohne weitere Zunahmen.

8 Jetzt wende die Mütze und häkle zum Abschluss eine Runde feste Maschen. Dann schneidest du den Faden in einer Länge von ca. 10 cm ab, ziehst ihn durch die Schlaufe und vernähst ihn.

Achtung: Achte beim Schließen der Runden mit Kettmaschen darauf, dass du die Kettmasche in das obere Ende des ersten halben Stäbchens häkelst – und nicht in die Luftmasche darunter.

FESCHE SCHLEIFE

Diese hübsche Schleife ist schnell und leicht gehäkelt. Sie eignet sich wunderbar zum Verzieren und Verschönern von Taschen, Stirnbändern, Mützen und allem anderen, was dir einfällt!

Du brauchst:

★ Wolle

★ Häkelnadel (Nr. 8)

★ Stopfnadel zum Vernähen

So wird's gemacht:

1 Häkle 7 Luftmaschen und dann 10 Reihen mit festen Maschen. Dann schneidest du den Faden in einer Länge von ca. 10 cm ab, ziehst ihn durch die Schlaufe und vernähst ihn.

2 Für die Mitte der Schleife häkelst du 7 Luftmaschen und schließt sie mit einer Kettmasche zum Ring. Nun häkelst du 2 Runden lang in jede Masche eine feste Masche. Dann schneidest du den Faden in einer Länge von ca. 10 cm ab, ziehst ihn durch die Schlaufe und vernähst ihn.

3 Fertigstellen: Ziehe den Maschenring über dein Quadrat, bis in die Mitte. So formt sich das Quadrat zu einer schönen Schleife.

BUNTE HANDYHÜLLE

Eine Handyhülle ist ein super Geschenk, weil jeder sie brauchen kann.
Aus dicker Wolle gehäkelt, schützt sie besonders gut. Jeder bekommt eine
Handyhülle in seinen Lieblingsfarben!

Du brauchst:

★ Wolle

★ Häkelnadel (Nr. 8)

★ Stopfnadel zum
Vernähen

Tipp: Damit dein Handy auch gut hineinpasst, kannst du die Breite der Hülle auch genau anpassen: Häkle die Luftmaschenkette in Schritt 1 einfach so lang, wie dein Handy breit ist. Mache sie eher ein bisschen zu kurz, da die Maschen sich dehnen und dein Handy ja nicht aus der Hülle rutschen soll.

So wird's gemacht:

1 Häkle 9 Luftmaschen. Dann häkelst du 2 Reihen: in jede Masche ein halbes Stäbchen.

2 Achtung: Nun wird in Runden gearbeitet. Häkle rundherum in jede Masche ein neues Stäbchen. Das bedeutet, du häkelst in die beiden Maschen an der Seite deiner beiden Runden, dann die erste Reihe entlang, dann die beiden Maschen an der anderen Seite und nun entlang deiner zweiten Reihe. Nun sollten ca. 22 Maschen die Runde bilden.

3 Häkle 9 Runden. Die zehnte Runde häkelst du mit festen Maschen. Schneide dann den Faden in einer Länge von ca. 10 cm ab, ziehe ihn durch die Schlaufe und vernähe den Faden.

ZUGLUFT-SCHLANGE

Mach es dir kuschelig. Mit dieser fröhlichen bunten Schlange kommt keine kalte Zugluft mehr unter der Tür hindurch. Du kannst sie so lang und bunt häkeln, wie du magst. Sie ist ideal, um Wollreste von anderen Häkelprojekten aufzubrauchen!

Du brauchst:

★ Wolle
★ Häkelnadel (Nr. 8)
★ Stopfnadel zum Vernähen
★ Füllmaterial
★ 2 Wackelaugen
★ Bastelkleber

So wird's gemacht:

1 Beginne mit 2 Luftmaschen, häkle dann 6 Stäbchen in diese Maschen und schließe sie mit einer Kettmasche zum Ring. Nun wird in Runden gehäkelt: Schließe jede Runde mit einer Kettmasche und beginne jede neue mit 2 Luftmaschen.
Runde 1: in jede Masche 2 Stäbchen (12 Maschen).
Runde 2: Verdopple jede zweite Masche (18 Maschen).
Runde 3: Verdopple jede vierte Masche (22 Maschen).

2 Häkle so viele Runden, wie du möchtest!

3 Fülle die Schlange mit Stoffresten oder mit Füllwatte. Für den Schlangenschwanz häkle nun einfach immer jeder dritte und vierte Masche zusammen, bis du nur noch 3 Maschen übrig hast. Schneide den Faden in einer Länge von 20 cm ab, ziehe ihn durch die letzte Masche und vernähe ihn so, dass du das Ende der Schlange verschließt.

4 Klebe jetzt noch zwei lustige Wackelaugen auf.

Du kannst deiner Schlange auch noch eine freche Zunge häkeln:

1 Beginne mit 4 Luftmaschen und häkle dann in jede Luftmasche eine feste Masche. Häkle 4 Reihen.

2 Nun häkle nur die beiden Maschen rechts für 4 Reihen. Schneide den Faden in einer Länge von ca. 10 cm ab, ziehe ihn durch die Schlaufe und vernähe ihn. Nimm den Faden in der Masche ganz links wieder auf und häkle nun 4 Reihen über die beiden linken Maschen. Schneide den Faden in einer Länge von ca. 10 cm ab, ziehe ihn durch die Schlaufe und vernähe ihn.

3 Nähe die Zunge mit der Stopfnadel und roter Wolle an die Spitze deines Schlangenkopfes!

KUSCHELWARME HANDSCHUHE

Kunterbunt und kuschelwarm:
Häkle dir Handschuhe passend zu deiner Mütze
und der Winter kann kommen!

Du brauchst:

★ Wolle

★ Häkelnadel (Nr. 8)

★ Stopfnadel zum Vernähen

Tipp: Zwischendurch kannst du einfach die Farbe wechseln. Wie du das machst, wird dir auf Seite 7 erklärt.

So wird's gemacht:

1 Häkle 2 Luftmaschen und dann 5 feste Maschen in die erste Luftmasche. Häkle in Runden, ohne die Runden mit Kettmaschen zu schließen, sie bauen einfach spiralförmig aufeinander auf. Verdopple jede Masche, bis der Ring aus 18 Maschen besteht. Nun verdopple eine Runde lang jede dritte Masche. Der Ring besteht nun aus 24 Maschen.

2 Jetzt häkelst du in allen Runden in jede Masche eine feste Masche, bis der Handschuh deine Daumenbeuge erreicht.

3 Mache 10 Luftmaschen. Überspringe 3 Maschen und befestige das Ende der Luftmaschenkette in der vierten Masche mit einer festen Masche. Nun häkle die Runden wie in Schritt 2 weiter, inklusive der Lufmaschenkette. Über die Maschen der Luftmaschenkette jede Runde 1 Masche häkeln, 2 Maschen zusammenhäkeln, 1 Masche häkeln, 2 Maschen zusammenhäkeln …

4 Wenn der Handschuh bis zu deinem Handgelenk reicht, häkle jede vierte Masche zusammen, um ein schmaleres Bündchen zu erzeugen. Häkle noch 4 Runden für das Bündchen. Dann den Faden abschneiden und vernähen.

5 Nimm den Faden nun am Daumenloch neu auf und häkle 9 feste Maschen in die Maschen rund um das Loch. Häkle 4 Runden. Häkle nun immer 2 Maschen zusammen, bis du nur noch eine Masche hast. Abschneiden, durch die Schlaufe ziehen und vernähen. Fertig!

Wiederhole Schritt 1–5 für den zweiten Handschuh.

SCHMUCKES WINDLICHT

Willkommen Gemütlichkeit! Dieses Windlicht verleiht jeder Kerze etwas Besonderes: Der durch die Maschen flackernde Kerzenschein taucht alles in ein zauberhaftes Licht. Du kannst dafür Gläser in unterschiedlichen Größen und Formen sammeln und dein Windlicht entsprechend anpassen.

Du brauchst:

★ Wolle

★ Häkelnadel (Nr. 8)

★ Hübsches Glas

★ Kerze

★ Stopfnadel zum Vernähen

So wird's gemacht:

1 Häkle so viele Luftmaschen, dass sie zu einem Ring geschlossen um das untere Ende deines Glases passen. Achte darauf, dass sie recht eng anliegen, damit der Stoff hinterher gut am Glas liegt. Schließe die Luftmaschenkette mit einer Kettmasche zum Ring.

2 Häkle 2 Luftmaschen und dann in jede Masche ein Stäbchen. Schließe die Runde mit einer Kettmasche.

3 Häkle nun 6 Luftmaschen, überspringe 2 Maschen und befestige die letzte Luftmasche mit einer Kettmasche in der dritten Masche. Wiederhole dies, bis du wieder bei der ersten Luftmaschenkette ankommst. Häkle hier 3 feste Maschen in die ersten Luftmaschen des Bogens, um oben am Bogen anzukommen.

4 Häkle eine Masche um die Spitze des ersten Luftmaschenbogens – nicht in die Masche, sondern um die oberste Luftmasche herum, in den Bogen hinein. Häkle 6 Luftmaschen und befestige die letzte Masche um die Spitze des zweiten Bogens. Wiederhole dies, bis du die Runde beendet hast.

5 Wiederhole Punkt 4, bis du fast die Höhe deines Glases erreicht hast.

6 Häkle in die Spitze des ersten Bogens der Runde eine feste Masche, dann 2 Luftmaschen, in die Spitze des nächsten Bogens eine feste Masche, dann wieder 2 Luftmaschen, bis die Runde beendet ist. Häkle eine Runde feste Maschen. Nun schneidest du den Faden in einer Länge von ca. 10 cm ab, ziehst ihn durch die Schlaufe und vernähst ihn.

NIEDLICHER NADELKISSEN-KAKTUS

Was blüht denn da? Ab jetzt musst du nie wieder nach Näh- und Stecknadeln suchen. Dieser coole Kaktus trägt sie als Stacheln und ist nicht nur nützlich, sondern schmückt auch jedes Zimmer.

Du brauchst:

★ Wolle

★ Häkelnadel (Nr. 8)

★ Stopfnadel zum Vernähen

★ Füllmaterial

★ kleinen Blumentopf

★ Sand

So wird's gemacht:

1 Häkle 12 Luftmaschen und schließe sie mit einer Kettmasche zum Ring. Häkle 6 Runden lang in jede Masche eine feste Masche.

2 Häkle 4 Luftmaschen, überspringe 2 Maschen und befestige die letzte Luftmasche mit einer Kettmasche in der dritten Masche. Hier wird später der Arm des Kaktus entstehen.

3 Häkle weitere 6 Runden lang in jede Masche eine feste Masche, nur am Luftmaschenbogen in den ersten beiden Runden jeweils 1 feste Masche, 2 Maschen zusammenhäkeln, 1 feste Masche, 2 Maschen zusammenhäkeln.

4 Häkle nun immer eine feste Masche und dann 2 Maschen zusammen, bis nur noch eine Masche übrig ist. Schneide den Faden ab, ziehe ihn durch die Schlaufe und vernähe ihn. Wende den Kaktus auf links.

5 Nun häkelst du den Arm des Kaktus: Häkle 6 feste Maschen in die Maschen um das Loch und dann 2 Runden mit festen Maschen. Nun häkelst du die unteren 4 Maschen in Reihe; also keine Runden! Häkle insgesamt 5 Reihen und schließe die Reihen dann von oben nach unten zu Runden, indem du die äußeren Maschen mit je einer festen Masche zusammenhäkelst. Das machst du fünfmal.

6 Blüte: Häkle 8 Luftmaschen und dann in jede Masche eine feste Masche, rolle den Streifen zu einer schönen Blüte und fixiere diese mit dem Ende des Garns. Nun kannst du die Blüte an deinen Kaktus nähen.

7 Fülle den Kaktus mit Füllwatte oder Stoffresten und stelle ihn in einen kleinen Blumentopf. Fülle den Blumentopf mit Sand, damit er nicht umkippt.

LEICHTER SHOPPING-BEUTEL

Egal ob am Strand, für den Einkauf oder die Schule:
Diese Tasche ist immer genau richtig. Mit fröhlichen Farben macht
sie gute Laune und ist außerdem super praktisch!

Du brauchst:

- ★ Wolle
- ★ Häkelnadel (Nr. 8)
- ★ Stopfnadel zum Vernähen

Tipp: Zwischendurch kannst du einfach die Farbe wechseln. Wie du das machst, wird dir auf Seite 7 erklärt.

So wird's gemacht:

1 Häkle zuerst den Boden der Tasche: 2 Luftmaschen, dann 12 Stäbchen in die Luftmaschen, Runde mit Kettmasche schließen.
Runde 2: Mit 2 Luftmaschen beginnen und in jedes Stäbchen zwei weitere häkeln (24 Maschen).
Runde 3: Jede zweite Masche mit Stäbchen verdoppeln (36 Maschen).
Runde 4: Jede dritte Masche mit Stäbchen verdoppeln (48 Maschen).
Runde 5–8: ohne Zunahmen häkeln.

2 Häkle die erste Schlaufe: 6 Luftmaschen häkeln, 2 Maschen überspringen und die letzte Luftmasche mit einer Kettmasche in der dritten Masche befestigen. Setze die Runde nach diesem Muster fort, so hast du 18 Schlaufen. Vom Beginn der nächsten Runde mit festen Maschen bis zur Spitze des ersten Luftmaschenbogens häkeln. Ab nun nicht in die oberste Masche der Luftmaschenbögen häkeln, sondern um die Luftmaschen herum. Häkle Luftmaschenbögen bis zu einer Höhe von ca. 30 cm.

3 Zum Abschluss häkle eine feste Masche in die oberste Masche des nächsten Luftmaschenbogens, dann 2 Luftmaschen und eine feste Masche in die oberste Masche des nächsten Luftmaschenbogens, wiederhole dies bis zum Ende der Runde. Häkle nun eine Runde mit Stäbchen (48 Maschen).

4 Jetzt fehlt nur noch der Schulterriemen: Häkle 70 Luftmaschen und befestige das Ende mit 2 festen Maschen in der Mitte der gegenüberliegenden Schlaufe. Nun häkle 2 Reihen lang in jede der Luftmaschen eine feste Masche, so wird der Riemen breiter und stabiler.

KUSCHEL-EULE

Huhuuu, wer kuschelt mit mir? Diese dekorative Eule darf auf keinem Bett fehlen. Mit ihren großen Augen hält sie nachts Wache und verscheucht alle schlechten Träume.

So wird's gemacht:

1 Häkle 3 Luftmaschen, schließe sie zum Ring mit einer Kettmasche und häkle dann 10 feste Maschen hinein. Beende die Runde mit einer Kettmasche.
Runde 2: Jede Masche verdoppeln (20 Maschen).
Runde 3: Jede zweite Masche verdoppeln (30 Maschen).
Runde 4–20: In jede Masche eine feste Masche häkeln.

2 Abschließend werden immer 3 Maschen gehäkelt und jede vierte und fünfte Masche zusammengehäkelt, bis nur noch 4 Maschen übrig sind. Ziehe diese zusammen, schneide den Faden in einer Länge von ca. 10 cm ab, ziehe ihn durch die Schlaufe und vernähe ihn.

3 Für die Augen häkle zunächst 3 Luftmaschen und schließe sie mit einer Kettmasche zum Ring. Häkle 6 feste Maschen in den Ring.
Runde 1: Jede Masche verdoppeln (12 Maschen).
Runde 2: In jede Masche eine feste Masche häkeln.
Faden abschneiden und vernähen.
Sticke nun mit der Stopfnadel je eine runde Pupille in die Augen. Häkle das zweite Auge ebenso.

4 Für die Ohren und den Schnabel häkle 6 Luftmaschen.
Reihe 1: 5 feste Maschen.
Reihe 2: 4 feste Maschen.
Reihe 3: 3 feste Maschen.
Reihe 5: 1 feste Masche.
Faden abschneiden, durch die Schlaufe ziehen und vernähen. Häkle genauso das zweite Ohr und den Schnabel.

5 Für die Flügel häkle 3 Luftmaschen, schließe sie mit einer Kettmasche zum Ring und häkle dann 10 feste Maschen um den Ring. Verdopple in der nächsten Runde jede Masche. Nun häkle 3 Reihen feste Maschen über 10 der 20 Maschen. Faden abschneiden, durch die Schlaufe ziehen und vernähen.

6 Nähe nun noch die Ohren mit einem gleichfarbigen Wollfaden und der Stopfnadel auf den Kopf deiner Eule. Nähe die Augen vorne auf ihr Gesicht und den Schnabel unterhalb der Augen. Die Flügel nähst du ebenso mittig an die Seiten deiner kleinen Kuscheleule. Fertig!

Alle Tipps und Informationen in diesem Buch sind
sorgfältig ausgewählt und geprüft. Dennoch können
weder Urheber noch Verlag eine Garantie übernehmen.
Eine Haftung für Sach-, Personen- und Vermögens-
schäden ist ausgeschlossen.

5 4 3 2 1   22 21 20 19 18
ISBN 978-3-649-62826-2

© 2018 Coppenrath Verlag GmbH & Co. KG,
Hafenweg 30, 48155 Münster, Germany
CH: Baumgartner Bücher AG, Centralweg 16, 8910 Affoltern a. A.
Alle Rechte vorbehalten, auch auszugsweise
Fotos: Leonie Ebbert
Illustrationen S. 3–7: Katja Schmiedeskamp, alle übrigen: Anne Sent
Printed in China

www.coppenrath.de
www.100-prozent-kreativ.de